O desenho
de São Paulo
por seus
caminhos

O desenho de São Paulo por seus caminhos

ANDREINA NIGRIELLO

Aos que podem desenhar os caminhos de São Paulo.

"Tu tens a fé e eu tenho a prática! Tu, mostra-me a tua fé sem as obras que eu te mostrarei a minha fé pelas obras!."

Carta de São Tiago (Tg 2, 14-1)

Sumário

11   **Prefácio**

15   **Apresentação**

17   **Introdução**

19   **A pé e de canoa**

22   A herança indígena

27   Trilhas para exportar escravos e madeiras nobres

30   Trilhas para levar gêneros de subsistência à Vila de São Paulo

37   **Tropas de muares e carros de boi**

40   Caminhos para lavrar minérios no Planalto Paulistano

45   Caminhos para lavrar e exportar minérios do sertão

48   Caminhos para transportar açúcar

52   Caminhos estruturadores da trama viária da Cidade de São Paulo

57   **Trens**

60   Trilhos para expandir a lavoura de café

73   Trilhos para transportar café e equipamentos urbanos importados

85 Bondes

105 Caminhões e ônibus

108 Vias para transportar café, açúcar e algodão

142 Vias para expandir a Cidade de São Paulo em todas as direções

149 Vias para promover a formação da Grande São Paulo

185 Metrô e automóveis

241 Corredores de ônibus

253 Monotrilhos

329 Caminhos para organizar o território da Região Metropolitana de São Paulo

355 Caminhos propícios ao desenvolvimento desimpedido

362 Referências bibliográficas

373 Siglas e abreviações

377 Agradecimentos

381 Ficha técnica

Prefácio

Tácito Pio da Silveira

Caminhos

Conhecer uma cidade é conhecer suas ruas. Circular por elas é refazer os caminhos de todos que ali estiveram. Percorrer de novo, mas agora de uma nova forma. Repisar, em seu sentido literal. Caminhos muitas vezes trilhados e que vão, pouco a pouco, retendo e acumulando novos significados deixados por cada um que os atravessa.

Qual a importância de um caminho? Para entender como os caminhos podem estar carregados de significados basta lembrar alguns percursos tradicionais, como a Rua do Ouvidor no Rio de Janeiro ou o El Caminito de Buenos Aires. Existe algo que os torna únicos. Não se caminha pela Via Veneto em Roma ou pela Rambla de Barcelona da mesma forma como que se anda em uma praia. É impossível ficar indiferente. Todo caminho conta uma história. É provável que muitos passem pela famosa Rua Augusta em São Paulo, ou desçam a extraordinária Ladeira da Conceição da Praia em Salvador sem fruição, sem se darem conta de onde estiveram. Desconhecimento da própria história em que a ignorância é apenas algo a se lamentar.

Mesmo que a caminhada seja em uma cidade ainda desconhecida, uma nova descoberta para quem nunca passou por ali, essa não será uma experiência neutra. Uma rua é mais do que um lugar enquanto é percorrida. Se existe mesmo um *genius loci*, as ruas têm um espírito andejo. Estamos sempre trilhando um caminho que em algum momento foi escolhido por nossos antepassados. Na verdade, estamos o tempo todo percorrendo vias que foram abertas, traçadas ou planejadas por outrem. Podemos escolher livremente um percurso, mas os caminhos já estarão dados.

Caminhos podem ser esquecidos, abandonados ou substituídos. São construções que vivem das relações que proporcionam e expressam o sentido de uma necessidade. Na ausência dessa necessidade perdem a função, uma vez que, como toda criação humana, dependem das pessoas para que tenham sentido. Caminhos também podem ser recuperados e reconstruídos para o resgate da memória de um povo. Este é o caso da Ponte Gwangtong Gyo em Seul, reconstruída a partir do arcabouço original da alvenaria de pedras que compunham sua antiga estrutura e estavam submersas no lodo do Rio Cheong Gye Cheon. Parcialmente recuperados por um grande projeto de recomposição das margens do rio, blocos de granito com seus ornamentos originais foram reposicionados no mesmo local em que estiveram por séculos, para recuperar não apenas a estrutura da ponte em si, mas corporificar o solene sentido histórico de uma travessia.

Imagine uma cidade onde, em um instante, todos os seus habitantes desaparecessem por encanto e ela se encontrasse totalmente vazia. Para o que olharíamos? Certamente não para um espaço natural, mas para uma vasta e complexa construção. O elemento imaginado que vem à mente de todos são as ruas sem movimento, não os prédios vazios, mas o índice supremo da anormalidade urbana: ruas desertas.

Não é a cidade, portanto, um fenômeno da natureza e tampouco um ser vivo, mas um espaço historicamente determinado. Uma cidade nada é sem aqueles que a habitam. Suas estradas, ruas e avenidas não são suficientes para defini-la, mas contam a história de seus habitantes.

São Paulo

Andreína propõe uma tarefa nada trivial: extrair da gênese dos caminhos que estiveram desde o princípio ligados à formação da cidade de São Paulo as pistas para a compreensão do arranjo espacial resultante. Uma conexão entre nosso passado comum, desde os tempos pré-coloniais, e a complexidade da cidade contemporânea. Um trabalho difícil por muitas razões. Primeiro por não ser simples encontrar essas conexões temporais e quanto mais antigo o caminho tão mais frágil sua documentação. Benedito Lima de Toledo uma vez definiu São Paulo como um palimpsesto, por tantas vezes em que foi reconstruída sobre a mesma base material. Em segundo lugar por se propor a recontar, de uma nova forma, a história tantas vezes contada dessa notável metrópole, conduzindo a narrativa para uma perspectiva preponderantemente urbanística, com um olhar aguçado para a estruturação do espaço urbano.

Os caminhos de São Paulo que se transformam em estradas, em ruas ou avenidas, contam a história das pessoas que os construíram e são os caminhos onde a vida da cidade flui. Mais do que pertinente é essencial que se tenha clareza do significado dos caminhos para a aglomeração. Mas a cidade não entrega fácil a sua história. O caminho do Centro até a Penha, que era parte da antiga Estrada da Intendência, a via que ligava ao Vale do Paraíba e ao Rio de Janeiro, ou a Calçada do Lorena e o antigo Caminho do Mar até Santos e São Vicente são exemplos tanto de permanência como de esvaecimento. É necessário ter sensibilidade para olhar para o passado com os olhos de hoje e entrever os vínculos entre os fundamentos históricos e a configuração do território e do espaço urbano posteriormente construído, algo que a autora faz com maestria.

As cidades continuam sendo o lugar onde o encontro é possível. A rua enquanto um espaço de trocas é um daqueles clichês dos quais não se consegue fugir. A autora narra com clareza como os singelos caminhos coloniais vão se convertendo na infraestrutura de uma cidade contemporânea, com suas qualidades, mas também com suas limitações. Enquanto infraestrutura que também deve dar conta das complexas dinâmicas urbanas essas vias precisam de planejamento, seja no sentido de sua preservação, seja no de sua transformação. Em um contexto urbano em que se luta contra as forças hegemônicas de desconstrução e desarticulação este trabalho se faz necessário, ao recolocar e reconhecer a dimensão pública desse espaço.

Apresentação

desenho de São Paulo por seus caminhos é um relato sucinto da evolução do aglomerado que se estabeleceu no Planalto Paulistano, em função das condições de acessibilidade naturais e construídas no território e de sua inserção no contexto econômico.

A narrativa tem como ponto de partida a ocupação do território antes da descoberta oficial do continente sul-americano pelos portugueses e prossegue até 2019. Os fatos estão organizados numa sequência de oito capítulos, estabelecidos em função dos modos de transporte que foram sendo introduzidos em São Paulo para atender demandas quase sempre geradas em cenários econômicos externos ao sítio estudado, mas relacionadas à evolução da produção do espaço local.

O Capítulo 9 fundamenta a relação entre transporte e uso do solo, apontando sua importância na continuidade do desenho dos caminhos de São Paulo em escala metropolitana, com o objetivo de promover maior equilíbrio na oferta de transporte e na distribuição espacial das atividades.

O Capítulo 10 conclui o relato com um conjunto de hipóteses que poderão ser rastreadas para esclarecer a dinâmica de forças envolvidas na produção dos caminhos de São Paulo.

O conteúdo, originário da tese de livre-docência da autora, foi elaborado a partir de notas de aula de disciplinas oferecidas nos cursos de graduação e pós-graduação da Faculdade de Arquitetura e Urbanismo da Universidade de São Paulo, podendo interessar estudantes que buscam entender a relação da evolução da infraestrutura de transporte com a ocupação do território, a gestão pública do processo de produção do espaço e as dinâmicas econômicas envolvidas. Isso explica a profusão de citações bibliográficas para apontar possíveis *pistas* para novas investigações, que ampliem a compreensão do desenho dos caminhos de São Paulo, mas também revelem novos descaminhos no desenho de seu espaço.

Introdução

São Paulo é resultado de muitos desenhos – intenções subjacentes à formação de seu espaço, raramente fundamentadas em planos e projetos de âmbito territorial.

Dentre os desenhos de São Paulo, o de seus caminhos reflete a função de articulação territorial própria ao sítio que a cidade ocupa e evolui com o desenvolvimento econômico da região – desenvolvimento esse que também decorre da evolução dos caminhos.

Para descrever o progresso desse desenho, finalidade central do relato, recorreu-se a estudos sobre a cidade, indicativos de fatores e conjunturas que moldaram a evolução dos caminhos de São Paulo e que relacionam essa evolução ao desenvolvimento econômico inerente.

Desenhos mais recentes, elaborados em planos destinados a ampliar a acessibilidade do território ocupado por São Paulo – alguns implementados em parte, outros aguardando a articulação de conjunturas favoráveis e muitos que nunca se efetivaram, permanecendo apenas como traços a atestar oportunidades perdidas –, complementam o relato.

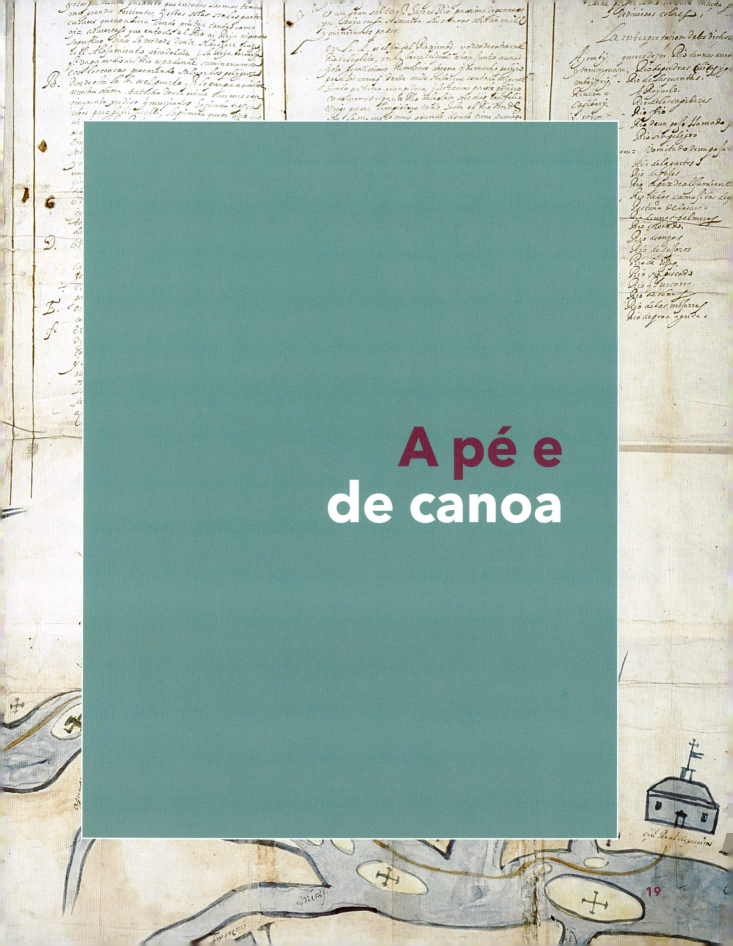

A pé e de canoa

No início do século XVI, trilhas e rios usados pelos nativos dos Campos de Piratininga[1] dão acesso a colonizadores, que – para marcar a conquista da Coroa de Portugal e estabelecer a exploração do território – fundam uma aldeia, denominada São Paulo, na Latitude 23°32'53" S e Longitude 46°37'58" O[2], local de convergência natural desses caminhos, estabelecendo a gênese da rede de circulação de um planalto com cerca de 5 mil quilômetros quadrados e altitudes variando entre 700 e 900 metros acima do nível do mar[3].

1. Os Campos de Piratininga correspondem a uma zona do Planalto Atlântico denominada Planalto Paulistano (ALMEIDA,1974).
2. Coordenadas geográficas do Pátio do Colégio, calculadas pelo Sistema de Coordenadas do World Geodetic System 84.
3. O Planalto Paulistano limita-se a sul com as serras do Mar e de Paranapiacaba; a oeste com o Planalto de Ibiúna; a leste com o Vale do Rio Paraíba do Sul e o Planalto de Paraitinga; e a norte com a Serra da Mantiqueira e as serranias de São Roque (ALMEIDA,1974).

A PÉ E DE CANOA

A herança indígena

Os primeiros traços do desenho dos caminhos de São Paulo foram sulcados nos Campos de Piratininga, antes da chegada dos europeus à América do Sul, atravessada pelo *Peabiru*[4] (Figura 1), legendária via de muitas trilhas que ligava o Atlântico à região dos Andes.

Com cerca de 8 palmos de largura e 2 de profundidade, essas trilhas, mais percorridas pelos Guaranis[5], encadeavam sequências de interflúvios e rios, por onde os índios circulavam, a pé e de canoa, em escala continental.

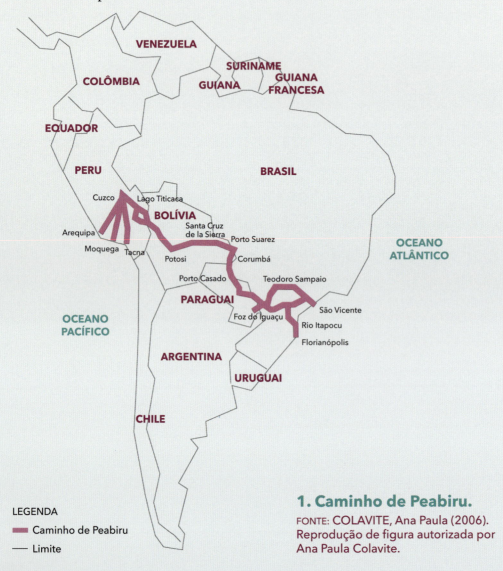

1. Caminho de Peabiru.
FONTE: COLAVITE, Ana Paula (2006). Reprodução de figura autorizada por Ana Paula Colavite.

Nos Campos de Piratininga, a trilha principal do Caminho de Peabiru, a dos Tupiniquins[6], começava no encontro de duas outras trilhas, vindas de Guayrá[7], no Rio Paraná[8]. Uma delas passava por encostas onde nascem os rios Tibagi[9], Ivaí[10] e Piquiri[11]. A outra trilha cruzava os vales desses mesmos rios e depois seguia pelo Rio Paranapanema[12], até se aproximar do Planalto Paulistano (Figura 2)[13].

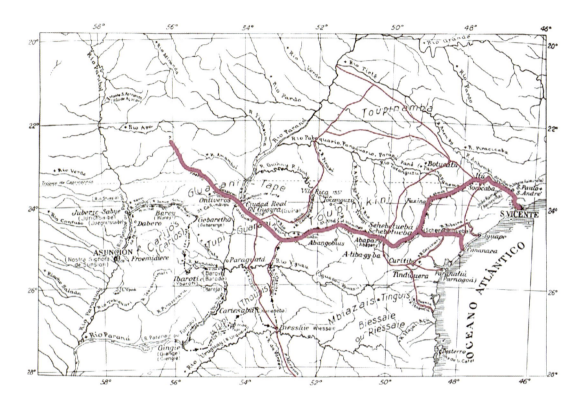

2. Caminho de Peabiru: Trilha dos Tupiniquins nos Campos de Piratininga.
FONTE: COLAVITE, Ana Paula (2006). Reprodução de figura autorizada por Ana Paula Colavite.

LEGENDA
▬ Ramal Principal
— Ramal Secundário

4. "Peabiru" = "pe" + "abiru" = "gramado amassado".
5. "Guarani" = "guerreiro".
6. "Tupiniquim" = "tribo colateral", "ramo dos Tupi".
7. "Guayrá" = "lugar de difícil acesso", "intransponível", "esconderijo".
8. "Paraná" = "rio semelhante ao mar".
9. "Tibagi" = "rio encachoeirado, ruim para navegar".
10. "Ivaí" = "riacho de frutos".
11. "Piquiri" = "rio dos peixinhos".
12. "Paranapanema" = "rio ruim", "rio sem peixe" ou "rio de pouca utilidade".
13. Esboço, adaptado por Reinhard Maack, do Itinerário que Ulrich Schmidel realizou entre 1552 e 1553, com o Caminho de Peabiru em destaque.

A PÉ E DE CANOA   23

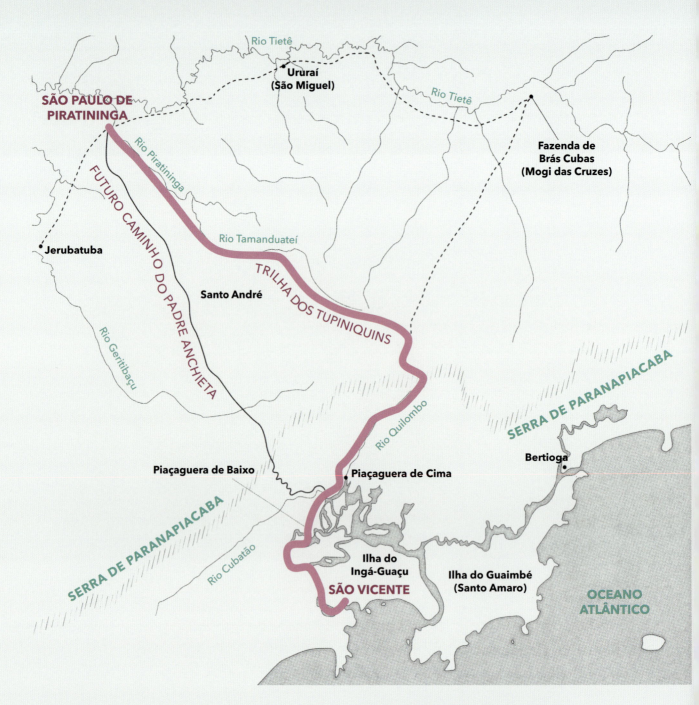

3. Rio Mogi ou Quilombo.
FONTE: BUENO, Eduardo (2016).
MAPA: AdamsDesign.
Reprodução de figura autorizada por Eduardo Bueno.

24 O Desenho de São Paulo por seus Caminhos

A trilha dos Tupiniquins era a que ligava os Campos de Piratininga[14] ao mar, percorrendo o Rio Tamanduateí[15] até alcançar as terras da cabeceira do Rio Grande, para depois descer, pelas margens do Rio Mogi (ou Quilombo)[16], de Paranapiacaba[17] até a várzea do Piaçaguera[18], na base da serra. De lá, as águas do Rio Mogi e de outros rios que nasciam na serra formavam meandros antes de desembocar no mar, quilômetros adiante (Figura 3).

No começo do século XVI liderava no planalto o Cacique Tibiriçá[19], guerreiro Tupiniquim que fazia muitos índios escravos em suas constantes guerras[20] com os Carijós[21], de Cananeia[22], e os Tupinambás[23], do Médio Rio Paraíba do Sul[24] e do litoral entre Bertioga[25] e Angra dos Reis.

Situada no ponto de maior acessibilidade de todo o planalto, às margens do Rio Anhembi[26] (Rio Tietê)[27], na confluência com o Rio Tamanduateí, a taba de Tibiriçá desfrutava de localização topográfica estratégica no percurso de trilhas e rios, para circular desde o sertão[28] até o mar.

Não tardaria, porém, que, trazidos por novos caminhos singrados nesse mesmo mar, outros povos, que se autodesignavam *colonizadores*, cruzassem os percursos indígenas, influenciando para sempre a fruição do território paulista.

---

14. "Piratininga" = "lugar de peixe seco".
15. "Tamanduateí" = "rio dos tamanduás verdadeiros".
16. "Mogi" = "rio da cobra".
17. "Paranapiacaba" = "de onde se avista o mar".
18. "Piaçaguera" = "porto antigo".
19. "Tibiriçá" = "vigilante da terra".
20. Na taba de Tibiriçá havia roças de milho e mandioca. Alguns confrontos entre índios eram provocados por furtos de milho, pelos Tupinambás, que só cultivavam mandioca.
21. "Carijó" ou "Carió" = "descendentes dos anciões" (índios da nação Guarani).
22. Cananeia, outro destino do Caminho de Peabiru, corresponderia ao povoado de "Marataiama", sendo "mara" = mar e "taiama" = terra, ou seja, "lugar onde a terra encontra o mar", estabelecido em 1502 ou mesmo antes de Cabral chegar ao Brasil.
23. "Tupinambá" = "descendentes dos primeiros pais", ou "todos da família dos Tupis".
24. "Paraíba" = "rio ruim".
25. "Bertioga", evolução de "piratyoca" = "casa do peixe branco" ou de "buriquioca" = "casa do muriqui".
26. "Anhembi" = "rio das anhumas".
27. "Tietê" = "rio volumoso".
28. Sertão = termo da geografia colonial, atribuído a territórios pouco conhecidos, objeto de domínio e exploração pelos colonizadores.

O relato de como o território que sustentava o povo nativo foi sendo transformado pelos colonizadores, para atender demandas encadeadas ao desenvolvimento de seus países de origem, inclui fatos de âmbito externo ao planalto, formadores de contextos associados a mudanças no desenho do espaço de São Paulo – alterações que se valeram da força de trabalho e do conhecimento dos indígenas, mas também de sua miscigenação com os conquistadores, uma das práticas de coibição dos invasores para consolidar a dominação da terra explorada.

Trilhas para exportar escravos e madeiras nobres

Âmbito externo

Enquanto canoas indígenas percorriam a trilha dos Tupiniquins, nessa mesma época embarcações lusitanas navegavam pelo Atlântico, junto à costa ocidental africana, para buscar ouro, marfim e escravos nas feitorias portuguesas continentais, ou ocupar a Ilha de São Tomé, importante entreposto de escravos. Em plenos tempos feudais, escravos eram a principal mão de obra para realizar o plantio, em grande escala, de cana-de-açúcar, nas ilhas de Cabo Verde, de posse portuguesa.

Desde 1440, para melhor se deslocarem entre seus domínios, os portugueses passaram a construir caravelas, barcos menores, mais leves e velozes, que possibilitavam grande aproximação da costa, além de contarem com dois novos instrumentos que davam informações mais seguras sobre a localização das naus, pela posição dos astros: o quadrante e o astrolábio[29].

Tais condições poderiam explicar por que, mesmo antes do descobrimento oficial da América Portuguesa por Pedro Álvares Cabral (1500), navegadores como Pero Vaz da Cunha (1488) e Francisco de Almeida (1493) ousaram ir mais a ocidente, talvez em busca de um novo caminho para as Índias. Esses dois navegadores foram contemporâneos de Bartolomeu Dias, que, rumando para oriente, contornou a África no Cabo da Boa Esperança, revelando a Portugal a rota do Oceano Índico (1488); também foram contemporâneos de Cristóvão Colombo, que descobriu para a Espanha o continente norte-americano (1492).

Com tantas conquistas, possíveis conflitos ibéricos foram evitados pelo Tratado de Tordesilhas (1494), atribuindo a Portugal territórios localizados a leste de um meridiano situado a 270 léguas das ilhas de Cabo Verde: a África, a Ásia e parte da América do Sul. O restante das terras, muitas ainda a serem encontradas, ficou para a Espanha.

As descobertas resultantes das viagens ultramarinas trouxeram naus de muitas bandeiras para a costa sul-americana. Além do achado da Ilha de Vera Cruz (depois Terra de Santa Cruz e Brasil), em 1500, por Pedro Álvares Cabral, destaca-se a busca, realizada pela Espanha, por rota que chegasse às Índias pelo ocidente, sem passar por

29. BURNS, 1966, p. 488-489.

A PÉ E DE CANOA

mares considerados domínio de Portugal, financiando expedição planejada por Fernão de Magalhães. Com cinco naus, o navegador partiu do Porto de Sanlúcar de Barrameda (1519), avistando a passagem que buscava ao chegar à Terra do Fogo, ao sul do continente americano, por ela seguindo até um novo oceano, que batizou de Pacífico. Uma única dessas naus (Vitória) completou pela primeira vez, através do Oceano Pacífico, a circum-navegação do globo terrestre, voltando ao mesmo porto espanhol da Andaluzia, sob o comando de Juan Sebastián Elcano (1522).

Âmbito local

Em data incerta, que seria por volta de 1490, segundo Frei Gaspar da Madre de Deus, ou entre 1508 e 1512, como estimam historiadores atuais[30], alguns índios Guaianás[31], de tribo que vivia nos Campos de Piratininga e pescava nos rios, mas também no mar, encontraram um possível náufrago dessas caravelas, João Ramalho, em praia do estuário formado por vertentes de rios originários do Planalto Paulistano.

Bem-recebido e bem-tratado pelos nativos, João Ramalho foi o primeiro europeu a percorrer a trilha dos Tupiniquins, até a taba do Cacique Tibiriçá. A aliança que se estabeleceu entre eles promoveu duas importantes mudanças locais: a formação de um povo mameluco, originado pelo casamento de João Ramalho com a filha do cacique, Bartira[32], e por filhos gerados com outras mulheres da tribo; e o uso de rios e trilhas para levar índios rendidos por Tibiriçá (com a ajuda de João Ramalho) até o povoado que passou a ser conhecido como *Porto dos Escravos*, para serem vendidos como cativos a naus de diversas nacionalidades que passavam pelo litoral.

Tempos depois circulariam por esses rios e trilhas expedições destinadas a extrair madeiras nobres, minerais preciosos e capturar índios, aumentando a importância da busca de acessos para desbravar o sertão e transportar mercadorias até o mar, sempre com a colaboração e se valendo do conhecimento de índios de tribos aliadas.

João Ramalho e seus numerosos descendentes mestiços já moravam em aldeia localizada na *Borda do Campo*, junto ao caminho entre o planalto e o litoral, quando, em 1530, o rei D. João III, visando consolidar a posse do território americano para Portugal, enviou ao novo continente seu conselheiro e amigo Martim Afonso de Sousa. Como capitão-mor de armada de cinco naus, esse navegador lusitano tinha entre suas missões fundar povoações, distribuir terras, trazer mudas de cana-de-açúcar, recrutar interessados em montar engenhos e descobrir jazidas de ouro e prata[33].

Em 1532, Martim Afonso de Sousa chegou ao litoral já conhecido há décadas por João Ramalho, que o ajudou a construir a Vila de São Vicente, na Praia de Itararé. João Ramalho também acompanhou Martim Afonso de Sousa até o Planalto de Piratininga, onde visitou Tibiriçá e oficializou a Vila de Santo André da Borda do Campo, além de cuidar da organização e defesa das duas vilas e distribuir sesmarias. No ano seguinte, Martim Afonso de Sousa introduziu a cana-de-açúcar em São Vicente, onde foi construído o Engenho São Jorge dos Erasmos, primeiro do Brasil[34].

Norteado pelo princípio do direito privado romano *uti possidetis, ita possideatis* (quem possui de fato deve possuir de direito), então vigente na Europa, Dom João III, visando incrementar o povoamento e a defesa do território brasileiro, doou, entre 1534 e 1536, 15 capitanias – faixas paralelas ao equador – que se iniciavam na costa e se estendiam até o limite da posse portuguesa, estabelecido pelo Tratado de Tordesilhas. A Capitania de São Vicente, que ia de Macaé a Caraguatatuba (primeira secção) e de Bertioga a Cananeia/Ilha do Mel (segunda secção), teve como primeiro donatário Martim Afonso de Sousa. Intermediando as duas secções da Capitania de São Vicente, havia a Capitania de Santo Amaro, que ia de Caraguatatuba a Bertioga – doada a Pero Lopes de Sousa. Martim Afonso de Sousa abandonou a primeira secção da Capitania de São Vicente, que em 1567 passou, em parte, para o comando de Salvador Correia de Sá, como Capitania Real do Rio de Janeiro.

30. FERRETTI & CAPELATO, 1999, p. 67.
31. "Guaianá" = "guai+anã" = "gente aparentada".
32. "Bartira" = "bo tiira" = "flor".
33. KEATING & MARANHÃO, 2008, p. 37.
34. KEATING & MARANHÃO, 2008, p. 40-44.

Trilhas para levar gêneros de subsistência à Vila de São Paulo

Âmbito externo

Com o mercantilismo a se consolidar, os países europeus partilhavam da ideia de que seu poder e prosperidade provinham da acumulação de metais preciosos, principalmente ouro e prata, meios de troca a serem usados na compra de mercadorias.

O mercantilismo também infundiu a noção de que cada país seria um mercado, e, portanto, o desenvolvimento de um país dependeria da conquista de colônias, a serem exploradas como fontes de matéria-prima e como mercados para a venda de produtos manufaturados na metrópole.

Portugal e Espanha, na busca de novas rotas para o comércio de ouro, prata e especiarias, seguidos de outros países, como Inglaterra, França e Holanda, constituíram impérios coloniais e passaram a explorar territórios na África, América e Ásia. Para prover a mão de obra necessária à exploração das colônias, o mercantilismo estabeleceu nelas a escravidão[35].

Mas, além da extração de ouro, prata e o que mais interessasse ao mercado das metrópoles, tal exploração custou às colônias não apenas a dizimação e escravização de sua população pelos conquistadores, como também a destruição de culturas originárias, mediante a imposição de novas línguas, novas religiões e costumes europeus.

Âmbito local

O escravismo já se revelava a alavanca central dos domínios portugueses de além-mar, quando, entre 1549 e 1550, chegou a São Vicente, a pedido do Padre Manuel da Nóbrega, em missão trazida ao Brasil pelo Governador Geral Tomé de Souza, o jesuíta Leonardo Nunes, que edificou igreja, fundou seminário – primeira escola da capitania – e converteu muitos índios à fé cristã. Em 1553, em nova missão, junto com o governador Tomé de Souza, o Padre Manuel da Nóbrega, nomeado chefe provincial da Companhia de Jesus no Brasil, por Inácio de Loyola, desembarcou em São Vicente, "onde instruiu os padres José de Anchieta e Manuel de Paiva, além de mais nove prelados, a estabelecer no planalto um dos primeiros núcleos de povoamento e catequização do interior brasileiro"[36].

A aldeia jesuítica de São Paulo, fundada em 1554 como núcleo da Capitania de São Vicente, foi implantada no alto da colina Inhapuambuçu[37], cerca de 30 metros acima da várzea do Rio Tamanduateí, na confluência de suas águas com as do afluente Anhangabaú[38], que adiante banhavam a aldeia de Tibiriçá, antes de desaguarem no Rio Tietê. A escolha do sítio para estabelecer o núcleo dos jesuítas – em que foram levadas em conta condições de defesa e proximidade a rios, para garantir suprimento de água e acessibilidade à região – confirma sua posição topográfica estratégica (Figura 4).

Tempos depois da construção do colégio pelos jesuítas, a desativação da antiga Vila de Santo André[39], pelo governador Mem de Sá, em 1560, e a transferência da Casa de Câmara e da cadeia, pelourinho e forca para São Paulo, elevada a vila por agentes da colonização – um modo de "imposição de uma nova ordem, marcando com exatidão os lugares onde a Igreja e o aparelho burocrático do Estado poderiam atuar"[40] –, transformaram a colina numa peça do sistema colonial de exploração e conquista da região, mas também num cenário de conflitos entre os dois poderes e entre estes e os índios, expropriados de sua cultura e de seu território.

Os jesuítas catequizavam, ensinavam a ler, escrever e contar, porém combatiam a poligamia dominante e a escravização dos índios, principal conflito entre padres e colonos. Para reduzir o atrito decorrente da escravização, os nativos catequizados foram afastados da colina, indo principalmente para aldeamentos implantados junto a rios e trilhas em que já existiam aldeias indígenas[41] – como a de Jeribatiba[42], nas nascentes do Rio Jurubatuba-Açu[43]; Ybirapuera[44], na confluência do Rio Jurubatuba com o Rio Guarapiranga[45], e outras mais à frente junto ao Rio Emboaçava[46], formado por estes dois afluentes, que os jesuítas chamaram de Pinheiros; Ururay[47], Barueri[48] e

---

35. BURNS, 1966, p. 497-506.
36. KEATING & MARANHÃO, 2008, p. 48.
37. "Inhapuambuçu" = "lugar que se vê de longe".
38. "Anhangabaú" = "anhanga-ba-y" = "rio dos malefícios do diabo"; "água do mau espírito, que provoca doenças físicas e espirituais".
39. Considerada "núcleo de mamelucos".
40. SILVA, 1984, p. 26.
41. PREZIA, 2004, p. 65.
42. "Jeribatiba" ou "Jurubatuba" = "lugar com muitas palmeiras (jerivás)".
43. "açu" = "grande".
44. "Ybirapuera" = "pau podre".
45. "Guarapiranga" = "guará" + "piranga" = "garça" + "vermelha" ou "atoleiro de barro vermelho".
46. "Emboaçava" = "lugar por onde se passa".
47. "Ururay" = "rio dos lagartos".
48. "Barueri" = "flor vermelha que encanta".

O Desenho de São Paulo por seus Caminhos

4. Vila de São Paulo.

FONTE E AUTORIZAÇÃO PARA REPRODUÇÃO: España. Ministerio de Cultura y Deporte. Archivo General de Indias, MP-BUENOS_AIRES,17BIS.

A Vila de São Paulo está representada no canto superior esquerdo da figura, junto ao Rio Anhembi (atual Tietê), afluente do Rio Paraná, ambos percorridos em 1628 por Dom Luiz de Céspedes Xeria, governador e capitão geral da província do Paraguai, ao entrar em sua jurisdição a partir do Brasil.

A Pé e de Canoa

Carapicuíba[49], perto do Rio Tietê; e Mboi'y[50], na várzea do Ribeirão da Ressaca – consolidando "enquadramentos espaciais delineados no pré-colonialismo"[51].

Nos aldeamentos – implantados, em parte, em solo do Padroado Real e, em parte, em fazendas da Companhia de Jesus – foram dispensadas aos índios terras para cultivo, formando um cinturão em torno da Vila de São Paulo[52], onde se produziam gêneros de subsistência como milho, feijão, mandioca, trigo e legumes. Para transportar a produção do cinturão agrícola e também couros, carnes salgadas, chapéus de feltro, marmelada, objetos de ferro e escravos[53], utilizavam-se rios e antigas trilhas indígenas que irradiavam da Vila de São Paulo até São Miguel, Pinheiros, Santo Amaro, Barueri e Itaquaquecetuba[54], núcleos formados em 1560; Guarulhos[55], Carapicuíba e Nossa Senhora do Ó, a partir de 1580; Embu[56], após 1600; e Itapecerica[57], bem depois, em 1680. Como confirmam outros estudos,

> "[...] a integração desses aldeamentos à economia interna de subsistência de São Paulo, bem como o escoamento da produção para Santos, garantiu a existência e a preservação de estradas que foram sendo lentamente definidas a partir da Vila de São Paulo"[58].

Nesse mesmo período, variantes à trilha dos Tupiniquins para chegar a São Vicente também ligavam a Vila de São Paulo a Santo Amaro, de onde se subia de canoa o Rio Grande, até a Serra do Mar. Um antigo percurso saía de São Paulo – em caminho que muito mais tarde passaria a ser a Rua da Consolação –, descia até a aldeia de Pinheiros, de onde, navegando pelo Rio Pinheiros, se chegava a Santo Amaro e ao Rio Grande. Um caminho alternativo, só usado na época das secas, porque cortava o vale de alguns córregos, ia pelas atuais ruas Direita, Doutor Falcão, Santo Antônio, Almirante Marquês Leão, Joaquim Eugênio de Lima, Manoel da Nóbrega até a estrada que levava a Santo Amaro. Outra rota de São Paulo para Santo Amaro seguia pelo eixo da atual Rua Vergueiro, até onde hoje ficam os bairros de Vila Mariana e Conceição, dali rumando para Santo Amaro. O trajeto da Serra do Mar também ganhou alternativa, chamada de *Caminho do Padre José*, uma antiga trilha de índios percorrida por Anchieta.[59]

Como pouso do desbravador Brás Cubas e de viajantes que se deslocavam entre São Paulo e Rio de Janeiro, o povoado de Mogi das Cruzes também surgiu por volta de 1560, junto ao porto fluvial do Alto Tietê, na extremidade de atalho usado, desde os tempos pré-coloniais, pelas tribos dos Tupiniquins e dos Tupinambás para passar canoas entre o Tietê e o Paraíba, percorrendo a pé elevação cristalina onde as bacias dos dois rios se tangenciam num mesmo plano, a *curva de Guararema*. Naquela época haveria no planalto um caminho por terra para Mogi das Cruzes que, depois de vencida a serra pelo Rio Mogi, passaria por trecho da Mata Atlântica, pelos campos da região de Suzano, pelo Morro da Suindara e por Santo Ângelo, aldeia na confluência do Ribeirão Pires com o Rio Tietê. Estudos apontam outro caminho por terra, para ir de São

34   O Desenho de São Paulo por seus Caminhos

Paulo a Mogi das Cruzes, que desceria a ladeira da Tabatinguera[60], cruzaria a ponte da Tabatinguera, sobre o Tamaduateí, seguiria pela Mooca[61] e pela Estrada do Oratório, onde cruzaria com a trilha para Mogi das Cruzes usada nos tempos pré-coloniais para se chegar ao Vale do Paraíba[62].

Em 1601, uma ordem oficial de abertura de estrada entre a Vila de São Paulo e o povoado de Mogi das Cruzes (elevado à vila em 1611) foi dada pelo governador Dom Francisco de Souza, vindo da Bahia para São Paulo em 1599, provavelmente atraído por notícias da descoberta de ouro e ferro na região. Mas só data de 1725 a estrada entre São Paulo e o Rio de Janeiro, passando por Penha, São Miguel, Mogi das Cruzes e Vale do Paraíba.

49. "Carapicuíba" = "peixe que não se pode comer" ou "fruto de carapicu".
50. "Mboi'y" = "água de cobra".
51. GIANESELLA, 2008, p. 73.55. "Guarulhos", de "Guaru" = "peixe barrigudo".
52. PETRONE, Pasquale. Os aldeamentos dos paulistas e sua função na valorização da região paulistana. Estudos de Geografia Histórica. Texto mimeografado, São Paulo, 1964, p. 232-233.
53. REIS, 2004, p. 30.
54. "Itaquaquecetuba" = ta'kwar + kysé + tyba = "lugar abundante de taquaras cortantes como facas".
55. "Guarulhos", de "Guaru" = "peixe barrigudo".
56. "Embu" = "oco", ou "árvore que dá de beber".
57. "Itapecerica" = "pedra lisa, escorregadia".
58. SILVA, 1984, p. 74.
59. REIS, 2013, p. 236-23, e REIS, 2004, p. 80-87.
60. "Tabatinguera" = "jazida de argila extinta".
61. "Mooca" = "ares amenos, secos, sadios", ou "fazer casa".
62. REIS, 2013, p. 236, e REIS, 2004, p. 80-87.

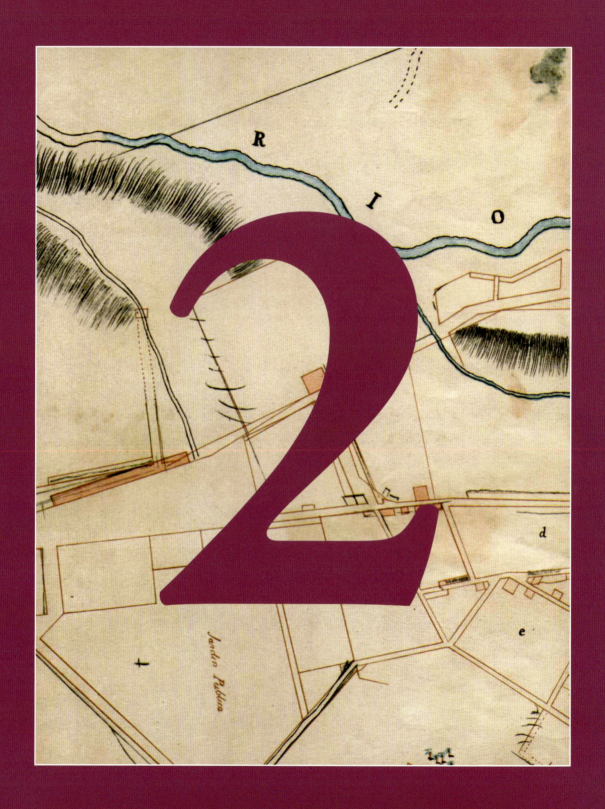

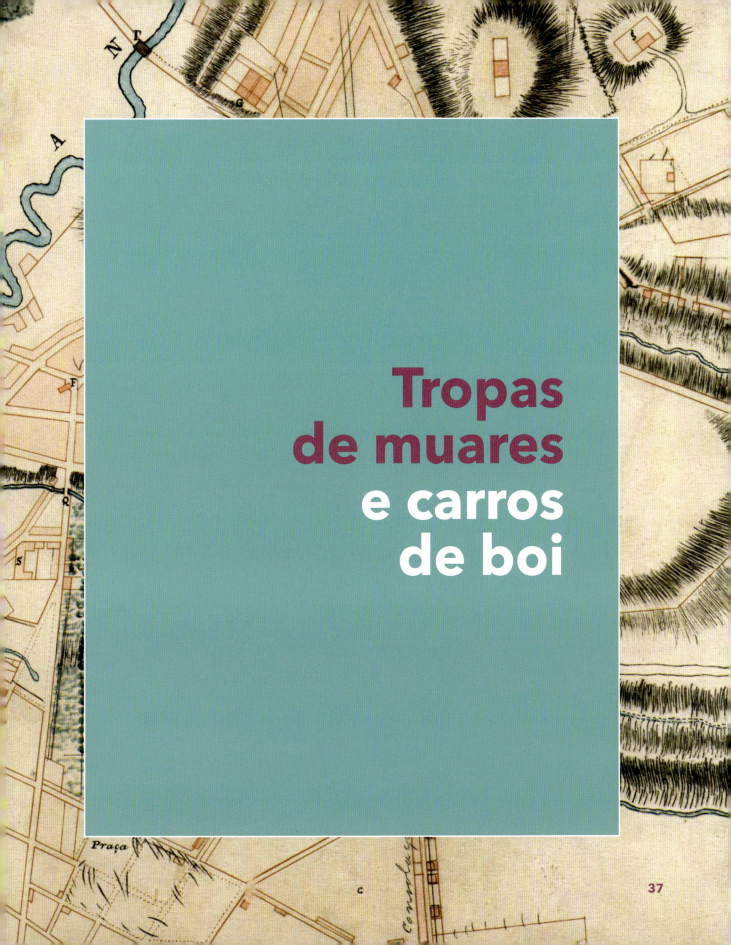

Tropas de muares e carros de boi

A Vila de São Paulo torna-se um centro irradiador de caminhos em todas as direções, para a lavra de ouro e pedras preciosas, principal atividade entre o fim do século XVI e a primeira metade do século XVIII, levando os colonizadores a destinos distantes, com o uso de animais de montaria. Na segunda metade do século XVIII são os carros de boi carregados de açúcar que percorrem o sertão paulista entre áreas de plantio de cana e o Porto de Santos, motivando a melhoria dos caminhos. No século XIX, com a expansão da cidade, os caminhos são interligados à trama viária de São Paulo e dela passam a ser estruturadores.

Caminhos para lavrar minérios no Planalto Paulistano

Âmbito externo

Em 1580, Portugal e suas colônias foram submetidos ao domínio da monarquia espanhola, em decorrência do desaparecimento, em 1578, do jovem herdeiro ao trono lusitano, Dom Sebastião, da dinastia de Aviz, na Batalha de Alcácer-Quibir, no Marrocos.

O mais poderoso sucessor da Coroa lusitana, Felipe II da Espanha, um dos três netos do falecido rei de Portugal Dom Manoel I, tornou-se monarca de uma unidade política que os historiadores passaram a chamar de *União Ibérica* – um imenso império formado por todos os continentes e ilhas antes separados pelo Tratado de Tordesilhas.

A União Ibérica – regida até 1640 pelos descendentes da dinastia de Habsburgo, Felipe III e Felipe IV – durou até que uma conspiração portuguesa, apoiada pelo Cardeal Richelieu, primeiro-ministro de Luís XIII da França, aclamasse João, 8º duque de Bragança, como João IV, rei de Portugal, iniciando a dinastia de Bragança.

Em seus 60 anos de existência, a União Ibérica impulsionou a expansão do território brasileiro, dando livre avanço às explorações a oeste da Linha de Tordesilhas, mas também provocando invasões na costa brasileira por nações inimigas da Espanha – a Inglaterra, a França e a Holanda –, a exemplo das ocupações em Salvador, Olinda, Recife e Rio de Janeiro. Outro destaque do período foi o fortalecimento do prestígio do clero no Brasil, sendo Felipe II grande defensor e difusor do catolicismo.

Âmbito local

Alastrando os caminhos convergentes à Vila de São Paulo, para a realização de expedições destinadas à lavra de minério e à captura de índios, o principal reflexo da União Ibérica no Brasil foi a expansão do território inicialmente ocupado pelos portugueses.

Os historiadores marcam o ano de 1592 como o início de atividades regulares de mineração no Planalto de Piratininga, o que promoveu a circulação dos exploradores, por trilhas e rios, em todas as direções: a nordeste, na Serra da Cantareira, perto da aldeia de Guarulhos, junto aos ribeirões das Lavras, Tomé Gonçalves e Itaberaba[63]; a norte, perto do antigo aldeamento de Barueri, junto aos rios Jaguari[64], Juqueri[65] e Ribeirão das Lavras; a noroeste, nas imediações do Jaraguá[66], no Morro do Voturuna[67];

a oeste, na confluência do Ribeirão Mutinga[68] com o Rio Tietê; a sudoeste, perto da aldeia de Itapecerica, junto ao Rio Jarahu[69]; a sul, em Embu-Guaçu, na Bacia do Rio das Lavras, junto ao Córrego das Bateias e do Rio São Lourenço; a sudeste, no Ribeirão das Lavras; e a leste, em Suzano, no Córrego das Lavras e no Morro da Suindara[70], nas proximidades da aldeia de Santo Ângelo[71].

Como centro irradiador de caminhos, a Vila de São Paulo, igualmente por volta de 1592, passou a ser um centro difusor de *armações*, como foram chamadas inicialmente as expedições chefiadas por portugueses e alguns de seus descendentes – que eram em geral mamelucos e homens de confiança do armador –, formadas por muitos índios, parte deles capturada em expedições anteriores, e parte livre, oriunda de tribos aliadas.

Situado em lugar estratégico para o garimpo e para o acesso das armações ao sertão – junto ao limite navegável do Rio Tietê, onde ficava a Cachoeira Parnaíba[72], que desde 1580 pertencia às terras da fazenda de Susana Dias, neta do Cacique Tibiriçá –, o povoado de Santana de Parnaíba prosperou e foi elevado a vila em 1625. Durante o primeiro ciclo de mineração e de formação de armações, "a partir de Santana de Parnaíba abriu-se no planalto o caminho por terra para o sul, contornando o trecho mais acidentado do Tietê"[73], com a fundação de Jundiaí[74] (1655), Itu[75] (1657) e Sorocaba[76] (1661).

Tendo por meta aprisionar índios e procurar minerais preciosos, as armações saíam da Vila de São Paulo rumo ao sertão não apenas pelo caminho dos campos de Sorocaba (percorrido por tropas de mulas que partiam do Largo do Piques, subiam a Rua da Consolação e em bifurcação no alto do Pacaembu[77] dirigiam-se para a paragem do Emboaçava, hoje bairro da Lapa), mas também a nordeste pelo caminho por Mogi das Cruzes até o Vale do Rio Paraíba, buscando Minas Gerais (pela Serra da Manti-

63. "Itaberaba" = "pedra que brilha".
64. "Jaguarí" = "rio da onça".
65. "Juquerí" = "rio salobro".
66. "Jaraguá" = "ponta proeminente", ou "senhor do vale".
67. "Votutuna" = "ibitu" + "(r)uma" = "nuvem negra".
68. "Mutinga" = "nuvem branca".
69. "Jarahu" = "rio das garças".
70. "Suindara" = "o que não come" (ave encantada que foi outrora um pescador).
71. REIS, 2013, p. 92-123.
72. "Parnaíba" = "lugar de muitas ilhas".
73. REIS, 2013, p. 87.
74. "Jundiaí" = ju+ndi+á = "a cabeça armada de bartana", ou "rio de jundiás" (bagre de água doce).
75. "Itu" = "queda-d'água".
76. "Sorocaba" = "terra rasgada" (terra com fendas).
77. "Pacaembu" = "atoleiro".

queira[78]) ou o Rio de Janeiro; ao norte, pelo Caminho da Luz, cruzavam o Rio Tietê na Ponte Grande, seguindo para Atibaia[79] e para o sul de Minas Gerais ou Goiás[80]; a noroeste, pelo caminho de Taipas[81] (depois Estrada Velha de Campinas), para Jundiaí e para as lavras de Goiás; a oeste-noroeste, pelo Rio Tietê, para Itu e Mato Grosso; a oeste e sudoeste, a partir de Pinheiros, para Carapicuíba, Barueri, Santana de Parnaíba, M'Boy e Itapecerica[82].

Efeitos do domínio espanhol em São Paulo também estão indiretamente relacionados à necessidade da Espanha de defender a passagem descoberta por Magalhães na Terra do Fogo, imposição tornada evidente em 1579, quando o inglês Francis Drake a transpôs, do Atlântico para o Pacífico. Com destino ao continente sul-americano, a fim de controlar o uso do estreito que une os dois oceanos, uma armada espanhola partiu de Sevilha em 1581, trazendo homens de mar e guerra, colonos e o governador de povoações a serem estabelecidas na região. Após aportar no Rio de Janeiro, onde foi recebido por autoridades locais, e em Santa Catarina, para se defender de tormenta, o comandante da armada espanhola, Diego Flores Valdez, foi informado, por tripulantes de um navio saqueado, da presença de três naus inglesas com forte munição e instrumentos de guerra. À vista disso, Valdez mandou voltar suas três maiores naus – com 600 homens e famílias de colonos a bordo – em defesa da costa entre Cabo Frio e São Vicente, trecho que considerava *las espaldas del Peru*, meta de aventureiros de todas as origens, em busca de ouro e prata. Dias antes de chegarem a São Vicente, as três naus de socorro espanholas cruzaram com as três naus dos saqueadores ingleses, forçando-os a debandar com a batalha travada.

Para proteger a Capitania de São Vicente foi construída a Fortaleza da Barra Grande de Santos, conforme projeto de Antonelli, engenheiro a serviço da Corte espanhola. Muitos dos espanhóis vindos com Valdez se fixaram na Baixada Santista e se casaram com moradoras locais, o que resultou numa população então conhecida como mameluca e considerada extremamente cruel. Uma parcela desses colonos espanhóis escolheu o Planalto Paulistano para se estabelecer. A maioria deles ostentava e vivia na fartura, em parte fruto de seu contato com a Espanha ou como resultado de comércio ilícito com outras colônias espanholas, o que explicaria a presença de moedas de prata no Brasil, mesmo sem haver extração desse metal. Com o tempo, dentre os considerados *homens bons*, alguns sevilhanos assumiram cargos no governo local, como Bartolomeu Bueno e Francisco Martins Bonilha. Mas houve espanhóis que se tornaram sertanistas e atuaram como chefes de bandeiras, atacando índios próximos ao Planalto Paulistano e destruindo reduções jesuíticas no Paraguai. Como tantos outros aventureiros em busca de ricos minérios, esses galegos tornaram-se adeptos da ilegalidade, agindo até mesmo contra os interesses da Coroa espanhola[83].

Em relação à importância dada pela Coroa espanhola ao clero local, há comprovação da existência de carta do Padre Anchieta a Felipe II e indícios de que o jesuíta ha-

42   O DESENHO DE SÃO PAULO POR SEUS CAMINHOS

via sido avisado pelo rei da vinda ao Brasil da armada de Valdez, que teria como missão não só ocupar o Estreito de Magalhães, mas também defender a costa brasileira. Sabe-se que Anchieta, como provincial da Companhia de Jesus, recebeu Valdez em 1582, em sua parada no Porto do Rio de Janeiro, a caminho do Estreito de Magalhães, bem como em 1583, quando Valdez voltou ao Rio de Janeiro, ao retornar de sua viagem ao Estreito de Magalhães para receber o reforço de mais quatro navios e suprimentos enviados pelo rei espanhol para sua missão no Brasil[84].

No ano de 1640, quando cessou o domínio espanhol sobre Portugal, deu-se a expulsão dos jesuítas que atuavam em São Paulo e, com isso, houve o

> "[...] desmantelamento de muitas aldeias, o que resultou em desagregação da intrincada rede de comunicações por elas criada. A mão de obra concentrada nesses redutos dispersou-se, prejudicando as atividades econômicas nelas desenvolvidas"[85].

Porém, essa mão de obra foi reintegrada rapidamente nos serviços da vila, entre os quais o da conservação dos caminhos.

A partir de 1640, Dom João IV estimulou a realização de expedições oficiais ao sertão, sempre para explorar minerais preciosos e trazer índios cativos, conhecidas como *bandeiras*, que rumaram principalmente para Minas Gerais e Goiás e que, tal como as armações, eram organizadas na Vila de São Paulo. São dessa fase núcleos fundados a leste da Vila de São Paulo, ao longo do Vale do Rio Paraíba: Taubaté[86] (1645), Jacareí[87] (1653) e Guaratinguetá[88] (1657).

Em 1700, a população da Vila de São Paulo seria de 840 habitantes, cerca de quarta parte da correspondente ao município, estimada entre 4 mil e 5 mil habitantes[89].

---

78. "Mantiqueira" = "a+man+ti+kir" = "serra que chora".
"Atibaia" = "lugar saudável" ou "lugar de muita fruta".
"Goiás" = "aquele que tem a mesma origem".
"Taipas" = "pântano das pedras".
MORSE, 1970, p. 42, & SANT'ANNA, 1937, p. 25.
79. "Atibaia" = "lugar saudável" ou "lugar de muita fruta".
80. "Goiás" = "aquele que tem a mesma origem".
81. "Taipas" = "pântano das pedras".
82. MORSE, 1970, p. 42, & SANT'ANNA, 1937, p. 25.
83. STELLA, 1993, p. 80-91.
84. STELLA, 1993, p. 81-95.
85. SILVA, 1984, p. 71-72.
86. "Taubaté" = "taba" + "ibaté" = "aldeia elevada".
87. "Jacareí" = "rio do jacaré".
88. "Guaratinguetá" = "garça" + "eta" = "muitas aves brancas".
89. REIS, 2004, p. 79.

Num rápido crescimento extensivo, "ao terminar o século XVII, os paulistas haviam povoado a região do planalto em todas as direções"[90], como mostravam os caminhos por terra, interligando a colina histórica às áreas de mineração ou aos portos fluviais, como o Porto Geral, localizado na sétima e última volta do Rio Tamanduateí; ou os portos de Pinheiros e de Santo Amaro, no Rio Pinheiros.

No fim desse período, utilizavam-se como meios de transporte canoas, barcos, cavalos, tropas de burros e carros de boi. Em 1626 tornou-se obrigatória aos moradores de São Paulo a abertura e conservação de caminhos entre a Vila de São Paulo e as *roças* espalhadas ao redor. "O traçado dos caminhos será fortemente influenciado pela localização das pontes já construídas ou ainda por o serem"[91]. As pontes eram "o elemento central, quando se procura no desenho do núcleo colonizador seus pontos de tensão, para que a mercadoria pudesse circular com rapidez"[92]. Quanto à realização das pontes "dentro da cidade, a própria Câmara era responsável pela conservação das pontes. E, fora da vila, a própria população, *obrigada por mandados*, realizava a tarefa de construção"[93].

Em 1680, a construção de uma ponte sobre o Rio Jurubatuba facilitou a circulação na porção sudoeste do planalto. A *Ponte Grande* foi construída em 1700, sobre o Tietê, facilitando o acesso à zona norte.

90. REIS, 2004, p. 45.
91. SILVA, 1984, p. 83.
92. SILVA, 1984, p. 84.
93. SILVA, 1984, p. 106.
94. Na década de 1620, a segunda secção da Capitania de São Vicente foi dividida em duas partes: uma que continuou com o nome de São Vicente, local da sede; a outra chamou-se Itanhaém, sede da nova capitania.
95. "Portugal, para pagar suas dívidas, repassava o ouro e os diamantes especialmente para a Inglaterra, de onde importava com exclusividade tecidos e para onde exportava com exclusividade vinhos, com base no Tratado de Methuen (1703), contribuindo assim para financiar a Revolução Industrial Inglesa" (KEATING & MARANHÃO, 2008, p. 182).
96. REIS, 2013, p. 88.

Caminhos para lavrar e exportar minérios do sertão

Âmbito externo

Em 1693, notícias da descoberta de ouro e diamantes pelos bandeirantes paulistas, em Minas Gerais, atraíram para o sertão mineiro colonos luso-brasileiros e seus escravos, provenientes de São Paulo e de outras regiões do Brasil, além de novos portugueses, vindos da Europa. Uma luta de dois anos, de 1707 a 1709, pelo direito à exploração das jazidas, travada entre bandeirantes e *forasteiros*, ficou conhecida como Guerra dos Emboabas.

Em 1709, com o fim da Guerra dos Emboabas, a Coroa Portuguesa fundiu a Capitania de São Vicente com a Capitania de Itanhaém, criando a Capitania de São Paulo e Minas de Ouro[94]. Em 1711, São Paulo foi elevada à categoria de cidade-sede da nova capitania, à qual, a seguir, foi também incorporada a Capitania de Santo Amaro. Em 1720, as terras de Minas Gerais, para onde se mudou o primeiro governador da Capitania de São Paulo e Minas de Ouro, o capitão-general Antônio de Albuquerque Coelho de Carvalho, foram separadas do que passou a se chamar Capitania Real de São Paulo, formando a Capitania de Minas Gerais, com sede em Vila Rica.

Notícias de descobertas de minerais preciosos, pelos paulistas, se sucederam: entre 1718 e 1719, em Cuiabá; em 1725, na região de Goiás; e, em 1734, em região ao norte de Cuiabá, conhecida como Mato Grosso. A comunicação da Coroa Portuguesa com as novas áreas de garimpo se fazia através de São Paulo – cuja área de domínio também englobava territórios dos atuais Estados do Paraná, parte de Santa Catarina, Goiás e parte de Mato Grosso – e através do Rio de Janeiro e Parati, por onde saíam o ouro e os diamantes com destino a Portugal[95].

Para o transporte dos produtos paulistas e de outros provenientes de diversas áreas da colônia, ou mesmo importados, foram abertos caminhos oficiais e alguns clandestinos, sulcados na passagem de circulação do contrabando. Por tais caminhos o transporte de mercadorias utilizava animais, o que explica a importância do *Caminho de Viamão*, aberto por volta de 1730, para ligar o sul do Brasil a Curitiba, Sorocaba e São Paulo, estabelecendo "uma vigorosa linha norte-sul de comércio no planalto, para garantir suporte de gado de corte e muares às Gerais, a Goiás e a Cuiabá"[96] – completando o caminho por terra aberto durante o primeiro ciclo de mineração e de formação de armações, a partir de Santana de Parnaíba.

Já no fim do século XVIII, mais duas importantes ligações entre São Paulo e as áreas de prospecção e extração de minérios foram abertas: o *Caminho de Goiás* e o *Picadão de Cuiabá*, passando por Sorocaba, Itu, Piracicaba, Rio Claro e Araraquara.

Por tais caminhos, "no século XVIII, estruturava-se uma rede comercial, onde era importante para a economia da região a *circulação de mercadorias*".[97]

Âmbito local

No segundo ciclo de mineração, uma pequena parte do ouro mineiro passou a ficar em São Paulo, para pagar o fornecimento dos produtos demandados na lavra. Foi assim que alguns grandes comerciantes paulistas enriqueceram, recebendo em ouro o pagamento dos produtos com que abasteciam as áreas das minas[98].

Nesse período, o comércio de gado, um dos principais produtos que passavam por São Paulo, foi importante para o crescimento econômico da cidade, e

> "[...] seu desenvolvimento forneceu padrões de organização política e social àquele núcleo [...]. A circulação de gado que se dirigia para Minas, Santos, Guaratinguetá etc. indica a existência de uma importante e rendosa atividade comercial sobre a qual a Câmara obtinha recursos. O comerciante não tinha muitas opções, dada a localização das pontes, acabava por desembocar em vilas e cidades que cobravam taxas"[99].

O comércio de gado também definiu as formas de apropriação do espaço urbano. Assim, nas proximidades ou mesmo dentro da cidade, em áreas públicas ou em ranchos privados, as pastagens localizadas junto aos caminhos, utilizadas para o pernoite das tropas, "constituíram-se no meio através do qual se tornava possível chegar aos centros comerciais". Sem envolver a propriedade do rancho, estabelecia-se um preço para a acomodação temporária da mercadoria na pastagem[100].

O segundo ciclo de mineração, mais importante que o primeiro em riquezas extraídas e em produtos demandados para a exploração das jazidas, viabilizou a formação de "uma relativa integração econômica entre algumas regiões da colônia", centralizada em São Paulo[101].

Essa integração econômica, que promoveu uma "relação da Vila de São Paulo com freguesias, bairros e outras vilas", está associada, na primeira metade do século XVIII, à:

"[...] consolidação de uma política expansionista do núcleo colonizador. Com frequência, encontramos nas Atas da Câmara referências à construção e preservação dos caminhos e pontes. Este é, aliás, o tema mais tratado. A circulação de mercadorias definirá o papel do Estado no processo de colonização".

Para garantir a circulação de mercadorias:

"[...] o Estado utiliza-se de todo o seu aparato institucional para obrigar a população a preservar estes caminhos. Nomeia cabos que devem 'chefiar' a realização da obra, elege 'cobradores' para arrecadar o dinheiro (quando o caminho ultrapassa os limites do município) e, enfim, estabelece uma fiscalização intensa para que a ainda precária rede de comunicações se mantenha, permitindo a manutenção da economia interna da região"[102].

A preocupação em garantir condições adequadas dos caminhos reflete a razão básica da atuação da Câmara nesse período: o controle da circulação de mercadorias.[103]

No Planalto Paulistano formavam a rede de circulação tanto as vias que garantiam o acesso ao sertão e ao litoral como as necessárias à circulação interna à Vila de São Paulo, onde já existiam pequenas siderurgias para a produção de ferramentas, fábricas de tecidos e engenhos para produção de aguardente. Ao contrário do que acontecera no começo da colonização, quando as ruas eram definidas pelo espaço não ocupado pelas edificações, agora seu traçado passava a ser o elemento definidor da localização de novas edificações, de modo a garantir a circulação interna à vila e possibilitar sua expansão.

O aumento das atividades e do fluxo de mercadorias que passavam pela cidade de São Paulo também propiciou o crescimento de sua população, que em 1747 seria de cerca de 2 mil habitantes[104].

97. SILVA, 1984, p. 104.
98. KEATING & MARANHÃO, 2008, p. 180.
99. SILVA, 1984, p. 92-93.
100. SILVA, 1984, p. 145.
101. KEATING & MARANHÃO, 2008, p. 182.
102. SILVA, 1984, p. 83.
103. SILVA, 1984, p. 98.
104. REIS, 2004, p. 79.

Caminhos para transportar açúcar

Âmbito externo

O ano de 1765 marca a restauração da Capitania de São Paulo, quando passou a ser governada pelo nobre português Dom Luís Antônio de Souza Botelho de Mourão, o 4º Morgado de Mateus, com administração separada da Capitania do Rio de Janeiro, da qual tinha sido apenas uma comarca desde 1748 – consequência de um "jogo de poder, visando estimular as ações de desbravamento por parte dos paulistas e a seguir limitar seu poder sobre os territórios, no atendimento dos objetivos da Coroa"[105].

Na nova fase de exploração, que se organiza aos primeiros sinais de esgotamento das minas e da mão de obra indígena, a administração portuguesa, comandada pelo Marquês de Pombal, resolveu ampliar a produção de açúcar em determinadas regiões da Capitania de São Paulo, utilizando o trabalho de escravos africanos.

O transporte do açúcar, destinado tanto para exportação como para o consumo interno, incentivou a melhoria dos caminhos para as principais áreas de plantio: a noroeste, em Campinas; a oeste-noroeste, em Itu; a leste, no Vale do Rio Paraíba, em Taubaté e Lorena. No Litoral Norte, com plantações e engenhos de açúcar em São Sebastião, Ilhabela e Ubatuba, alguns caminhos venciam a serra entre o Vale do Rio Paraíba e os portos de São Sebastião e Ubatuba. Na última década do século XVIII, no governo de Bernardo Lorena, o calçamento do Caminho do Mar, que passou a ser denominado *Calçada do Lorena*, foi a principal obra dessa fase, promovendo a exportação do açúcar pelo Porto de Santos[106].

Até o final do século XVIII cresceu o comércio inter-regional e a população na Capitania de São Paulo – e para isso contribuiu o retorno de paulistas que haviam migrado para as áreas de mineração e agora faziam expandir a lavoura para a produção de açúcar, criando as bases para a expansão do café no século seguinte.

Âmbito local

A cidade de São Paulo pode ser representada nesse período pela Planta da Restauração da Capitania, assim chamada por Reis Filho, a mais antiga planta – de autor desconhecido – a abranger todo o núcleo urbano, com data de provável execução entre 1765 e 1774, intitulada *Planta da Imperial Cidade de São Paulo*[107] (Figura 5).

5. Planta da Imperial Cidade de São Paulo.
FONTE: REIS, Nestor Goulart (2004). Reprodução de figura cedida pelo Arquivo Histórico do Exército.

105. REIS, 2004, p. 59.
106. REIS, 2004, p. 59.
107. REIS, 2004, p. 234.

Em 1767, segundo ano da administração de Morgado de Mateus, o primeiro censo da cidade de São Paulo levantou uma população de 2.774 habitantes. Até 1790, na área correspondente ao Município de São Paulo, haveria cerca de 8,5 mil habitantes[108].

Para incorporar o acréscimo da população, novos bairros se formaram ao longo das principais saídas da cidade: para norte, o Caminho da Luz passava pela Ponte Grande, sobre o Rio Tietê, até o bairro de Santana, seguindo depois para Atibaia e Minas Gerais; para oeste, pela Rua Nova de São José, atual Líbero Badaró, o percurso seguia pela Rua São João e, atravessando uma ponte sobre o Anhangabaú, chegava à Cidade Nova, a oeste da Chácara do Chá, e ao bairro de Santa Efigênia; para sudoeste, pela Ladeira do Piques, atual Ladeira da Memória, à qual se chegava pela Ponte do Lorena, construída em 1794 sobre o Anhangabaú, o caminho seguia pela Estrada de Sorocaba, atual Rua da Consolação; para leste, a Estrada da Penha, no eixo da atual Avenida Rangel Pestana, rumava para o Rio de Janeiro; para sul, o Caminho do Mar, que se iniciava no Largo de São Gonçalo, passava na Rua da Glória, cruzava o Córrego do Lavapés e, em direção à Serra do Mar, seguia pelos bairros do Cambuci, Ipiranga e São Bernardo; também à direção sul levava o Caminho de Carro para Santo Amaro, que, saindo do Largo de São Gonçalo, ia pelo eixo da atual Rua Vergueiro até o bairro de Vila Mariana e depois ao bairro Conceição; outra saída para o sul se dava pela Rua de Santo Amaro, seguia pelo eixo da atual Avenida Brigadeiro Luís Antônio, alcançando a várzea do Rio Pinheiros e a Estrada Velha de Santo Amaro[109].

"Na segunda metade do século XVIII, observa-se uma transformação em São Paulo. Embora persista na cidade a marca do cruzamento de estradas, amplia-se e se fortalece a estrutura urbana. [...] *A cidade, de certa forma, adquire identidade.* Propõem-se a construção de esgotos, fontes e sugere-se a feitura de calçadas, colocam-se pedras em algumas ruas e zela-se pela política de doação de terras para que estas não gerem dificuldades *funcionais* na circulação da cidade [...]. É por volta de 1780 que se começa a perceber uma modificação no significado básico da estrutura urbana."[110]

De fato, em 1781, entre as medidas urbanizadoras de São Paulo, foi realizado o calçamento das ruas com limonito vermelho, retirado de campos vizinhos e trazido para São Paulo pelos carroceiros. Esgotado o limonito, o grés, cimentado com óxido de ferro, e grandes seixos de quartzo branco (formação de aluvião contendo ouro) foi usado no calçamento. Depois de fortes chuvas podiam-se encontrar partículas de ouro nas fendas entre os seixos que pavimentavam as ruas. As primeiras obras de retificação do Tamanduateí datam de 1782. São também dessa fase:

"[...] quatro pontes de pedra: do Lorena (1795), do Carmo (1805-1808) – esta última, de fato, de pedra, mas com uma importante abóbada de tijolos – e as duas do Marechal (a primeira remontando ao tempo do Marechal Frei José Raimundo Chichorro, 1786-1788; a segunda construída por Daniel Pedro Müller em 1809)"[111].

Ao facilitarem a mobilidade, as novas ruas e melhores caminhos favoreceram a mudança das famílias mais ricas para chácaras localizadas ao redor da cidade de São Paulo, onde passaram a usufruir de condições mais saudáveis de vida graças ao fornecimento de água por fontes locais e aos alimentos nelas cultivados. As chácaras também produziam o capim para alimentar os animais usados como montaria individual ou para a tração de veículos, além de melhor abrigá-los, evitando seu costumeiro confinamento em cocheiras, porões ou quintais nos sobrados da cidade. Muitas dessas chácaras seriam loteadas em fins do século XIX, alimentando o mercado imobiliário em formação e inaugurando "um fenômeno que passou a ocorrer em larga escala na passagem do milênio: as facilidades de mobilidade levando alguns setores urbanos à dispersão"[112].

No final desse período, uma melhor definição das propriedades é também uma preocupação da Câmara de São Paulo:

"[...] as primeiras medidas deram-se no sentido de organizar os *livros de registro* onde se concentrassem os documentos referentes à doação de terras. Posteriormente, colocou-se o problema da delimitação dos logradouros públicos [...] tentava-se *esboçar* distinções entre a propriedade pública e a propriedade privada. [...] Lentamente delimitavam-se *calçadas, ruas, becos e serventias*, fixando-se também os *limites* da propriedade pública e privada, enquanto o Estado se erguia como elemento 'neutro', *administrador do novo espaço urbano*"[113].

108. REIS, 2004, p. 80.
109. REIS, 2004, p. 79-87.
110. SILVA, 1984, p. 84.
111. CAMPOS, 2008. Texto eletrônico com análise da *Planta da Cidade de S. Paulo* elaborada em 1810.
112. REIS, 2004, p. 88-91.
113. SILVA, 1984, p.114-115.

Caminhos estruturadores da trama viária da cidade de São Paulo

Âmbito externo

Enquanto a cidade colonial de São Paulo lentamente expandia sua periferia com a abertura de chácaras, Napoleão Bonaparte invadia sucessivamente países da Europa Ocidental e da Oriental para formar e consolidar o Império Francês.

Um dos efeitos das guerras napoleônicas para conquistar novos territórios foi a promulgação, em 1808, no Brasil, do Decreto de Abertura dos Portos às Nações Amigas. Trata-se da primeira Carta Régia do Príncipe-Regente Dom João de Bragança e está associada à chegada da família real portuguesa ao Rio de Janeiro, em fuga de Portugal – valendo-se de escolta britânica – para manter sua independência em relação à França de Napoleão Bonaparte. Esse decreto marcou o fim do Pacto Colonial, que havia dado a Portugal o monopólio do comércio de todos os produtos exportados ou importados pelo Brasil, além da dominação política *metropolitana*, condições determinantes da economia colonial brasileira.

O fim do Pacto Colonial refletiu-se no fluxo de novas mercadorias que passavam por São Paulo, provenientes principalmente da Inglaterra, que já vivia as transformações decorrentes do surgimento do capitalismo industrial – a propriedade do solo, o trabalho assalariado, a urbanização e, principalmente, o aumento da produção interna –, o que levou os ingleses a adotar estratégias destinadas à formação de mercados externos, num mundo ainda atrelado à economia colonial. Entre essas estratégias destaca-se o envolvimento da Inglaterra na abolição do trabalho escravo.

Além de abrir o mercado brasileiro, principalmente ao capital industrial inglês, o fim do Pacto Colonial promoveu o surgimento de um embrionário sistema monetário nacional – fato decisivo para a formação do Estado Nacional – e viabilizou a constituição de uma *economia mercantil-escravista cafeeira nacional*, que só foi possível pela formação, aos poucos, de capital mercantil nacional durante o período colonial, como o proveniente do comércio de mulas por usurários urbanos, e do tráfico de escravos. Esse capital nacional foi aplicado na aquisição de recursos para a produção do café: terras disponíveis próximas ao Rio de Janeiro; escravos liberados pela desagregação da economia mineira; e pagamento das despesas das fazendas até os cafezais entrarem em produção[114].

Em 1815, o Brasil, como sede da Coroa Portuguesa, passou da condição de colônia de Portugal à de Reino Unido de Portugal e Algarves, e se adequou às novas funções

52   O DESENHO DE SÃO PAULO POR SEUS CAMINHOS

administrativas de governo, com a abertura de escolas para a formação de militares e burocratas.

Vencido pelos ingleses em 1815, Napoleão Bonaparte morreu em 1821, prisioneiro na Ilha de Santa Helena. Também em 1821 voltou Dom João VI a Portugal, por exigência de um Conselho de Regência que estava exercendo o poder, em nome do rei, para enfrentar rebelião de orientação liberal (Revolução Liberal do Porto). O príncipe Dom Pedro de Alcântara e Bragança, que ficou no Brasil como Príncipe Regente, proclamou a Independência em 1822, em São Paulo – evitando a volta do Brasil à condição de colônia, como impunha a Coroa Portuguesa. A Independência do Brasil foi reconhecida apenas em 1825, envolvendo negociações entre Portugal e Inglaterra que resultaram na obrigação de o Brasil pagar o último empréstimo que Portugal contraíra junto a este país.

Âmbito local

As mudanças esboçadas no fim do século XVIII, na cidade de São Paulo, foram consolidadas no século XIX pela administração municipal, de modo a compatibilizar o cenário urbano com o uso dos produtos manufaturados e importados da Europa, e aumentar seu controle sobre a propriedade e a edificação dos imóveis. Para tanto mandou-se numerar as edificações; caracterizar seus limites e alinhamentos em relação às ruas, que passaram a ter nome oficial; induzir a construção de prédios em lotes desocupados, de modo a reduzir a especulação imobiliária (os terrenos eram mais valorizados no espaço urbano e ao longo dos caminhos); estabelecer regras para a edificação nos lotes urbanos e distribuir terras públicas em condições desvantajosas para moradia dos menos favorecidos (fomentando a diferenciação social na ocupação espacial da cidade); delimitar as áreas públicas; doar áreas públicas e terras devolutas, em geral utilizadas como pastos, fora da área urbana, mas que se valorizavam à medida que a cidade se expandia. Tudo convergia para a diferenciação entre o espaço de uso urbano e o de uso rural e entre o espaço público e o privado; para a privatização do espaço público; e para a luta pela propriedade da terra, que já possibilitava captação de recursos independentemente do uso que dela se fizesse[115].

114. MELLO, 1982, p. 53.
115. SILVA, 1984, p.130-143.

TROPAS DE MUARES E CARROS DE BOI

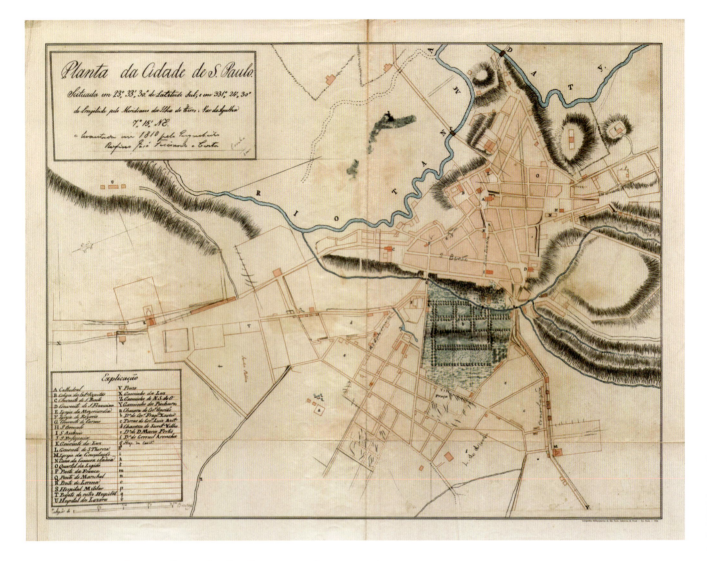

6. Planta da Cidade de S. Paulo – 1810.
FONTE: CAMPOS, E. (2008).
Reprodução de figura autorizada pelo Arquivo Histórico Municipal.

Visando a maior controle das transformações previstas para São Paulo, o Governo Provincial e a Câmara constatam a importância de contar com plantas da cidade[116]. Corresponde a esse período a *Planta da Cidade de S. Paulo* (Figura 6), elaborada, entre 1807 e 1810, pelo engenheiro militar Rufino José Felizardo e Costa. Sua análise confirma que do núcleo original "irradiavam-se caminhos que funcionaram como elementos estruturadores da exígua trama viária paulistana": em direção ao norte, para Bragança e sul de Minas (atuais Rua do Seminário, Rua Brigadeiro Tobias e Avenida Tiradentes); a noroeste, até a Chácara do Bom Retiro e Nossa Senhora do Ó (atuais Rua do Seminário e Rua General Couto de Magalhães); a oeste, rumo a Jundiaí e Goiás (atuais Rua Sete de Abril, Rua e Largo do Arouche e Rua das Palmeiras) e rumo a Pinheiros e Sorocaba (atuais Rua da Consolação, Avenida Rebouças, Rua dos Pinheiros e Rua Butantã); ao sul, no sentido de Santo Amaro (atuais Rua Santo Amaro e Avenida Brigadeiro Luís Antônio, ou pela atual Avenida da Liberdade) e para Santos (atuais Rua da Glória e Rua do Lavapés); a sudeste, na rota da Mooca (atuais Rua Tabatinguera, Rua da Mooca e Rua do Oratório); e a leste, buscando a Penha e o Rio de Janeiro (atual Avenida Rangel Pestana)[117].

Essa planta assinala a abertura de novos bairros e ruas, ampliando para oeste a área urbana de São Paulo ao ultrapassar o Riacho Anhangabaú, com seu vale, e iniciar a formação da Cidade Nova, onde a população mais rica estava interessada em instalar chácaras de recreio, a exemplo da já existente Chácara do Chá. As ruas abertas na Cidade Nova interligavam o Caminho da Luz (Avenida Tiradentes), o Caminho do Ó (Rua General Couto de Magalhães), o Caminho de Jundiaí (Rua do Arouche) e o Caminho dos Pinheiros (Rua da Consolação).[118]

116. SILVA, 1984, p. 152.
117. CAMPOS, 2008. Texto eletrônico com análise da *Planta da Cidade de S. Paulo* elaborada em 1810.
118. CAMPOS, 2008. Texto eletrônico com análise da *Planta da Cidade de S. Paulo* elaborada em 1810.

Trens

A partir de meados do século XIX, os trens da primeira linha implantada do Porto de Santos até Jundiaí para transportar café, percorrem os vales dos rios Tietê e Tamanduateí, vencendo a Serra do Mar em rota coincidente com a trilha utilizada originalmente pelos Tupiniquins. Até as três primeiras décadas do século XX, a expansão da rede ferroviária transforma a cidade de São Paulo num entroncamento de linhas de trem, o que reforça a convergência definida pelas estradas carroçáveis. A propriedade da terra já possibilita captação de recursos, qualquer que seja o uso que da terra se faça. Novos aglomerados formam-se em torno das estações, ocupando áreas valorizadas com a presença da ferrovia.

Trilhos para expandir a lavoura de café

Âmbito externo

De 1810 a 1851 – durante *estágio extensivo* da produção capitalista na Inglaterra[119] – dá-se a consolidação e generalização do consumo de café nos mercados internacionais. Para competir nesse mercado, auferindo lucros e enfrentado a concorrência dos demais países produtores de café, o Brasil sempre optou por produzir em larga escala e a baixos preços. Assim, quando ocorriam baixas de preços no mercado internacional do café, no Brasil fazia-se a *compressão* dos custos de produção, garantindo *níveis lucrativos* em virtude da abundante oferta de terras, cultivadas de modo predatório no Vale do Paraíba e próximas a portos de embarque, ou seja, com custos de transporte *suportáveis*.

O café chegou a São Paulo pelo Vale do Paraíba, proveniente do Rio de Janeiro, de onde, em 1836, ainda saía 88% da produção, incluindo o cultivado na zona serrana paulista, em Areias, Silveiras e Bananal. Os restantes 12% da produção provinham do Centro-Oeste Paulista, na região de Campinas. Até que, na segunda metade do século XIX, a região de Campinas aumentou sua participação na produção do café, sendo seus fazendeiros precursores de ensaios de trabalho livre, em sistema de parceria, com imigrantes europeus. Essa experiência, que levou São Paulo a ganhar a liderança na produção do café, fixou parte dos colonos à terra paulista e reduziu os efeitos da crise da abolição da escravatura, ao contrário do que aconteceu no Vale do Paraíba, onde o trabalho escravo coexistiu com a mão de obra livre até 1888[120].

Porém, a fixação de colonos imigrantes nas terras utilizadas para a produção cafeeira superava apenas a primeira das barreiras para a acumulação de capital no quadro de uma economia mercantil-escravista: a reprodução da força de trabalho escravo. As demais barreiras não tinham ainda sido vencidas: a disponibilidade de terras em que a produção pudesse ser lucrativa; o aumento dos custos de transporte; as grandes oscilações nos preços internacionais do café; e o financiamento dependente e dominado pelo capital mercantil, pois os comissários que vendiam o café também financiavam seu processo de produção, controlando os dois pontos extremos do movimento do capital e canalizando para si a quase totalidade dos lucros, sem correr os riscos a que estavam sujeitos os fazendeiros – sendo em 1850 o auge da ação dos comissários, depois compartilhada pelos *bancos cafeeiros*[121].

O setor fornecedor de escravos havia desaparecido em 1850, resultado do *Slave Trade Suppression Act* ou *Aberdeen Act*, imposto pela Inglaterra ao Brasil em 1845, que autorizava os britânicos a prender navios suspeitos de transportar escravos no Oceano Atlântico. Para superar a falta de escravos, e sendo inviável aumentar a produtividade dos escravos existentes, através do manejo de máquinas, seria necessário assegurar a reprodução interna de escravos, de modo que a taxa de natalidade se igualasse ou superasse a alta taxa de mortalidade, devido à exploração a que estavam submetidos. Mas reduzir as taxas de exploração dos escravos para aumentar sua reprodução interna implicava aumentar os custos de produção e reduzir a taxa de lucro da economia cafeeira, a quantidade de café produzido e as perspectivas de negócios. De qualquer modo, antes ou depois, os preços do café subiriam, em decorrência da escassez de escravos, até um valor limite suportado pelo mercado externo; depois, a empresa cafeeira iria se atrofiar à medida que contasse com um menor número de escravos[122].

Para favorecer os grandes proprietários rurais, Dom Pedro II sancionou a *Lei de Terras* (Lei nº 601, de 1850), que regulamentou a propriedade privada da terra, revogando o regime de sesmarias e estabelecendo a compra da terra como única forma de acesso a ela. Essa lei eliminou novas doações de terras públicas e novas posses de terra por ocupação, bem como induziu a separação entre a função de produção agrícola da terra e suas funções de abrigo e subsistência dos trabalhadores rurais, o que promoveu a saída de moradores do campo e o aumento da disponibilidade de mão de obra.

Além da mão de obra, a acumulação de capital decorrente da produção do café também dependia da incorporação contínua de novas terras, exigindo a interiorização do cultivo, o que provocava a elevação persistente dos custos de transporte. O setor de transporte apoiava-se no trabalho escravo e na força animal. Assim, era de se esperar a elevação contínua dos custos de transporte e a correspondente redução da taxa de lucro, até o ponto em que se travaria a acumulação de capital. De início, a maior fertilidade das terras no Oeste Paulista compensou o aumento dos custos de transporte. Mas, devido às técnicas predatórias de cultivo, havia um limite estabelecido pelos custos para recuperar terras em zonas *decadentes*, fase sucessiva das zonas *maduras*, onde o plantio

---

119. O *estágio extensivo*, prolongado na Inglaterra até cerca de 1860, através da conquista de mercados externos, corresponde ao primeiro estágio de desenvolvimento capitalista, em que a expansão da produção se baseia principalmente no ritmo de ampliação do trabalho assalariado. Nessa fase dá-se o crescimento das aglomerações urbanas, lugar de concentração das indústrias e do mercado dos artigos de consumo, onde o nível de reprodução da força de trabalho é baixo "[...] porque as amplas reservas de contingentes de trabalhadores ainda não assalariados permitem assegurar a expansão da força de trabalho mesmo no caso de falha da reprodução propriamente dita" (DEÁK, 2016, p.118).
120. MATOS, 1990, p. 44-51.
121. MELLO, 1982, p. 68.
122. MELLO, 1982, p. 59.

do café ainda se encontrava consolidado e plenamente produtivo[123]. Já a partir de 1855, "a lavoura de café via-se limitada na sua expansão pelos altos fretes que tornavam impossível o cultivo além de uma certa distância dos portos"[124]. Ademais, não havia mão de obra para a construção e conservação dos caminhos[125].

As oscilações do preço do café tendiam a assumir caráter cíclico. O preço internacional aumentava com a expansão das economias importadoras, gerando maior demanda do produto, ou com a contração da oferta, causada por fenômenos naturais (como geadas). Com a elevação do preço do café, a taxa de lucro e a taxa de acumulação podiam crescer, e também os investimentos em novas plantações, para ampliar a capacidade produtiva. A seguir, com o período de maturação do cafeeiro, dava-se o aumento da oferta de café e podiam cair os preços internacionais, a taxa de lucro e a taxa de acumulação[126]. Em 1857 houve uma subida nos preços internacionais do café, levando a um crescimento da produção. Mas em 1863 ocorreu nova queda nos preços internacionais, estancando a expansão da produção. Assim, "os últimos anos da década de 1860 marcam uma crise da economia mercantil-escravista cafeeira"[127].

A saída dessa crise, reforçando a economia mercantil-escravista, também ocorreu na segunda metade de 1860, com a implantação da ferrovia, utilizando capital mercantil nacional em conjunto com capital financeiro inglês, estimulado pelo Estado brasileiro, que concedeu garantias de juros aos investimentos externos em ferrovias, assegurando ao capital estrangeiro rentabilidade certa a longo prazo. Assim, mesmo apoiada em trabalho escravo, a acumulação de capital na economia mercantil nacional continuou, garantida pela ferrovia e pela maquinização do beneficiamento do café:

> "É fácil imaginar que com sua construção (da ferrovia) uma verdadeira revolução se operava na economia cafeeira: braços até então desviados da lavoura porque aplicados ao transporte que podiam, agora, voltar-se para as culturas; maior rapidez nas comunicações, maior capacidade de transporte, baixos fretes; melhor conservação do produto, que apresentava superior qualidade e obtinha preços mais altos no mercado internacional; portanto, possibilidades de maiores lucros, novas perspectivas para o trabalho assalariado"[128].

Em conjunto com a Lei de Terras, a ferrovia e a maquinização do beneficiamento do café criaram as condições para a emergência do trabalho assalariado, opondo-se dessa forma à economia mercantil-escravista: empregavam trabalhadores assalariados e estimulavam a acumulação, que passava a demandar mais mão de obra.

A necessidade de implantar ferrovias já havia sido reconhecida nos tempos do Brasil Império, mas as tentativas então realizadas não alcançaram nenhum resultado prático. Em 1835 foi sancionada a Lei Feijó, pelo regente do Império, Padre Antônio Feijó (1835-1837), visando, num plano grandioso de viação, à implantação de mais de 5.500 quilômetros de vias férreas ligando o Rio de Janeiro às capitais de Minas Gerais,

Rio Grande do Sul e Bahia, estabelecendo privilégio por 40 anos, isenção de direitos de importação por 5 anos para todas as máquinas, cessão gratuita dos terrenos do governo e direito de desapropriação dos terrenos particulares necessários às vias férreas, além de concessão por 80 anos antes de incorporá-las ao patrimônio nacional[129].

Mas, por conta de instabilidade política e de falta de vantagens econômicas para atrair capitais europeus para o Brasil (principalmente falta de um sistema de garantia de juros), outras tentativas para viabilizar a implantação de um sistema de circulação ferroviária em ampla escala também fracassaram: em 1836, lei visando à construção de uma rede que misturava ferrovias, rodovias e canais; em 1938, concessão às firmas Aguiar, Viúva, Filhos & Cia. e à Platt & Reid, para ligar por estrada de ferro importantes localidades da província – Santos, Campinas, Piracicaba, Itu ou Porto Feliz, Mogi das Cruzes – e o Paraíba ao Tietê, mas sem o uso de trabalho escravo; em 1840, outorga ao inglês Thomas Cochrane, para construção e exploração comercial de uma ferrovia entre o Rio de Janeiro e o Vale do Paraíba, até Cachoeira, em São Paulo, onde o Alto Paraíba era navegável.

Finalmente, a partir de 1850, as condições para a implantação de ferrovias no Brasil tornam-se favoráveis devido à situação política mais estável, resultado do fortalecimento da ordem pública interna e da promulgação da Lei Eusébio de Queirós, que extinguia o tráfico de escravos, deixando livres muitos capitais até então empregados no comércio negreiro.[130]

Em 1852, para a ligação da Corte, no Rio de Janeiro, às capitais das províncias de Minas Gerais e São Paulo, a Lei nº 641 associou à concessão das vias férreas favores mais atrativos, como *privilégio de zona* de 30 quilômetros para cada eixo da linha, além de *garantia de juros* de até 5%, que poderiam ser complementados por mais 2%, dependendo do incentivo de cada província. "Não havia limitação de capital a ser empregado na construção. Quando a situação propiciasse distribuir dividendos superiores a 5%, começaria o reembolso dos juros despendidos pelo Tesouro"[131]. Vedava-se o uso do trabalho escravo.

É de 1852 uma concessão dada a Irineu Evangelista de Souza, para ligar o Rio de Janeiro ao Vale do Paraíba e a Minas Gerais, sendo inaugurado o primeiro trecho ferroviário do Brasil em 1854, com cerca de 14 quilômetros entre o Porto de Mauá,

123. MELLO, 1982, p. 63.
124. COSTA, 1966, p. 173.
125. COSTA, 1966, p. 161.
126. MELLO, 1982, p. 66.
127. MELLO, 1982, p. 72.
128. COSTA,1966, p. 173-174.
129. MATOS, 1990, p. 59.
130. MATOS, 1990, p. 63.
131. MATOS, 1990, p. 64.

na Baía de Guanabara, e a Estação de Fragoso. Dois anos mais foram necessários para que a ferrovia alcançasse a base da Serra da Estrela, onde por estrada de rodagem seguia-se até Petrópolis.

Também contando com uma concessão, os pioneiros da Estrada de Ferro Dom Pedro II (depois Central do Brasil) foram os fazendeiros do Rio de Janeiro, tendo à frente os Teixeira Leite, de Vassouras. Para a construção da estrada, cujas obras se iniciaram em 1855, foi contratado o técnico inglês Edward Price e organizou-se uma companhia no Rio de Janeiro, à qual se transferiu o contrato, assinado em Londres, de 90 anos de exclusividade para construir, usar e custear a estrada de ferro. As obras entre o Rio de Janeiro e Cachoeira, em São Paulo, que envolveram a construção de 13 túneis para vencer a Serra do Mar, foram concluídas em 1875, sendo reconhecida a eficiência da ferrovia como modo de transporte e a relação *café-estrada de ferro*. Outra vinculação que aos poucos se tornou evidente foi *café-indústria*. De fato, na formação e expansão do complexo cafeeiro, a atividade industrial foi um de seus principais componentes, respondendo pela produção de equipamentos de beneficiamento de café, de sacarias de juta para a embalagem dos grãos e de manufaturados, notoriamente os têxteis. A relação *ferrovia-indústria* também se estabeleceu nessa fase, com a instalação de oficinas de construção, montagem e reparos mecânicos, e ainda com o treinamento e habilitação da mão de obra associada ao setor ferroviário.

Âmbito local

Pela cidade de São Paulo passavam muitas caixas de açúcar e, aos poucos, também sacas de café, enfrentando os obstáculos da Serra do Mar e das terras alagadas da Baixada Santista para alcançar o porto, mesmo após 1791, com a construção da *Calçada do Lorena* e de ponte sobre o Rio Cubatão. De fato, até se completarem, em 1827, as obras do *Grande Aterrado de Cubatão*, incluindo o uso de balsa no Rio Casqueiro, a mercadoria era transportada em pequenos barcos, que navegavam por meandros entre a raiz da serra e o Porto de Santos.[132]

Em 1822, com a Independência do Brasil, a cidade de São Paulo tornou-se capital de província do Império do Brasil e foi representada na *Planta da Imperial Cidade de S. Paulo* (Figura 7), copiada da planta de 1810, mas atualizada para 1841. Nela havia cerca de 6.920 habitantes e, na área correspondente ao município, cerca de 24 mil[133].

132. REIS, p. 21, [s.d.].
133. REIS, 2004, p. 80.

O DESENHO DE SÃO PAULO POR SEUS CAMINHOS

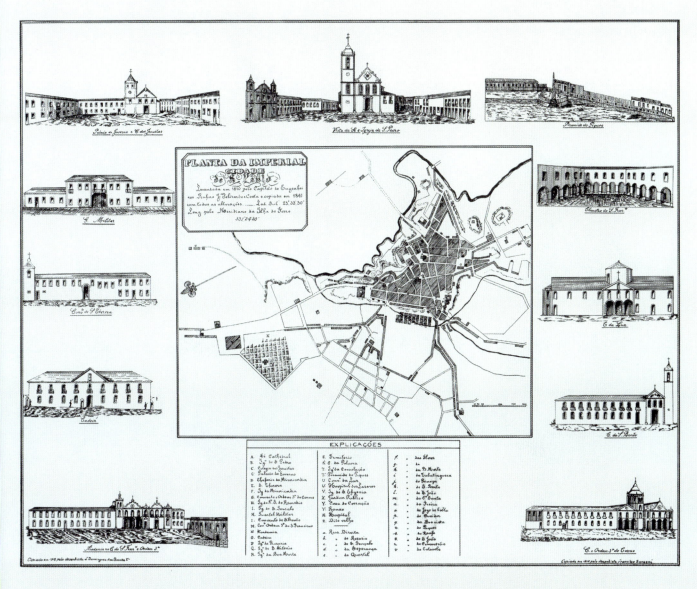

7. Planta da Imperial Cidade de S. Paulo – 1841.

FONTE: REIS, Nestor Goulart (2004). Reprodução de figura cedida por Benedito Lima de Toledo.

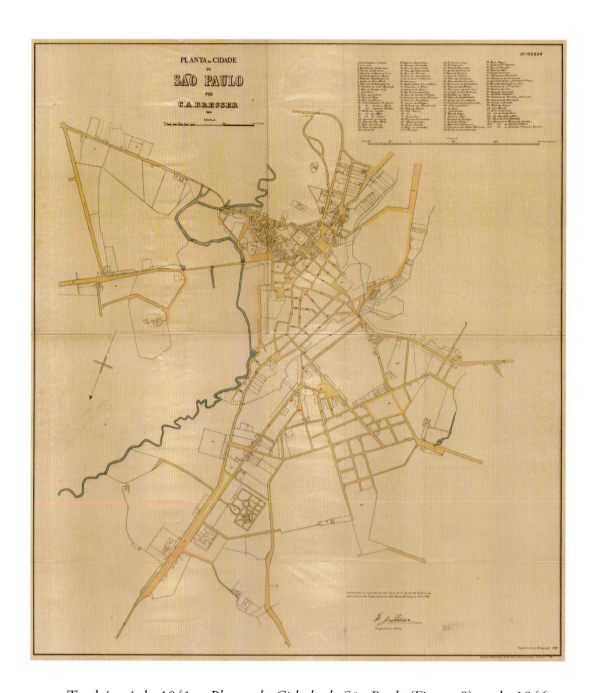

Também é de 1841 a *Planta da Cidade de São Paulo* (Figura 8); e de 1846, o *Mappa da Cidade de São Paulo offerecido a Sua Majestade o Imperador pelo Presidente da Província Manoel da Fonseca Lima e Silva* (Figura 9), atribuídos ao engenheiro alemão Carlos Abraão Bresser[134].

134. REIS, 2004, p. 118-120.

8. Planta da Cidade de São Paulo – 1841.

FONTE: REIS, Nestor Goulart (2004). Reprodução da Planta da Cidade de São Paulo, de 1841, elaborada por C. A. Bresser, do Acervo do Museu Paulista da USP, sob a licença Creative Commons (CC) – CC-BY-4.0.
CRÉDITO FOTOGRÁFICO DA REPRODUÇÃO: Hélio Nobre e José Rosael.

9. Mappa da Cidade de São Paulo offerecido a Sua Majestade o Imperador pelo Presidente da Província Manoel da Fonseca Lima e Silva – 1846.

A figura mostra o percurso da visita do Imperador Dom Pedro II à cidade de São Paulo, como está assinalado em sua margem superior direita: Passeio que marca a linha de lapis teve lugar no dia 27 de fevereiro de 1846 e da tinta no dia imediato.
FONTE: REIS, Nestor Goulart (2004).
Reprodução de figura cedida pelo Acervo da Fundação Biblioteca Nacional – Brasil.

TRENS 67

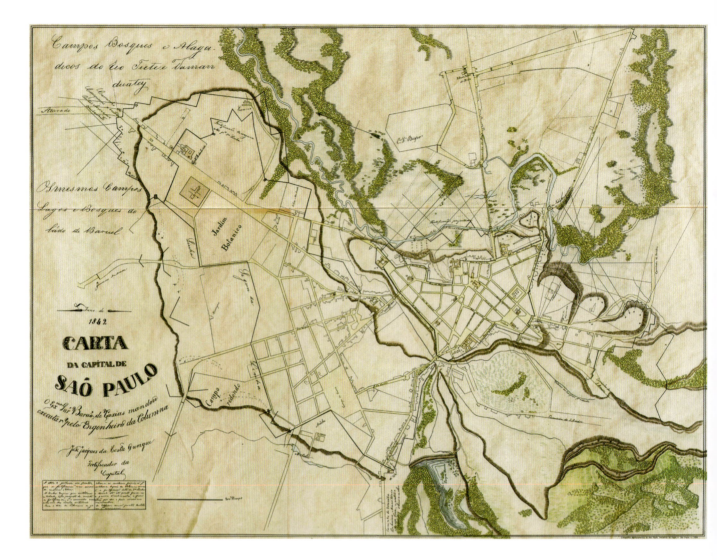

10. Carta da Capital de São Paulo – 1842.
FONTE: CAMPOS, E. (2008).
Reprodução de figura autorizada pelo Arquivo
Histórico Municipal.

Se em escala regional o Governo da Província e os setores políticos dominantes enfrentavam limitações ao desenvolvimento econômico, associadas ao custo do transporte do açúcar e do café, na cidade de São Paulo estavam empenhados em criar evidências de sua importância, estimulando:

"[...] a adoção de padrões de edificação e cuidados urbanísticos, que fossem considerados como *civilizados*, para apagar vestígios provincianos e alcançar os padrões da capital do Império, importando da Europa equipamentos técnicos e componentes construtivos"[135].

Data de 1835 a criação, em São Paulo, do Gabinete Thopográfico, pela Lei Provincial nº 10, "com a finalidade de ensinar as técnicas de construção de estradas", concomitante à Lei Provincial nº 11, que criou a "renda das barreiras", instituindo a cobrança de pedágio nas estradas que davam acesso ao litoral ou ao Rio de Janeiro, para financiar as obras viárias. Desativado em 1838 e restabelecido em 1840, o Gabinete Thopográfico teve os estatutos de seu funcionamento aprovados, sendo seu principal objetivo oferecer curso de dois anos para "formar Engenheiros de Estradas"[136].

Entre 1840 e 1844 foi construída a *Estrada da Maioridade*, que transformou o caminho de São Paulo para Santos em estrada carroçável, usada por linhas de transporte operadas por diligências. Destruída parcialmente por uma tromba-d'água, sua reconstrução ocorreu entre 1862 e 1864, por José Vergueiro[137].

A cidade de São Paulo é representada em 1842, em planta elaborada pelo engenheiro militar José Jacques da Costa Ourique, *Carta da Capital de São Paulo* (Figura 10).

> "Esta planta tem a peculiaridade de ter sido criada para orientar a fortificação da cidade de São Paulo durante a revolução de 1842. Sob a iminente ameaça de ser invadida pela Coluna Libertadora, formada pelos liberais revoltosos liderados pelo brigadeiro Tobias de Aguiar, as forças imperiais trataram de construir o mais rápido possível estratégicas barreiras em torno da capital paulista"[138].

Em 1844, com a Lei Provincial nº 36, criou-se a Diretoria de Obras Públicas, que incorporou o Gabinete Thopográfico e foi encarregada de realizar atividades relacionadas ao desenho da cidade, tais como:

> "[...] elaborar planos e orçamentos para todas as obras públicas da Província, bem como formular diretrizes para o sistema de canais e o plano geral de estradas, classificando-as pelo menos em três categorias: provinciais, municipais e vicinais. Competia-lhe ainda dirigir e inspecionar todas as obras públicas, cuidar de sua conservação, determinar os modelos dos carros e sistemas de rodagem, os padrões das barcas, designar os pontos para o estabelecimento de barreiras, cadastrar as propriedades públicas e fixar os preços da remuneração dos trabalhadores"[139].

135. REIS, 2004, p. 113.
136. REIS, p. 144, [s.d.].
137. REIS, 2004, p. 112.
138. CAMPOS, 2008. Texto eletrônico com análise da *Carta da Capital de São Paulo*, de 1842.
139. REIS, p. 144 [s.d].

11. Mappa da Imperial Cidade de S. Paulo, levantada particularmente – 1855.

FONTE: REIS, Nestor Goulart (2004). Reprodução da Mappa da Imperial Cidade de S. Paulo, levantada particularmente, elaborada por Carlos Rath, do Acervo do Museu Paulista da USP, sob a licença Creative Commons (CC) – CC-BY-4.0.
CRÉDITO FOTOGRAFICO DA REPRODUÇÃO: Hélio Nobre e José Rosael.

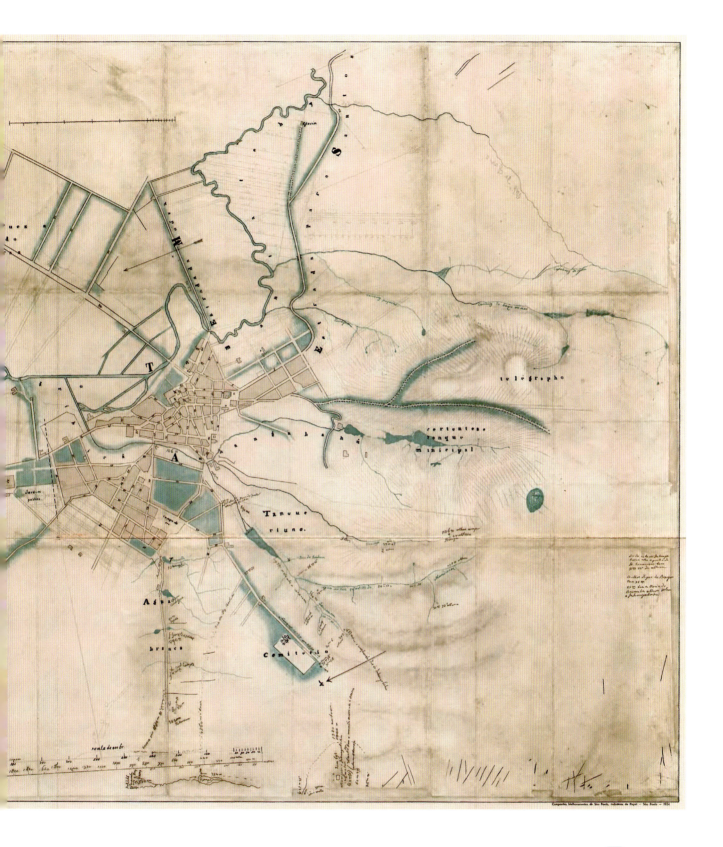

Com a Lei Provincial nº 36, à autoridade do Estado, voltada para a manutenção da ordem, somava-se a neutralidade atribuída à atuação do engenheiro, que agregaria objetividade à solução dos problemas urbanos – atuando de maneira correta e eficiente, de acordo com planos racionais – e evitaria incoerências na produção da cidade[140].

Passaram a ser funções do engenheiro: o policiamento fiscal do funcionamento da cidade; a implementação da política urbanizadora, com a escolha dos melhores orçamentos e dos melhores técnicos; a fiscalização de obras; o levantamento de informações precisas e detalhadas da realidade; e a elaboração de pareceres técnicos, utilizados para embasar políticas públicas[141].

O serviço dos engenheiros não se limitou à construção de estradas e produção de mapas da cidade de São Paulo, ganhou também destaque nos estudos hidráulicos. O *Mappa da Imperial Cidade de S. Paulo, levantada particularmente* (Figura 11), de 1855, elaborado pelo engenheiro alemão Carlos Rath, assinala, além dos tanques usados pelos habitantes e dos ribeirões, o percurso do Rio Tamanduateí retificado na Várzea do Carmo, por onde passaria pouco tempo depois a ferrovia[142].

A canalização e distribuição da água da Cantareira foi um dos projetos hidráulicos elaborados pelos engenheiros, em substituição a bicas e chafarizes que secavam nos períodos de estiagem. Como o Governo da Província não dispunha de condições para investir na obra, firmou contrato autorizando a Companhia Cantareira de Águas e Esgotos a implantar e operar o serviço. Por se tratar de empresa de iniciativa privada, seu investimento na infraestrutura de saneamento básico da cidade obedeceria à lógica do capital, em que a realização de lucro não necessariamente garantiria a melhor *funcionalidade* da cidade. Após a assinatura do contrato, a Companhia Cantareira encaminhou, em 1881, petição ao Governo da Província para que fosse demarcada a área a ser atendida pelo serviço. Esse exemplo ilustra a participação das empresas privadas na definição do que seria urbano na cidade – como o transporte coletivo –, "marcando profundamente a fisionomia e a compartimentação sociourbana de São Paulo"[143].

Em 1847, a Lei nº 12 extinguiu a Diretoria de Obras Públicas; o mesmo ocorreu em 1849 com o Gabinete Thopográfico, pela Lei nº 27. Só em 1868, com a Lei nº 51, foi autorizada a criação da Inspetoria Geral de Obras Públicas, "encarregada da direção, construção e fiscalização das obras públicas da Província"[144].

140. SILVA, 1984, p. 151.
141. SILVA, 1984, p. 153-154 e 157.
142. REIS, 2004, p. 120.
143. SILVA, 1984, p. 167-169.
144. REIS, p. 145, [s.d.].
145. MATOS, 1990, p. 73.
146. CANO, 1998, p. 87.
147. CANO, 1998, p. 64.
148. CANO, 1998, p. 62.

Trilhos para transportar café e equipamentos urbanos importados

Âmbito externo

A história da primeira linha ferroviária a cruzar a cidade de São Paulo teve seu início no Decreto nº 1.759, de 1856, prorrogado pelo Decreto nº 2.124, de 1858, e pelo Decreto nº 2.499, de 1859, que concediam ao Marquês de Monte Alegre, a Pimenta Bueno e a Mauá a licença, por 90 anos, de construção, uso e gozo de uma estrada de ferro entre Santos, São Paulo e Jundiaí, prevendo-se privilégio de zona de 5 léguas de cada lado da estrada. Relacionados à construção da estrada de ferro havia a isenção de direitos de importação para os materiais, o direito de desapropriação dos terrenos necessários à implantação da linha, o direito de exploração de minas encontradas na área, o direito de obter terras devolutas e o juro de 7% sobre o capital gasto na construção da estrada, durante os 90 anos. Em troca, quando os dividendos da Companhia excedessem os 8% ao ano, o excesso seria repartido entre a Companhia e o Estado.

Mas foi em Londres que se organizou a *Companhia da Estrada de Ferro Santos-Jundiaí*, numa conveniente convergência entre o prestígio dos concessionários, as garantias oferecidas pelo contrato e o progresso social e econômico previsto para São Paulo[145]. Com o Decreto nº 2.601, de 1860, o governo imperial aprovou os estatutos da Companhia. Em novembro do mesmo ano deu-se início à obra da *São Paulo Railway*, com cerca de 140 quilômetros, a partir da Baixada Santista, alcançando a cidade de São Paulo em 1866 e Jundiaí em 1867. O montante de capital externo aplicado nessa linha limitou-se a 6,7 milhões de libras inglesas (valor declarado em 1910)[146].

As linhas da rede ferroviária regional paulista implantadas depois da São Paulo Railway atenderam apenas as necessidades da cultura do café. Isto porque o transporte ferroviário paulista, por ter o monopólio do transporte do café, operava com eficiência e lucratividade, tornando-se uma nova e rentável oportunidade de inversão de parcelas do excedente gerado pelo complexo cafeeiro. Na época, a lucratividade relativamente alta das ferrovias também lhes conferiu o caráter de origem de novos capitais, "que permitem nova ampliação do excedente do complexo cafeeiro"[147]. Assim, as ferrovias implantadas em São Paulo, cuja maior fase de crescimento se deu nas décadas de 1870 e 1880, contribuíram muito para a expansão do processo de acumulação de capital no complexo cafeeiro capitalista paulista[148]. A representação do feixe inicial de linhas de trem, elaborada pelo engenheiro Robert Hirnschrot, em 1875, correponde à *Karta da parte conhecida da Província de São Paulo* (Figura 12). Há também desenho da expansão

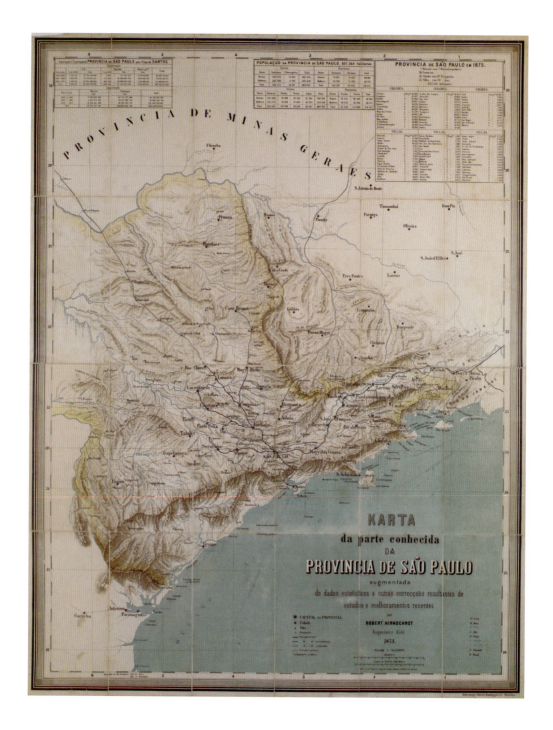

12. Karta da parte conhecida da Província de São Paulo – 1875.
Reprodução da Karta da parte conhecida da Província de São Paulo, de 1875, elaborada por Robert Hirnschrot, do Acervo do Museu Paulista da USP, da coleção João Baptista de Campos Aguirra, sob a licença Creative Commons (CC) – CC-BY-4.0.
CRÉDITO FOTOGRAFICO DA REPRODUÇÃO: Hélio Nobre e José Rosael.

desse feixe de linhas no *Mappa Geral das Estradas de Ferro em Trafego no Territorio do Estado de São Paulo*, elaborado em 1901 (Figura 13).

As ramificações da rede ferroviária foram construídas utilizando capitais levantados na Província de São Paulo, através de ações, por proprietários rurais, classe dominante de um império agrário, grandes empresários urbanos com características capitalistas, que também possuíam propriedades rurais, e homens públicos de São Paulo[149]. Saldanha Marinho, presidente da Província de São Paulo e depois deputado-geral, teve a iniciativa de criar a *Companhia Paulista de Estradas de Ferro*, fundada em 1869, ano em que os preços internacionais do café começavam novamente a subir, em decorrência da redução de sua produção por efeitos naturais e do aumento de seu consumo em escala mundial. O novo ciclo de expansão da produção do café prolongou-se até 1874, mas antes do seu término foram inaugurados em 1872 os primeiros 45 quilômetros da linha da Companhia Paulista de Estradas de Ferro, como extensão da *Santos-Jundiaí* até Campinas (a primeira a ser eletrificada em 1922), sem participação de capital estrangeiro. Seguiu-se a criação de outras companhias para a implantação de novas estradas de ferro, como a *Ituana* (operação a partir de 1873), a *Sorocabana* (operação a partir de 1875) e a *Mogiana* (operação a partir de 1875).

Para escoar a produção de café do Vale do Paraíba foi criada a *Companhia São Paulo e Rio de Janeiro*, que, em 1877, estabeleceu a ligação entre as duas capitais, ao integrar, em Cachoeira, a *Estrada de Ferro D. Pedro II*, proveniente do Rio de Janeiro, de bitola larga, com a estrada de ferro proveniente da capital paulista, passando por Mogi das Cruzes, Jacareí, São José dos Campos, Caçapava, Taubaté, Pindamonhangaba, Guaratinguetá e Lorena, de bitola estreita. Essa linha deu origem à *Central do Brasil*, operando com bitola unificada, de 1,60 metro, pouco antes de 1880. A partir de 1880, as concessões para a implantação das estradas de ferro, ainda associadas ao privilégio de zona, tornaram-se menos atrativas ao capital privado nelas investido, que deixou de contar com garantias de juros. Em 1891, a construção das ferrovias passou a ser independente da proteção do Estado, "tornando-se livre a qualquer um a construção de estradas de ferro, com a única restrição de respeitarem-se os direitos adquiridos"[150].

Linhas ferroviárias para São Paulo foram propostas durante o Segundo Reinado também em alguns planos de transporte abrangendo o território brasileiro. Destacam-se os seguintes planos, todos elaborados por engenheiros: em 1874, os de Ramos de Queiroz e André Rebouças; em 1881, o de Honório Bicalho; e, em 1882, o da comissão formada por Antônio Maria de Oliveira Bulhões, Ferino José de Melo e Jorge Rademaker Grünewald. Ramos de Queiroz propôs um plano de articulação dos sistemas de

149. MATOS, 1990, p. 85.
150. MATOS, 1990, p. 69.

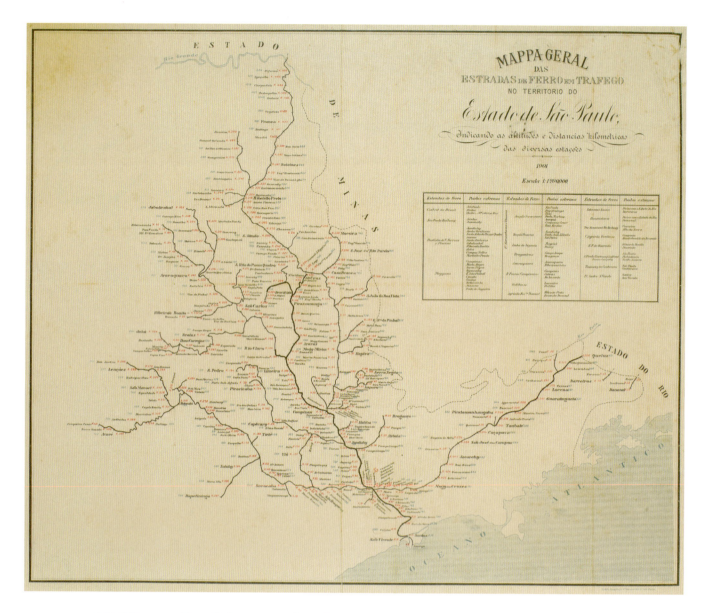

13. Mappa Geral das Estradas de Ferro em Trafego no Territorio do Estado de São Paulo – 1901.

Reprodução do Mappa_Geral_das_Estradas_de_Ferro_em_Trafego_no_Territorio_do_Estado_de_São_Paulo, do Acervo do Museu Paulista da USP, da coleção João Baptista de Campos Aguirra, sob a licença Creative Commons (CC) – CC-BY-4.0.
CRÉDITO FOTOGRÁFICO DA REPRODUÇÃO: Hélio Nobre e José Rosael.

viação fluvial e ferroviário, por ele redesenhado em 1882, interligando o litoral com o interior e as capitais. Linhas ferroviárias interligariam São Paulo ao Rio de Janeiro, a Curitiba e ao Rio Paraná. Em memória anexa à sua proposta, Ramos de Queiroz observava que a realização do plano poderia ser afetada pela capacidade reduzida do Tesouro Real – cuja geração de receita para investir em ferrovias era prejudicada por uma elite agrária que resistia fortemente ao pagamento de tributos – e pela baixa rentabilidade das ferrovias, dada a pobreza do mercado interno. Ponderava que o mercado interno era necessário para o suporte econômico das companhias ferroviárias e de cabotagem: "As ferrovias e as hidrovias exigem um grande volume de carga nas duas direções para serem economicamente viáveis [...] Fazer estradas é o de menos, assegurar-lhes renda é que é a questão"[151].

André Rebouças propôs um sistema de intercomunicação ferroviária entre o Atlântico e o Pacífico, constituído de linhas de trem no sentido leste-oeste, interligando os rios Paraná, Araguaia, Tocantins, São Francisco e Parnaíba, principais eixos de circulação no sentido norte-sul. A linha proposta para passar por São Paulo chamava--se *Santos-Arica*. Mais tarde, em 1894, observando a expansão da rede ferroviária dos Estados Unidos, Rebouças, para quem os latifundiários eram inimigos das estradas de ferro, apontou para a necessidade de subdividir em lotes as terras marginais às ferrovias brasileiras, articular esses lotes por caminhos vicinais e leiloá-los de modo a estabelecer neles pequenos proprietários rurais; comprar ou desapropriar as terras não cultivadas situadas às margens das ferrovias e com elas pagar as *empresas de caminho de ferro* (que deveriam também ser *empresas territoriais*). O plano de Bicalho previa ligar São Paulo ao Rio de Janeiro e ao Rio Paraná pela linha-tronco ferroviária *Grande Central Sul*. O plano de Bulhões incluía São Paulo no tronco ferroviário centro-sul, entre o Rio de Janeiro e o Rio Grande do Sul.

Porém, a rede ferroviária paulista não resultou de um plano: foi definida pela cultura do café, estando atrelada à sua expansão. Seu desenho adquiriu forma de árvore, com o tronco constituído pela Santos-Jundiaí e pela artéria principal da linha da Companhia Paulista de Estradas de Ferro, ligando Santos às margens do Rio Grande e do Rio Paraná. Saindo desse tronco, diversas ramificações foram implantadas, principalmente para atender os interesses da cultura do café durante a grande expansão cafeeira do Oeste Paulista.

151. BRASIL, Ministério dos Transportes (1974), p. 54.

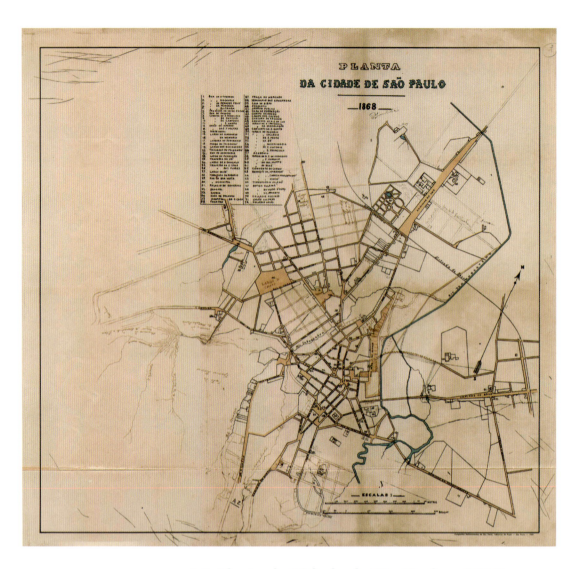

14. Planta da Cidade de São Paulo – 1868.
FONTE: REIS, Nestor Goulart (2004).
Reprodução de figura autorizada pela Biblioteca Mário de Andrade.

Âmbito local

Em 1867, havia, em São Paulo, cerca de 19 mil habitantes[152]. Data de 1868 a *Planta da Cidade de São Paulo* (Figura 14), também de Carlos Rath, onde aparece a *São Paulo Railway*. Com essa linha ferroviária chegaram a São Paulo não apenas as estações de subúrbio, mas também equipamentos importados que promoveram a modernização da infraestrutura urbana.

A cidade recebeu uma usina de gás (1872), que possibilitou melhor iluminação pública, além dos serviços de abastecimento domiciliar da *Companhia Cantareira de Água e Esgoto* (1883), o serviço telefônico (1884), uma pequena linha de trem até Santo Amaro, com locomotiva com tração a vapor (que percorria as atuais ruas Vergueiro e Domingos de Morais, a Avenida Jabaquara, depois passava onde hoje se localizam as pistas do Aeroporto de Congonhas e seguia pelos bairros de Campo Belo, Brooklin Paulista e Chácara Flora, até Santo Amaro) – inaugurada com a presença do imperador Pedro II (1886) – e finalmente a luz elétrica (1888).

As melhorias nos serviços urbanos e a promulgação, em 1850, por Dom Pedro II, da Lei de Terras – regulamentada em 1854, estabelecendo a compra como a única forma de acesso à terra e abolindo o regime de sesmarias –, incentivaram os empresários paulistas a investir no mercado imobiliário parte da riqueza gerada pela economia agroexportadora, com a compra de glebas rurais e seu parcelamento, bem como no transporte urbano, de modo a valorizar suas propriedades[153]. Estas são as circunstâncias que promoveram a compra, o estoque e o loteamento de glebas próximas à cidade de São Paulo, não em função de uma expansão planejada do espaço, mas porque a propriedade da terra passou a viabilizar a reprodução de capital, mesmo sem que da terra se fizesse uso – privilégio presente no novo sistema econômico, que irá se somar a privilégios anteriores, garantidos pela política colonial de posse de terras.

É também a partir de meados do século XIX que se atrela a expansão do mercado imobiliário à ampliação – não planejada – da rede viária urbana, o que promove a exploração privada do espaço social incorporado ao planalto paulistano, e consolida esta prática de reprodução do capital[154]. O mapa *Plan'-História da Cidade de São Paulo* (Figura 15), relativo ao período de 1800 a 1874, elaborado por Afonso A. de Freitas, mostra a ocupação inicial de chácaras ao redor da área central.

---

152. REIS, 2004, p. 116.
153. REIS, 2004, p. 126.
154. O espaço social é uma obra coletiva, é um suporte físico que condiciona as relações sociais e também é o resultado dessas relações, inerentes à propriedade (do solo) e às forças produtivas (que reconfiguram o solo). O espaço social, como suporte físico das relações sociais, é uma base composta de estratos sucessivos e entrelaçados de redes (ruas, ferrovias, redes de serviço, etc.), é uma superposição de suportes materiais, cada um deles com uma forma, uma função, uma estrutura e algumas propriedades específicas. A análise crítica de cada espaço envolve a averiguação de quem o produziu, como foi produzido e de acordo com qual estratégia (porque e para quem foi produzido). (LEFEBVRE, 1974).

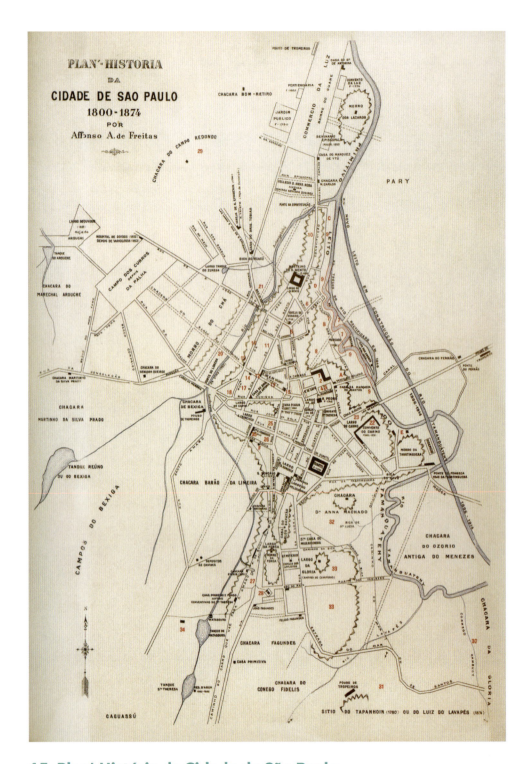

15. Plan'-História da Cidade de São Paulo.
FONTE: TOLEDO, Benedito Lima de (1996).
Reprodução de figura cedida por Benedito Lima de Toledo.

16. Planta da Cidade de São Paulo – 1881.
FONTE: CAMPOS, E. (2008).
Reprodução de figura autorizada pelo Arquivo Histórico Municipal.

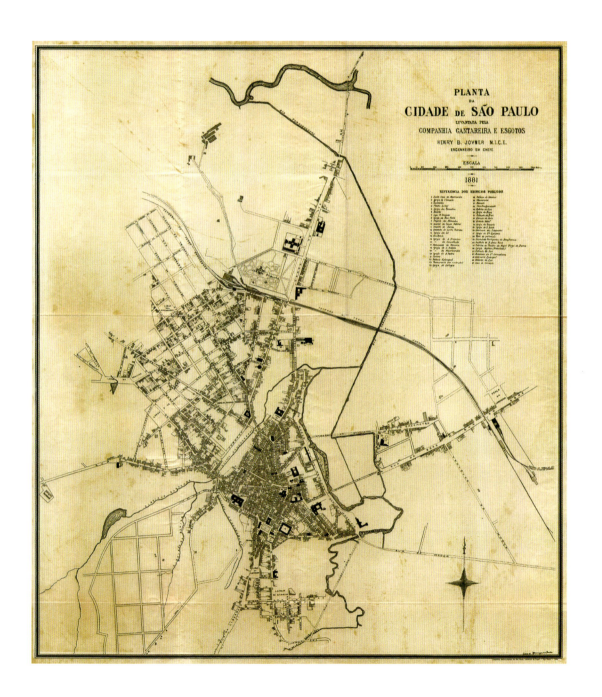

Em 1881 é desenhada a *Planta da Cidade de São Paulo* (Figura 16), pelo então engenheiro-chefe da Companhia Cantareira, Henry Batson Joyner, para uso do serviço de água e esgoto, onde se configuram a linha São Paulo Railway e o terminal da Estrada de Ferro São Paulo e Rio. Nessa planta, em que se destaca a expansão da área urbana nas direções oeste e noroeste, identifica-se o primeiro anel viário da cidade de São Paulo, que contorna sua área central e dá acesso a todas as estradas que para ela convergem:

> "[...] Rua Formosa (1855), Rua do Seminário, Rua Alegre, Travessa dos Bondes, Rua do Senador Florêncio de Abreu, Travessa 25 de Março, Rua 25 de Março (1858), Rua do Mercado (1869), Rua do Hospício (1873), Rua Conde d'Eu (1875), Rua do Lavapés, Rua da Glória (estas duas últimas vias eram trechos da antiga Estrada de Santos), Travessa dos Estudantes, Largo da Liberdade, Rua da Assembleia, Rua Riachuelo (prolongada entre 1867-1868), Largo do Riachuelo e Largo da Memória"[155].

Essa planta também mostra a ocupação do loteamento da Chácara do Chá e projetos de loteamentos em Campos Elíseos e Bela Vista, uma presença do mercado imobiliário formal. O loteamento Campos Elíseos ocorreu em 1879.

O ano de 1875 marca a presença em São Paulo da Estrada de Ferro Sorocabana. Em 1877, a Estrada de Ferro São Paulo e Rio, futura Central do Brasil, fez a ligação entre as duas capitais. Com isso, "São Paulo se tornava o nó central de um grande sistema de ferrovias e estradas carroçáveis"[156].

Em geral, o traçado das linhas férreas era retilíneo e passava pelas várzeas ainda desocupadas ao longo dos rios, não coincidindo com os caminhos sinuosos usados pelas tropas de animais, que preferiam andar pelas encostas e cumeadas dos morros. O deslocamento entre esses dois tipos de traçado

> "[...] iria repercutir de modo profundo no arranjo espacial assumido pelas transformações que passariam a afetar a região. As ferrovias provocaram uma valorização das faixas de terra por elas percorridas em detrimento daquelas que ladeavam estradas de tropas, anteriormente privilegiadas"[157].

Aglomerados como Penha, Ó, Ipiranga, São Bernardo, Santana do Parnaíba, Mairiporã, Arujá, Itapecerica da Serra, Embu e Cotia, que antes prosperavam dada sua inserção na rede dos antigos caminhos de tropas, ficaram estagnados, longe da rede de trilhos.

Para atenuar tal efeito da reorientação do fluxo de circulação de mercadorias e pessoas, os aglomerados contidos no *domínio geográfico* das ferrovias, como Lajeado (Guaianases), Juqueri, Carapicuíba, Barueri e Cotia, ganharam *ligações viárias transversais* (ou seja, *não radiais*) para acessar a estação de trem mais próxima. Para atender São Bernardo foi construída uma estrada com cerca de 7 quilômetros até a Estação São

Bernardo, da São Paulo Railway. Os deslocamentos realizados nas ligações transversais, tanto para o transporte de carga como o de passageiros, passaram a ter mais importância que os efetuados pelos antigos caminhos radiais de acesso a São Paulo[158].

Por outro lado, novos aglomerados, em geral com implantação de traçado viário ortogonal, foram se formando em torno das estações ferroviárias (*povoados-estações*), como Pirituba, Taipas (Jaraguá), Perus, Caieiras, Estação Juqueri (Franco da Rocha), Campo Limpo, Várzea (Várzea Paulista), Itaquera, Poá, Guaió (Suzano), Estação São Bernardo (atual Santo André), Rio Grande (Rio Grande da Serra), Alto da Serra (Paranapiacaba) e Estação Cotia (Itapevi). Já São Caetano e Ribeirão Pires, sedes de núcleos coloniais, prosperaram também como estações da São Paulo Railway.

Junto às estações começaram a se estabelecer algumas atividades comerciais e industriais, para venda ou beneficiamento dos produtos transportados pelas ferrovias, aproveitando os terrenos planos, negociados a bom preço, "ainda rejeitados pela ocupação de natureza residencial". Nas estações mais afastadas da área urbana, a possibilidade de extração de matéria-prima em suas imediações também despertou o interesse das indústrias[159].

A mão de obra industrial era principalmente de imigrantes, poucos deles residentes nas vizinhanças das fábricas. É provável que, no começo, esses operários utilizassem o trem para se deslocar de áreas junto ao centro da capital, ou de bairros isolados desse núcleo, até o emprego. Depois, aos poucos, com ou sem o apoio financeiro das fábricas, construíram suas próprias casas em vilas operárias localizadas nas proximidades do emprego, consolidando os povoados-estações, "embriões de importantes núcleos suburbanos da atualidade"[160].

155. CAMPOS, 2008. Texto eletrônico com análise da *Planta da Cidade de São Paulo*, de 1881.
156. REIS, 2004, p. 112.157.
157. LANGENBUCH, 1971, p. 101.
158. Trata-se de um dos primeiros sintomas da importância de ligações perimetrais para a circulção de pessoas e mercadorias no Planalto Paulistano.
159. LANGENBUCH, 1971, p. 108.
160. LANGENBUCH, 1971, p. 129.

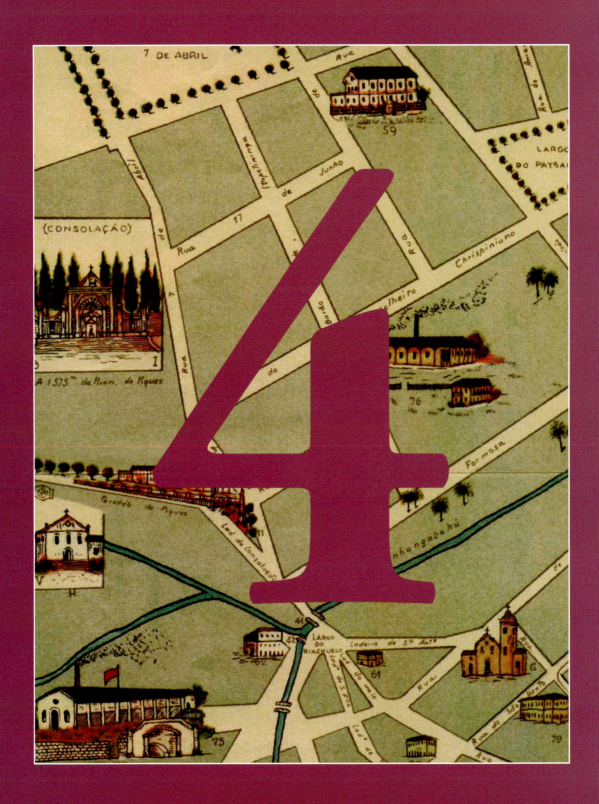

Bondes

Na última década do século XIX, o crescimento da população da cidade de São Paulo, com a chegada de migrantes das fazendas de café, e a circulação de cargas decorrente da presença das estações ferroviárias, promovem a implantação de um serviço de bondes, com linhas a tração animal transitando pela área central. Nas duas primeiras décadas do século XX, essa rede de transporte se expande, atendendo com bondes elétricos toda a aglomeração urbana e novos loteamentos de alto padrão.

Âmbito externo

A grande expansão cafeeira do Oeste Paulista ocorreu entre 1886 e 1897, valendo-se da solução adotada a partir de 1881 para suprir mão de obra tão somente para a agricultura, que estimulou um abundante fluxo migratório, de modo a garantir baixos salários. Com o financiamento das passagens de navio (*barco metálico*) pelo Governo de São Paulo e depois também pela União, foram trazidos para o Brasil homens pobres e dispostos a emigrar, que constituíam o mercado internacional do trabalho. Entre 1885 e 1888, ano da abolição da escravatura, chegaram cerca de 260 mil imigrantes, na sua maioria italianos. Vinham principalmente de áreas rurais saturadas de desempregados, saídos de terras antes usadas na produção feudal e que, com a formação do sistema capitalista, haviam se transformado em propriedades concentradas nas mãos de poucos donos.

Mas, em 1897, a expansão cafeeira no Oeste Paulista ressentiu-se da queda de preços no mercado interno e externo, o que levou o governo a dificultar a ampliação das áreas de plantio de café. Durante a última década do século XIX, a descontinuidade no crescimento dessa lavoura resultou num grande aumento da população da cidade de São Paulo, com migrantes provenientes das fazendas de café.

Âmbito local

A presença dos imigrantes europeus repercutiu na expansão da área urbana e no aumento da população da cidade de São Paulo. Diversos imigrantes tinham sido encaminhados por iniciativa oficial do governo brasileiro, desde 1877, para promover a produção agrícola em quatro núcleos localizados nos arredores de São Paulo, utilizando terrenos pertencentes ao Estado ou à Igreja: Santana, Glória, São Caetano e São Bernardo. Em 1887, outro núcleo colonial oficial foi instalado em Ribeirão Pires, parte em terras devolutas, parte em terras gratuitamente cedidas ao governo por proprietários privados.[161]

A maior circulação de cargas decorrente da presença das estações ferroviárias induziu o aumento do número de tílburis (veículo de duas rodas movido por um só animal) e a implantação da primeira linha de bondes puxados por burros (1872), que, "[...] partindo do centro desta cidade, se dirija às estações do Caminho de Ferro", conforme estabelecia a Lei Provincial nº 11 (1871)[162].

Facilitando a acomodação da população e atendendo o aumento dos deslocamentos de pessoas e mercadorias gerado pela presença da ferrovia em São Paulo, o serviço de bondes induziu a expansão dos subúrbios de São Paulo: "O serviço de bondes encerrava um espírito de pioneirismo, que fazia as linhas ultrapassarem os limites da área construída da cidade, fazendo seu ponto final mais além", chegando a Ponte Grande, Brás, Mooca, Campos Elíseos, Santa Cecília, Consolação e Liberdade[163].

Os bondes com tração animal começaram operando um serviço concedido pelo governo provincial de José Fernando da Costa Pereira Júnior à Companhia Carris de Ferro de São Paulo (1872) por um período de 50 anos, sem configurar monopólio, para "dotar a cidade de um meio de transporte mais organizado, estável e de características operacionais mais regulares"[164].

Com a tarifa básica fixada em 200 réis em 1872, os bondes iam do centro da cidade à primeira Estação da Luz (inaugurada em 1867), percorrendo também a Rua do Carmo, a Travessa de Santa Tereza, o Largo da Sé, as ruas Direita, do Comércio, da Quitanda, São Bento e São José, a Ladeira do Açu (São João) e as ruas do Seminário e Alegre; em 1890, outras linhas de bondes foram criadas para atender Ipiranga e Santana; em 1892, Bom Retiro, Bela Vista, Barra Funda, Paulista, Cambuci, Vila Mariana, Santa Cecília, Higienópolis e Brás.

Posteriormente, mediante concessão para operar com exclusividade determinadas linhas de bonde, utilizando tração animal ou vapor, diversas empresas passaram a compartilhar a exploração do mercado do serviço de bondes em São Paulo, em conjunto com a Companhia Carris de Ferro de São Paulo: a Companhia Paulista de Transportes (1887), a Companhia Carris de Ferro (1889) e a Companhia São Paulo Construtora (1890).

É de 1877 o *Mappa da Capital da P.ᶜⁱᵃ de S. Paulo* (Figura 17), de Francisco de Albuquerque e Jules Martin, onde está desenhada uma estrada de ferro correspondente à São Paulo Railway e aparece a indicação de destinos atendidos pela *Estrada de Ferro Sorocabana* (*Sorocaba e Fábrica Real de Ferro Ipanema*). Há representações de linhas de bonde e outros veículos movidos com tração animal e de diversos edifícios públicos, hotéis, igrejas e áreas arborizadas. Nota-se uma incipiente divisão social do espaço, concentrando sobre a colina histórica e a oeste dela, na Cidade Nova, a catedral, igrejas e conventos de diversas ordens religiosas, a Casa de Câmara e Cadeia, o Palácio da Presidência, a Escola de Primeiras Letras, a Academia de Direito, a Escola Americana, o Grande Hotel, o Hospital da Beneficência Portuguesa, o Teatro São José, o Cemitério da Consolação, entre muitos outros edifícios notáveis; do lado leste da colina ficavam as fábricas, fundições, serrarias e o Gasômetro.

Em 1889, São Paulo abrigava cerca de 65 mil habitantes[165]. Um ano depois, em 1890, Jules Martin publicou a *Planta da Capital do Estado de S. Paulo e seus arrabaldes* (Figura 18), em que se observa a abertura de arruamentos em chácaras próximas à cidade, promovendo um processo de *extensão urbana por aglutinação*, com a incorporação de áreas rurais contíguas ao tecido urbano[166].

161. LANGENBUCH, 1971, p. 93 e 96.
162. SILVA, 2015, p. 25.
163. LANGENBUCH, 1971, p. 80.
164. SILVA, 2015, p. 25.
165. REIS, 2004, p. 122.
166. LANGENBUCH, 1971, p. 79.

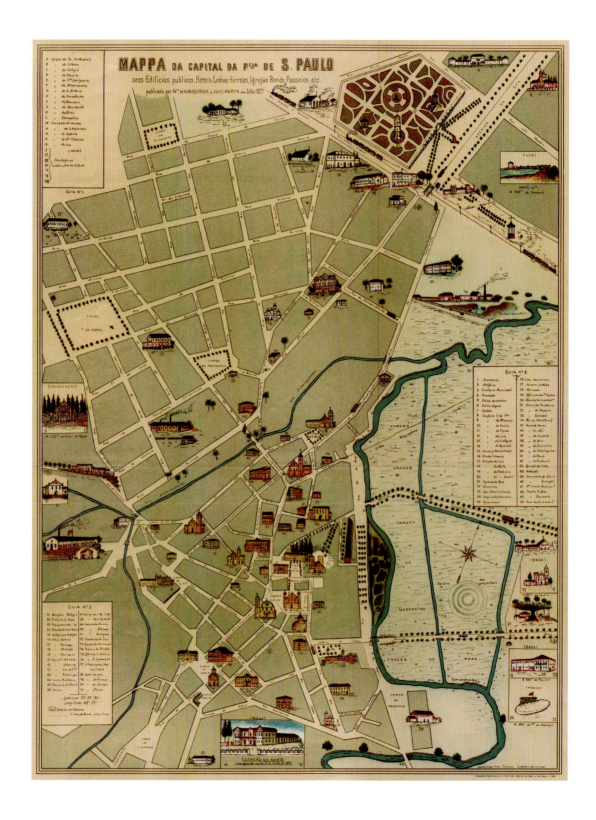

O Desenho de São Paulo por seus Caminhos

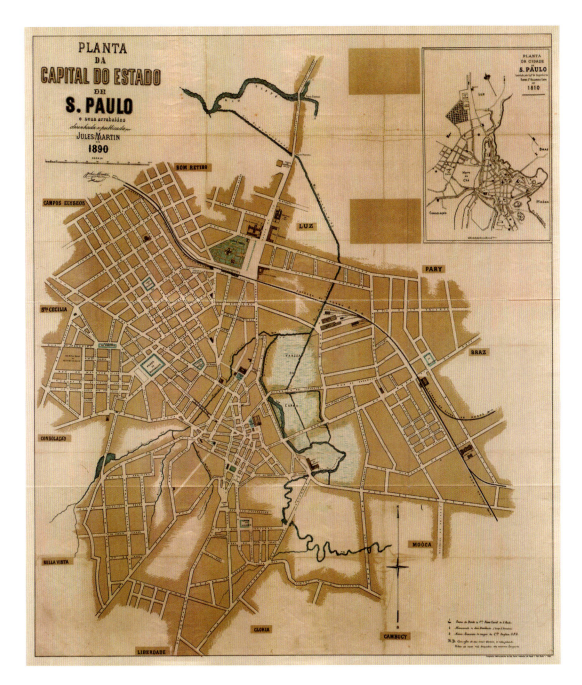

17. Mappa da Capital da Província de S. Paulo – 1877.
FONTE: REIS, Nestor Goulart (2004). Reprodução de figura autorizada pela Biblioteca Mário de Andrade.

18. Planta da Capital do Estado de S. Paulo e seus arrabaldes – 1890.
FONTE: REIS, Nestor Goulart (2004). Reprodução de figura autorizada pela Biblioteca Mário de Andrade.

O mapa *São Paulo, chácaras, sítios e fazendas ao redor do centro* (desaparecidos com o crescer da Cidade) (Figura 19) ilustra o mosaico de recortes territoriais cujo perímetro seria determinante no desenho do traçado viário. De fato, o arruamento das chácaras não levou em conta a continuidade das vias que interceptavam o limite da área loteada, de maneira que o tecido urbano resultante assumiu a forma de uma colcha de retalhos, com poucas ligações entre si. Para reduzir a descontinuidade do traçado viário, "o governo da Província abria ruas nas bordas externas das áreas ocupadas, para amenizar o fracionamento do espaço urbano e viabilizar novos empreendimentos"[167].

Complementando a incorporação do *cinturão de chácaras*, continuou a instalação de novas atividades em anel mais externo à cidade de São Paulo, o *cinturão caipira*, em especial ao longo das linhas de trem, cujas faixas servidas se valorizaram e ganharam uma vocação suburbana, sobretudo nas proximidades dos povoados-estação, onde se transformavam matérias-primas, extraídas das imediações, em produtos destinados ao mercado paulista. Assim, aos tradicionais produtos de cerâmica provenientes dos arredores da Estação São Caetano, onde também foi implantada uma fábrica de formicida (em 1890), somaram-se produtos como cimento na Estação Perus; cal, pedras de cantaria, produtos de cerâmica e papel na Estação Caieiras; produtos de cerâmica na Estação Osasco e na Estação Vila Galvão (primeira parada do Tramway da Cantareira em Guarulhos); carnes preparadas em frigorífico (de 1915) localizado próximo à Estação Presidente Altino, que recebia pela ferrovia o gado de corte proveniente de Sorocaba; tecidos de algodão, brim e casimira de lã (esta a partir de 1900) e móveis na Estação São Bernardo (atual Estação Santo André); tijolos e telhas na Estação Ribeirão Pires; madeira serrada na Estação Pilar (atual Estação Mauá) e na Estação Rio Grande (atual Estação Rio Grande da Serra); álcool retificado (destilado de milho) na Estação da Várzea (atual Estação Várzea Paulista, na área rural de Jundiaí); sabão e graxa (desde 1876), velas e, depois, óleo (em 1913). Instalações militares localizaram-se ao longo da linha da Sorocabana; e um hospital psiquiátrico foi implantado junto à Estação Juqueri (atual Estação Franco da Rocha). Um dos vínculos mais evidentes entre o sistema de transporte e as atividades do cinturão caipira resultou do represamento de mananciais: o Tramway da Cantareira (1893) transportou o material necessário às barragens da Serra da Cantareira e depois foi usado para levar a população a passeios na reserva de Mata Atlântica estabelecida no local; a Estrada da R.A.E. (Repartição de Águas e Esgotos da Capital) foi aberta por volta de 1914 para as obras de represamento do Rio Cotia, servindo posteriormente de acesso aos novos loteamentos do Jardim Bonfiglioli e São Domingos; o Tramway-Elétrico de Santo Amaro (1913) ligou Vila Mariana a Santo Amaro, caminho para a represa formada pelas águas do Rio Guarapiranga, importante área recreativa e de prática de esportes náuticos, com a formação de inúmeros clubes em suas margens[168].

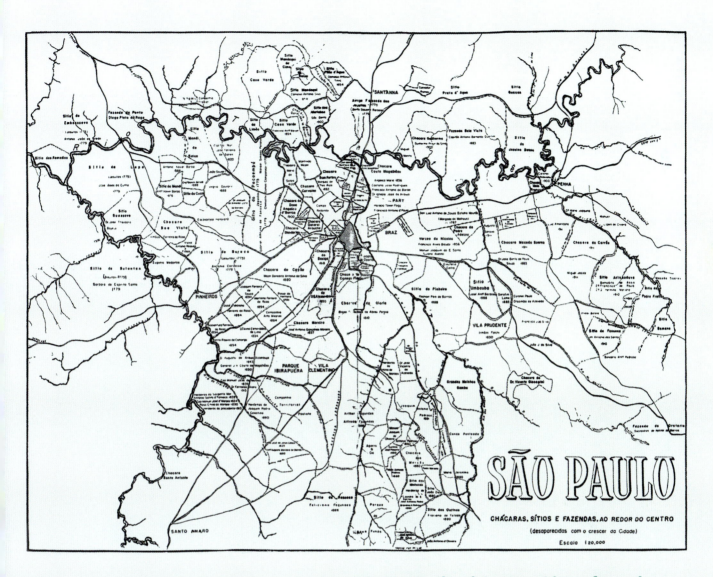

19. São Paulo, chácaras, sítios e fazendas ao redor do centro (desaparecidos com o crescer da Cidade).
FONTE: TOLEDO, Benedito Lima de (1996).
Reprodução de figura cedida por Benedito Lima de Toledo.

167. REIS, 2004, p. 122.
168. LANGENBUCH, 1971, p. 97-129.

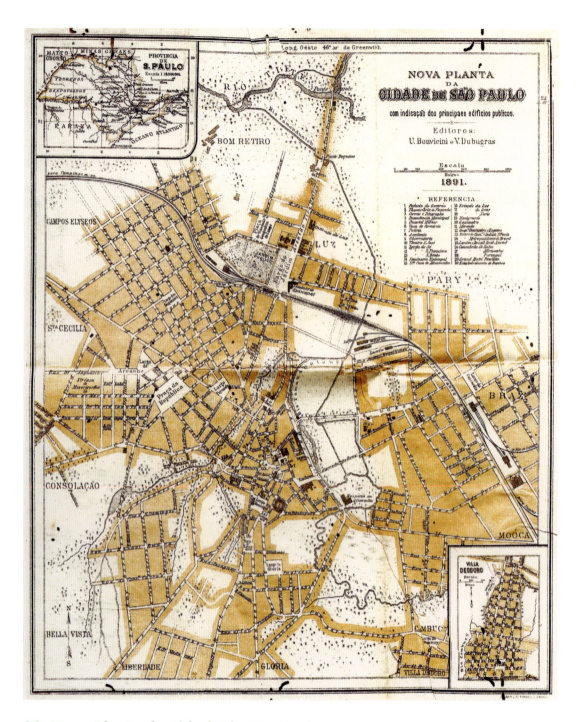

20. Nova Planta da Cidade de São Paulo com indicação dos principais edifícios públicos – 1891.

FONTE: TOLEDO, Benedito Lima de (1996).
Reprodução de figura cedida por Benedito Lima de Toledo.

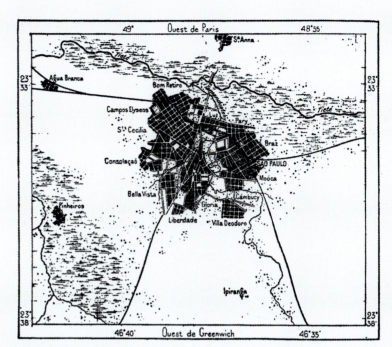

21. Mapa elaborado por E. Reclus – 1894.
FONTE: TOLEDO, Benedito Lima de (1996). Reprodução de figura cedida por Benedito Lima de Toledo.

Em 1893 já havia em São Paulo 130 mil habitantes. Corresponde a 1891 o desenho *Nova Planta da Cidade de São Paulo com indicação dos principais edifícios públicos*, de Ugo Bonavinci e Victor Dubugras (Figura 20), onde se observam novos loteamentos ultrapassando os limites da cidade[169].

A abertura da Avenida Paulista em 1891 foi um marco para expandir os loteamentos a sudoeste da Cidade Nova. Mesmo os loteamentos situados na Cidade Nova e a oeste dela, como o de Higienópolis, que data de 1893, foram especialmente beneficiados com a inauguração, em 1892, do Viaduto do Chá, quando se tornaram acessíveis por linhas de bonde com tração animal.

Mapa elaborado, em 1894, por E. Reclus (Figura 21) destaca a rede viária embrionária de São Paulo, ao evidenciar as quadras do espaço ocupado pela cidade e por núcleos adjacentes: Sant'Anna, Água Branca, Pinheiros e Ipiranga.

Em 1897, o engenheiro Pedro Augusto Gomes Cardim produziu a *Planta Geral da Capital de São Paulo* (Figura 22), que mostra, além da incorporação do chamado cinturão de chácaras aos subúrbios da cidade, o surgimento de arruamentos isolados, "[...] uma nova tendência que se esboçara nos últimos anos, e que passaria a caracterizar a cidade de São Paulo nas décadas seguintes"[170]. Na planta de Gomes Cardim

169. REIS, 2004, p. 141-142.
170. LANGENBUCH, 1971, p. 82.

22. Planta Geral da Capital de São Paulo – 1897.

FONTE: CAMPOS, E. (2008).
Reprodução de figura autorizada pelo Arquivo Histórico Municipal.

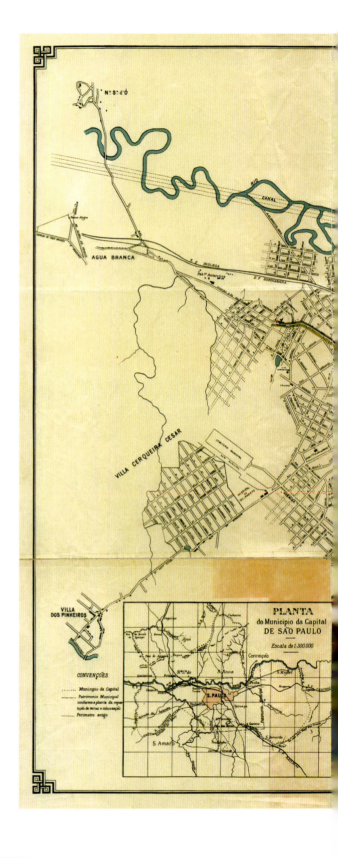

96 O Desenho de São Paulo por seus Caminhos

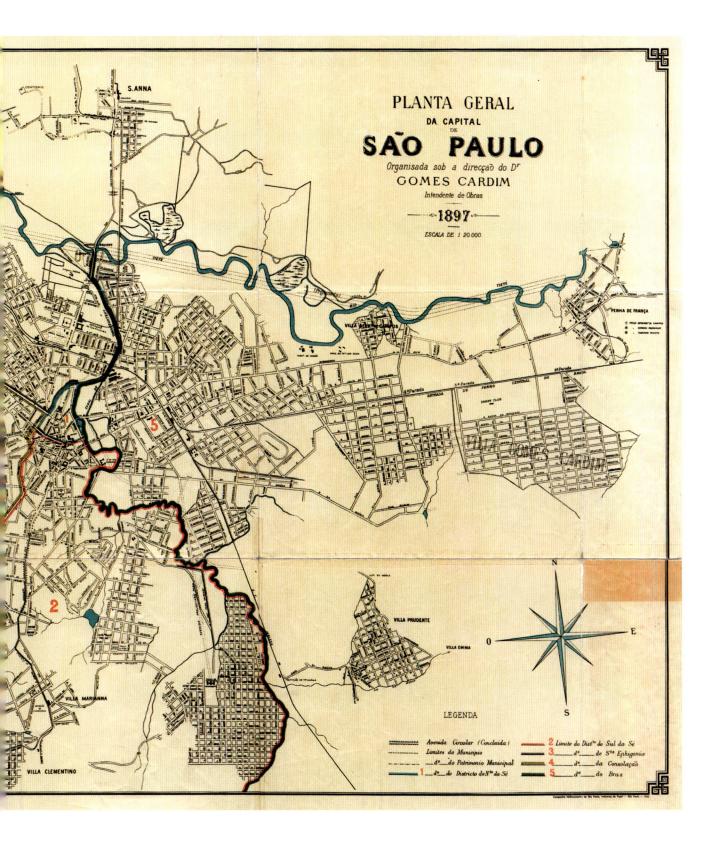

aparecem também loteamentos populares, para autoconstrução de casas, como Vila do Hipódromo, Vila Gomes Cardim, Bernardino de Campos, Ipiranga e Vila Prudente.[171] Trata-se do registro de "verdadeira explosão urbana ocorrida na cidade durante a última década do século XIX, quando a população saltou de 65.000, em 1890, para 240.000 habitantes em 1900"[172]. Com taxa geométrica anual de 14%, contribuíram para esse crescimento os habitantes que provinham das lavouras de café, incluindo os do Oeste Paulista.

Nas proximidades da área central da capital, foi inaugurada em 1901 a Terceira Estação da Luz (cujo projeto é atribuído ao arquiteto britânico Charles Henry Driver), a estação ferroviária de maior destaque da rede não apenas por sua localização, mas agora também por sua imponência. Um pouco mais distantes, nas áreas planas cortadas pelas linhas de trem, junto às indústrias implantadas às suas margens, foram construídas vilas operárias, algumas com capital proveniente das próprias unidades de produção, abrigando grande número de trabalhadores, como a Vila Economizadora Paulista (formada entre 1908 e 1915, no bairro da Luz) e a Vila Maria Zélia (formada entre 1912 e 1917, no bairro do Belenzinho).

Em 1899 consolidou-se a fusão de operadoras de transporte de passageiros e carga que atuavam em São Paulo, Santos e São Vicente, formando a Companhia Viação Paulista (CVP), ficando fora do grupo a Companhia São Paulo Construtora (Empresa de Bondes de Sant'Anna) e a Carris de Ferro de São Paulo a Santo Amaro[173].

Também em 1899, no mandato do prefeito Antônio Prado, chegou a São Paulo a Light. Sua origem teve início dois anos antes, quando Antônio Augusto de Souza (sogro de Carlos de Campos, secretário-geral da Justiça) decidiu organizar uma empresa de bondes elétricos, a exemplo da que existia no Rio de Janeiro desde 1892. Assim, em 1897, juntamente com Francisco Antônio Gualco, capitão da Marinha italiana, proveniente do Canadá, Antônio Augusto de Souza obteve da Câmara Municipal de São Paulo uma concessão por 40 anos para implantar o serviço de bondes elétricos. Atraído pelo potencial do mercado local, Frederick Stark Pearson, engenheiro americano, com experiência em transporte público eletrificado, tornou-se vice-presidente da nova empresa de bondes paulistana e convenceu Souza e Gualco a ampliar a concessão obtida, incluindo os serviços de geração e distribuição de energia elétrica. Com o objetivo de levantar o capital necessário para produzir e comercializar a energia elétrica, Pearson também reuniu um grupo de empresários canadenses, com destaque para James Gunn e William Mackenzie, que fundaram, em Toronto, em abril de 1899, a empresa canadense *The São Paulo Railway Light and Power Company Limited*, autorizada pelo presidente Campos Salles a trabalhar no Brasil, a partir de junho de 1899. Em setembro de 1899, Souza e Gualco transferiram para a empresa canadense sua concessão referente a serviços de bondes tracionados por eletricidade; produção e distribuição de energia elétrica para iluminação, força motora e outras atividades da indústria e do comércio;

e o assentamento de postes e fios de transmissão da potência hidráulica das cachoeiras do Rio Tietê, do município de Parnaíba até a capital e seus subúrbios. Em dezembro de 1899, a empresa canadense passou a chamar-se *The São Paulo Tramway Light and Power Company Limited*, diferenciando-se da inglesa *São Paulo Railway*[174].

Assim, em 1900, em São Paulo, duas empresas disputavam o mercado de transporte: a CVP, utilizando bondes a tração animal, e a Light, a tração elétrica. Apesar das diversas contendas judiciais entre as duas empresas, o presidente Rodrigues Alves inaugurou em maio de 1900 a primeira linha de bondes elétricos, com energia gerada em usina a vapor, num percurso entre o depósito de carros da Light, na Barão de Limeira, e o Largo de São Bento. Em janeiro de 1900, encaminhando o primeiro pedido judicial de liquidação da CVP, a Light começou a adquirir do Banco Nacional Brasileiro as dívidas em letras de crédito da CVP, forçando a quebra da concorrente. O monopólio do serviço de bondes da Light, empresa criticada pela população tanto por sua forma de agir com a CVP como pela tarifa cobrada, foi *controlado* em 1901, com a aprovação, pela Câmara Municipal, de projeto de lei que unificava os contratos de concessão da CVP e da Light. O novo contrato ampliava a concessão de 35 para 40 anos e estabelecia, entre outros encargos, a manutenção do leito carroçável e a tarifa de 200 réis por zona, sendo as zonas definidas por círculos com centro no cruzamento das ruas da Quitanda e do Comércio e raio de 3, 6 e 9 quilômetros[175].

Contrabalançando as críticas da população, a Light viabilizou economicamente a abertura do jornal *A Gazeta* para fazer propaganda favorável à empresa, veiculada também nos Diários e Emissoras Associados, através de Assis Chateaubriand, advogado da Brazilian Traction, *holding* a que pertenciam a Light de São Paulo e a Light do Rio de Janeiro[176].

Em 1909, um ano após todas as linhas de bondes de São Paulo operarem com tração elétrica, o monopólio da Light foi ameaçado pela empresa nacional *Guinle & Companhia*, produtora e distribuidora de energia e também operadora do serviço de bondes em outras cidades. A Guinle & Companhia era também concessionária exclusiva do Porto de Santos, cuja energia provinha da Hidrelétrica de Itatinga, construída pela empresa em Bertioga, com oferta de energia maior que a necessária ao porto. Carlos de Campos, advogado da Light de São Paulo e futuro presidente do Estado, contestou a petição encaminhada à Prefeitura pela Guinle & Companhia, que oferecia tarifa

171. REIS, 2004, p. 143.
172. CAMPOS, 2008. Texto eletrônico com análise da *Planta Geral da Capital de São Paulo*, de 1897.
173. SILVA, 2015, p. 33-35.
174. SILVA, 2015, p. 38-43.
175. SILVA, 2015, p. 48-49 e p. 64.
176. SILVA, 2015, p. 49-50.

três vezes inferior à cobrada pelos canadenses para o fornecimento de energia. Para afastar a concorrente, a Light aceitou rever seu contrato com a Prefeitura, ainda que favorecida pelo artigo 12 da Lei nº 407 de 1899, referente à concessão da distribuição de energia elétrica em São Paulo, que proibia a outra empresa *cruzar os lugares ocupados pela rede da Light*. Assim, ainda no último mandato de Antônio Prado, a Light assumiu reduzir a tarifa para o fornecimento de energia elétrica, prolongar algumas linhas de bonde, extinguir os anéis tarifários para as viagens de bonde, mantendo a tarifa de 200 réis estabelecida em 1872 (exceto para a linha intermunicipal que atendia Santo Amaro), oferecer desconto de 50% na tarifa para estudantes e operários e reativar linhas e horários especiais para atendê-los[177].

Em 1910 foi inaugurado o *Tramway da Cantareira*, servindo o Jaçanã (Guapira); em 1912 foi implantada linha de bondes perimetral passando pelas avenidas São João, Angélica, Paulista, Brigadeiro Luís Antônio e Liberdade; em 1913 começou a operar a linha de bondes com tração elétrica para Santo Amaro, com traçado diferente da linha de trem operada com a locomotiva a vapor; em 1915, o Tramway da Cantareira chegou até a antiga freguesia de Guarulhos (considerada vila desde 1880), e foram estendidas linhas de bondes até Casa Verde, Alto da Lapa, Vila Maria, Heliópolis, Bosque da Saúde, Jardim Paulista, Jardim Europa e Jardim Paulistano; em 1917, os bondes elétricos chegaram à Penha.

A partir de 1915, a *City of São Paulo Improvements and Freehold Land Company Ltd.*, empresa imobiliária fundada em Londres em 1911, financiou a extensão de quatro linhas de bondes da Light, subsidiando também sua operação, para estimular a valorização e a venda de seus loteamentos no Jardim Europa e depois no Pacaembu e na Lapa[178] (Figuras 23 e 24).

Em São Paulo era comum encontrar a propaganda e a venda de loteamentos realizadas por empresas de transporte. O fato de a Companhia City financiar a expansão da rede de bondes da Light expôs uma vez mais, sem melindres, a dependência do desenho da rede de transporte aos interesses do capital imobiliário, além de evidenciar a inexistência de propostas oficiais para promover a expansão adequada do sítio urbano e para implantar redes viária e de transporte público convenientes à circulação no território, desatreladas de interesses originados no loteamento de glebas.

Em paralelo às ações da Companhia City, ocorreram algumas propostas não oficiais para implantar linhas de transporte sobre trilhos em São Paulo. Em 1898, Benedito Galvão de Moura Lacerda solicitou concessão para implantar linha circular de bon-

---

177. SILVA, 2015, p. 56-58 e p. 64.
178. SILVA, 2015, p. 58.

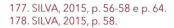

23. Loteamento da City. Jardim Europa – 1924.
FONTE: TOLEDO, Benedito Lima de (1996). Reprodução de figura cedida por Benedito Lima de Toledo.

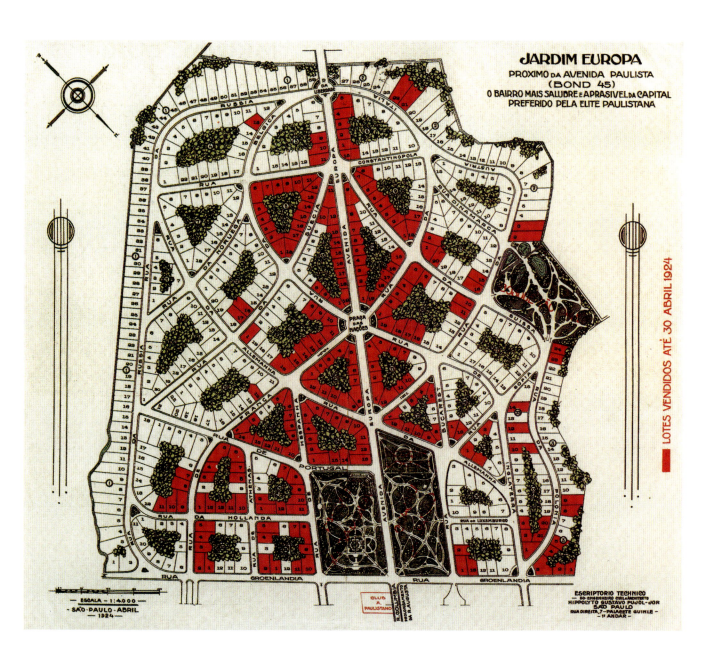

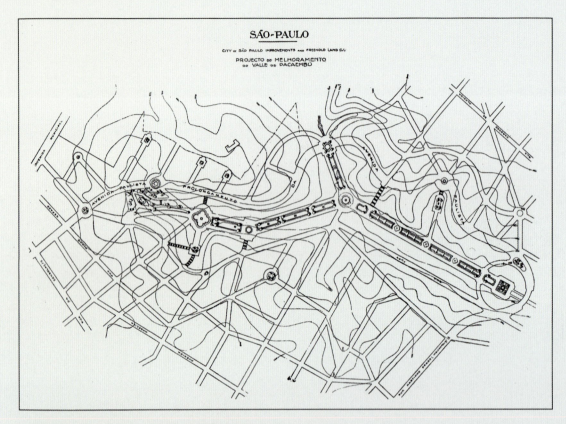

24. Loteamento da City. Projecto de Melhoramento do Valle do Pacaembú.
FONTE: TOLEDO, Benedito Lima de (1996). Reprodução de figura cedida por Benedito Lima de Toledo.

des, que poderia operar em via exclusiva – pedido caducado um ano depois por falta de documentação. De outra proposta de via férrea ao redor do Centro, com conexões diametrais e ramais que se estendiam até a Mooca e a Lapa – *a Metropolitana* (Figura 25), elaborada por Felipe Antônio Gonçalves e aprovada como objeto de concessão pela Lei Municipal nº 880, de 1906, restou apenas o desenho de um anel articulando o centro da cidade com os vales do Anhangabaú e do Tietê, os bairros do Pacaembu, Araçá, Vila Clementino, Ipiranga e o Vale do Tamanduateí[179].

179. LISBOA, 2019, p.190.

25. Metropolitana – 1906.

FONTE: LISBOA, Leonardo Cleber Lima (2019). Reprodução de figura cedida por Leonardo Cleber Lima Lisboa.

LEGENDA
— Metrô (linhas propostas)
— Ferrovia (serviço urbano e carga)
— Ferrovia (carga)
▒ Área urbanizada (até 1881)
— Principais rios e represas (referência atual)

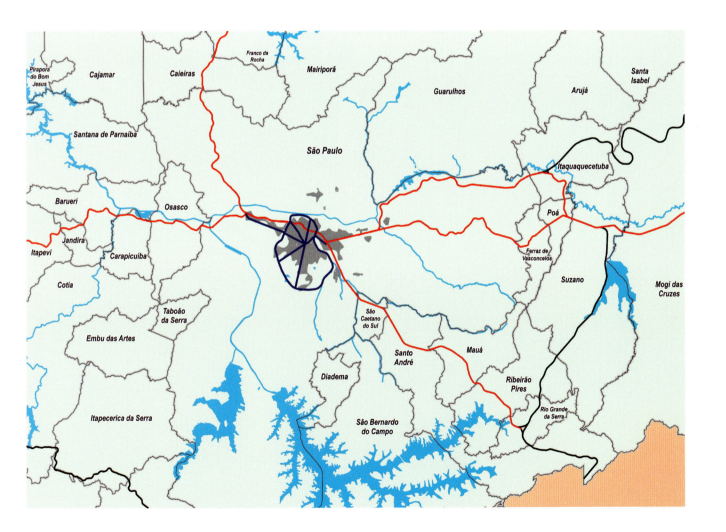

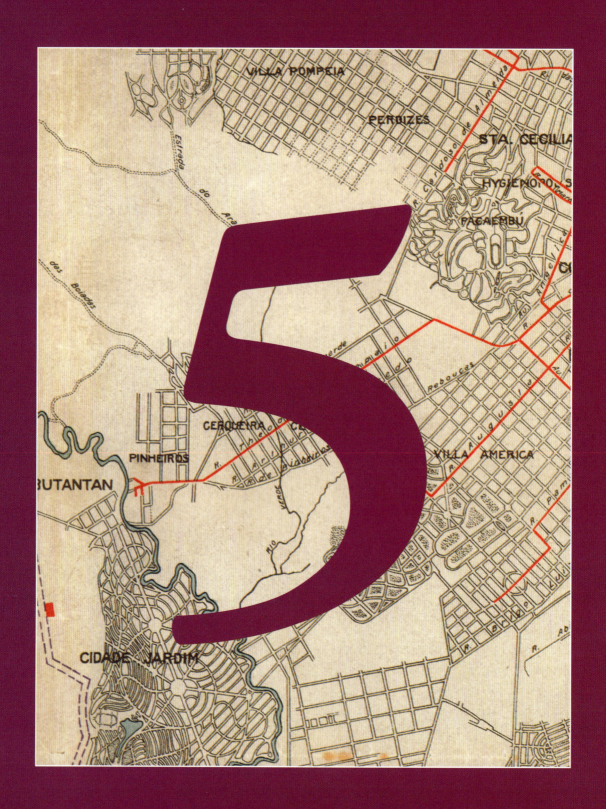

Caminhões e ônibus

Nas últimas décadas do século XIX, a presença de uma indústria paulista embrionária e a evidência da necessidade de uma rede de circulação principal repercutem na caracterização futura do espaço da cidade de São Paulo. Até meados do século XX, a consolidação da indústria induz o processo de urbanização, levando ao espraiamento da mancha urbana em áreas desprovidas de serviços públicos, que ultrapassam os rios Tietê e Pinheiros. Nasce um desenho mais eficiente para o viário da cidade, mas os bairros periféricos continuam servidos apenas por antigas estradas coloniais. Como reflexo da política brasileira de estancar o crescimento da rede ferroviária, associando à expansão rodoviária a ideia de progresso, caminhões transportam cargas em vias pavimentadas que convergem para a cidade de São Paulo; instalam-se no Planalto Paulistano as primeiras unidades de linhas de montagem destinadas ao transporte sobre pneus; ônibus passam a circular em ruas já servidas por linhas de bonde; e novas linhas de ônibus, associadas ao capital imobiliário, viabilizam acesso de mão de obra a unidades de produção implantadas ou transferidas para áreas contíguas a rodovias.

CAMINHÕES E ÔNIBUS

Vias para transportar café, açúcar e algodão

Âmbito externo

Em 1889 foi deposto o imperador Dom Pedro II e instaurada no Brasil a forma republicana federativa presidencialista de governo. Uma das repercussões do novo regime foi o desenvolvimento do conceito político de democracia industrial:

> "[...] base segura para a consolidação da República. Dominado pelo receio de que a classe 'privilegiada' dos 'senhores da terra', conforme a expressão de Rui Barbosa, promovesse uma contrarrevolução monárquica, o governo republicano, em seus primórdios, procuraria amparar as indústrias, que, com o comércio, constituiriam o sustentáculo das novas instituições"[180].

Em janeiro 1890, no governo provisório do Marechal Manoel Deodoro da Fonseca, o Decreto nº 159, artigo 1º, estabelece:

> "Será nomeada uma commissão de cinco cidadãos para estudar e organizar no menor prazo possivel um plano geral de viação consultando para isso as memorias, trabalhos, todos os documentos, emfim, que julgar conveniente"[181].

Trata-se da primeira vez que aparece a *ideia de plano* em documentação administrativa. É também o primeiro indício da natureza setorial que se afirmaria mais adiante no planejamento brasileiro. Em junho desse mesmo ano, o Decreto nº 524 criava a "obrigatoriedade de incluir, num plano geral de viação a ser elaborado, todas as estradas brasileiras, para cuja concessão far-se-iam concessões"[182]. O Decreto nº 862, de outubro de 1890, estabeleceu o sistema de viação geral brasileiro, que seria formado por ferrovias e vias fluviais.[183]

O *Plano da Comissão de 1890* (Figura 26), resultante desses decretos, é especialmente importante porque definiu a configuração atual da rede ferroviária brasileira e sua integração à navegação fluvial. Através da rede hidroferroviária nele proposta, São Paulo estaria diretamente ligado às cidades do Rio de Janeiro, Uberaba e Ponta Grossa, sendo possível alcançar os demais Estados brasileiros a partir delas.

Mas nesse mesmo período se delineia a opção do governo brasileiro pela expansão rodoviária, deixando em segundo plano a expansão ferroviária. Isto porque as rodovias se adequavam à apropriação e colonização de terras distantes das vias férreas, para a expansão da cultura do café e de novas culturas, como a do algodão.[184]

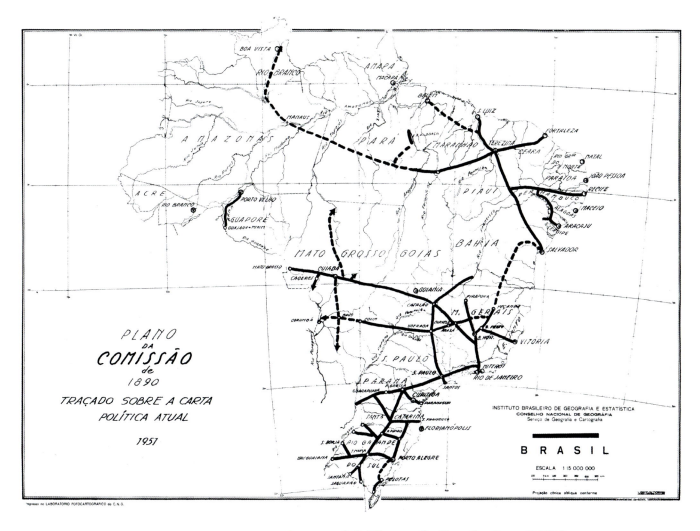

26. Plano da Comissão – 1890.

No Plano da Comissão de 1890, São Paulo é o local de convergência de linhas ferroviárias interligando Santos, Rio de Janeiro, Uberaba, Ponta Grossa e demais cidades atendidas pela rede na Região Centro-Sul. A expansão proposta entre Peçanha e Salvador viabilizaria o acesso de São Paulo às regiões Norte e Nordeste.
FONTE: BRASIL. Ministério dos Transportes (1974). Reprodução de figura autorizada pelo Ministério da Infraestrutura.

180. LUZ, 1975, p. 173.
181. BRASIL, 1974.
182. COSTA, 1971, p. 18-21 e 429.
183. COSTA, 1971, p. 18-21 e 429.
184. REIS, p. 10, [s.d.].

Importante fomentador do rodoviarismo, Washington Luís Pereira de Sousa ocupou diversos cargos no governo paulista, destacando-se como secretário estadual de Justiça e Segurança Pública (1906-1912), quando combateu ataques indígenas aos trabalhadores da *Estrada de Ferro Noroeste do Brasil* e a desbravadores pioneiros do Oeste Paulista; apoiou a criação do Automóvel Clube de São Paulo e circulou pelas estradas paulistas, visando à elaboração do *Plano Rodoviário Estadual*; como deputado estadual (1912-1913) empenhou-se na aprovação da Lei estadual nº 1.406, de 1913, que regulamentou a utilização da mão de obra de presidiários na construção de rodovias; como prefeito de São Paulo (1914-1919), utilizou o trabalho de detentos na construção da hoje *Estrada Velha de Campinas*, iniciada em 1916; também elaborou programa

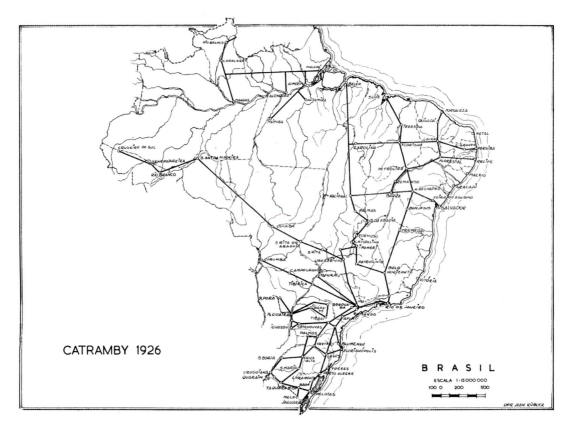

27. Plano Catramby – 1926.
O Plano Catramby desenha ligações rodoviárias entre São Paulo e cidades dos principais estados brasileiros.
FONTE: BRASIL. Ministério dos Transportes (1974).
Reprodução de figura autorizada pelo Ministério da Infraestrutura.

28. Plano Paulo de Frontin – 1927.

Em 1927, São Paulo já é um entroncamento ferroviário de linhas para Santos, Catalão, Bauru, Salto Grande, Itararé, Barra do Piraí, Rio de Janeiro e outras cidades servidas pela rede de trens nos estados do Paraná, Santa Catarina, Rio Grande do Sul, Mato Grosso, Goiás, Minas Gerais e Espirito Santo. O Plano Paulo de Frontin prevê a interligação das redes ferroviárias das regiões Centro-Sul, Norte, Nordeste e Oeste, até alcançar cidades do continente americano banhadas pelo Oceano Pacífico e pelo Rio da Prata.
FONTE: BRASIL. Ministério dos Transportes (1974).
Reprodução de figura autorizada pelo Ministério da Infraestrutura.

rodoviário em que foi concebida a primeira rodovia paulista ligando São Paulo a Itu (parte da Rodovia São Paulo-Mato Grosso); e como presidente do Estado de São Paulo (1920-1924) implantou, em 1922, essa rodovia. Finalmente presidente do Brasil (1926-1930), Washington Luís adotou o lema "Governar é povoar; mas não se povoa sem abrir estradas, e de todas as espécies; governar é, pois, fazer estradas".

Caminhões e Ônibus

29. Plano Luiz Schnoor – 1927.
Para interligar a maioria dos estados brasileiros com vias convergentes ao planalto central, em Goiás, o Plano Schnoor propõe rodovias entre São Paulo, Santos, Rio de Janeiro, Uberaba e demais cidades acessíveis pela rede.
FONTE: BRASIL. Ministério dos Transportes (1974). Reprodução de figura autorizada pelo Ministério da Infraestrutura.

Entre 1926 e 1927 foram elaborados quatro planos de cunho rodoviário: *Plano Catramby* (Figura 27), *Plano Paulo de Frontin* (Figura 28), *Plano Luiz Schnoor* (Figura 29) e *Plano da Comissão de Estradas de Rodagem Federais* (Figura 30). O Plano Catramby definiu as bases da rede rodoviária do Brasil propondo 29 rodovias, em geral superpostas aos traçados ferroviários. No Plano de Paulo de Frontin foram apresentadas variações sobre o Plano da Comissão, propondo prolongamentos de linhas ferroviárias e uma nova linha ferroviária interligando o Brasil à Bolívia, mas com a seguinte ressalva: "Se não pudermos construir imediatamente estas vias férreas, construamos estradas de rodagem, estabelecendo comunicações regulares, por meio de automóveis. É uma

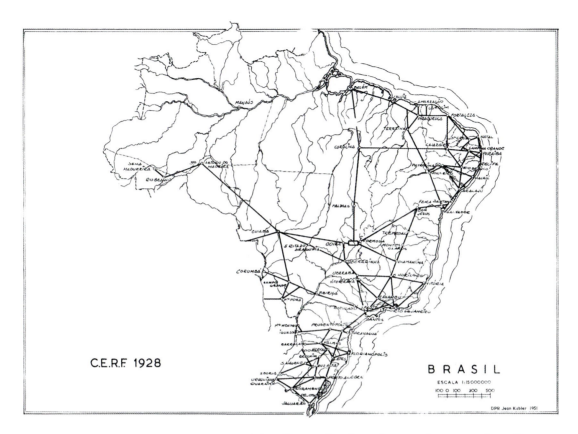

30. Plano da Comissão de Estradas de Rodagem Federais – 1928.

O Plano da Comissão de Estradas de Rodagem Federais prevê atender São Paulo com rodovias para Santos, Rio de Janeiro, Caxambu, Ituverava, Botucatu, Curitiba e outras cidades ligadas à rede, que alcança o planalto central, em Goiás, cruzando o território de muitos estados brasileiros.
FONTE: BRASIL. Ministério dos Transportes (1974). Reprodução de figura autorizada pelo Ministério da Infraestrutura.

solução econômica, embora não definitiva". O Plano Luiz Schnoor redesenhou a rede rodoviária considerando a capital federal localizada no Planalto Central. O Plano da Comissão de Estradas de Rodagem Federais era semelhante ao Plano Schnoor, porém com traçado da rede mais bem ajustado ao território. Em todos esses planos chegava-se à cidade de São Paulo por eixos de circulação que a interligavam diretamente com localidades do Paraná, Mato Grosso, Minas Gerais e Rio de Janeiro, e, a partir daí, a importantes centros, no restante do território brasileiro.

Em 1927, o Decreto nº 5.141, elaborado por Getúlio Vargas, como ministro da Fazenda de Washington Luís, estabelecia em seu artigo 1º:

"Fica creado o Fundo Especial para Construcção e Conservação de Estradas de Rodagem Federaes, constituido por um addicional aos impostos de importação para consumo a que estão sujeitos: gazolina, automoveis, auto-omnibus, auto-caminhões, chassis para automoveis, pneumaticos, camaras de ar, rodas massiças, motocycletas, bicycletas, side-car e accessorios para automóveis"[185].

Outro decreto de 1927, o de nº 5.353, também elaborado por Getúlio Vargas como ministro da Fazenda do mesmo governo, dificultou a expansão das redes de transporte público ao eliminar as isenções de taxas e impostos sobre a importação de materiais nelas utilizados, estabelecendo em seu artigo 3º:

"Os materiaes importados para execução ou exploração de serviços publicos de fornecimentos de agua, esgotos, luz, força, gaz, transporte, inclusive portos, telegraphos, telephones, radiotelephonia e radiotelegraphia, feitos directamente pelos Estados, pelo Districto Federal e pelos municipios ou por intermedio de emprezas em virtude de delegação ou concessão delles ou do Governo Federal, pagarão:
a) 40% dos impostos estabelecidos nas tarifas das alfandegas quando se tratar de materiaes sujeitos a despachos ad valorem à taxa de 15% ou mais;
b) 50% dos mesmos impostos quando se tratar de materiaes sujeitos a despacho ad valorem á taxa inferior a 15% ou ao pagamento da taxa fixada por unidade ou peso"[186].

Em 1928 foi inaugurada pelo presidente Washington Luís a Rodovia Rio-São Paulo, que reduziu o tempo de viagem entre as duas cidades, antes de 33 dias (tempo da primeira viagem de automóvel completada em 1908), para 14 horas (reinaugurada, em 1951, pelo presidente General Eurico Gaspar Dutra, como Nova Rodovia Rio-São Paulo).

Com o fim da Primeira República do Brasil, quando Getúlio Vargas depôs o presidente Washington Luís, na Revolução de 1930, já existiam 2.255 quilômetros de estradas de rodagem e 5.917 quilômetros de estradas carroçáveis no Brasil.

Com a Grande Depressão que atingiu o sistema capitalista em 1929 – um dos fatores que fizeram eclodir a Segunda Guerra Mundial – terminou em 1930 a *era ferroviária* no Brasil.

185. BRASIL, janeiro de 1927.
186. BRASIL, novembro de 1927.
187. CANO, 1998, p. 55.
188. LUZ, 1975, p. 165-203.
189. LUZ, 1975, p. 129-130.

O DESENHO DE SÃO PAULO POR SEUS CAMINHOS

Outra condição de destaque, resultado da conjuntura econômica que se estabeleceu nesse mesmo período, está relacionada à política brasileira de apoio aos produtores de café: trata-se da ocorrência de uma redução *não planejada* dos entraves à instalação da indústria nacional. O território paulista foi o principal cenário dessa conjuntura, onde se concatenaram ações relacionadas ao café e à indústria nacional.

Em relação ao café, o período que se segue à Proclamação da República foi marcado por uma sucessão de crises e recuperações econômicas associadas ao mercado internacional do produto. A restrição do governo à ampliação das áreas de plantio de café, adotada em 1897 para controlar a queda de preços no mercado interno e externo, foi seguida de uma recuperação de preços a partir de 1910, que se mantiveram altos até 1913, o que estimulou novos plantios às vésperas da Primeira Guerra Mundial[187].

Nova expansão dos cafezais ocorreu em 1919, induzida pela escassez do produto resultante da grande geada de 1918, mas também indiretamente, em decorrência da aplicação de recursos do governo federal, repassados ao Estado de São Paulo para estabilizar o preço do café, assegurando assim a renda dos fazendeiros.

A perspectiva da grande safra de 1921 e a crise econômica entre 1920 e 1922, nos Estados Unidos, provocaram outra queda nos preços do café no mercado externo. Isso fez com que o Estado brasileiro passasse a comprar, a partir de 1921, os excedentes de café não exportáveis, estabelecendo um sistema de armazéns reguladores. Em 1926, para financiar o café estocado nos armazéns reguladores, através de títulos passíveis de desconto bancário, foi criado o Instituto do Café do Estado de São Paulo e transformado o antigo Banco de Crédito Hipotecário e Agrícola no Banco do Estado de São Paulo.

Em relação à indústria nacional, no começo da República a economia brasileira precisou enfrentar ataques à política fiscal implantada no novo regime de governo, através da cobrança em ouro dos direitos de importação (a *quota-ouro*, instituída em 1890, variando conforme a taxa cambial, foi alterada em 1891 e restabelecida em 1898) e da manutenção de baixas taxas de câmbio, para fomentar a produção e a exportação de produtos nacionais, tanto industriais como agrícolas. A tarifa alfandegária protecionista, que não era aplicada sobre maquinaria e matéria-prima importadas, mas gravava sobre os demais produtos estrangeiros – principalmente artigos não essenciais e itens já fabricados no Brasil –, provocou oposição do comércio importador, bem como dos fazendeiros, que reclamavam dos altos preços de alguns produtos nacionais (como sacos de aniagem para embalar café, algodão, entre outros).[188]

Concentrada principalmente em São Paulo, a indústria nacional "foi-se desenvolvendo graças à expansão econômica proporcionada pelo café e com a participação do imigrante, seja como mão de obra e mesmo como técnico"[189].

A indústria paulista também herdou do complexo cafeeiro outras vantagens que beneficiariam sua implantação, como redes de infraestrutura, especialmente para o transporte de mercadorias, o espaço urbanizado e um mercado de trabalho.

"O satisfatório desempenho da agricultura paulista, por outro lado, proporcionava grande parte do suprimento alimentar à sua força de trabalho, e garantia o suprimento local de matérias-primas à indústria nascente"[190].

Apesar de a crise internacional de 1913 ter se refletido na redução das exportações de produtos brasileiros, principalmente de tecidos, e ter acentuado as dificuldades financeiras e econômicas do país, com a Primeira Guerra Mundial

"[...] firmaram-se novamente as fábricas existentes, enquanto outras surgiram para fazer face à procura de artigos cuja importação fora interrompida. São Paulo, particularmente, foi beneficiado pelo novo surto industrial, tendo-se expandido principalmente a indústria de tecidos, de calçados e de chapéus"[191].

A expansão industrial repercutiu tanto no aumento do número de operários, absorvendo mão de obra disponível, como na ampliação da receita pública, com a contribuição dos impostos internos sobre o consumo de artigos de fabricação nacional, o que compensou perdas decorrentes da receita proveniente de cobranças aduaneiras sobre produtos importados, especialmente durante a Primeira Guerra Mundial[192].

Nova expansão da indústria nacional deu-se entre 1919 e 1929, com produção destinada à substituição de importações e o início da instalação de alguns segmentos industriais voltados à fabricação de bens de capital (bens de produção)[193].

Mas a expansão da indústria nacional continuava enfrentando a resistência do comércio importador, que se opunha à cobrança de tarifas aduaneiras sobre produtos estrangeiros, reduzindo o mercado dos produtos importados. Um marco do enfrentamento de tais pressões é a fundação, em 1928, do Centro das Indústrias de São Paulo, "justamente no ano em que a indústria têxtil de lã e algodão reclamava urgentemente uma elevação das tarifas alfandegárias".[194]

As dificuldades para a consolidação da indústria nacional só foram amenizadas com a política de redução artificial da oferta de café que já vinha sendo adotada pelo governo federal em defesa dos cafeicultores. Como anteriormente relatado, mesmo an-

190. CANO, 1998, p. 244.
191. LUZ, 1975, p. 152.
192. LUZ, 1975, p. 152
193. CANO, 1998, p. 274.
194. LUZ, 1975, p. 162.
195. FURTADO, 2004, p. 257-258.
196. FURTADO, 2004, p. 258-268.
197. FURTADO, 2004, p. 268-273.
198. FURTADO, 2004, p. 275.

tes da crise mundial de 1929, com a capacidade produtiva de café em elevação, já havia um desequilíbrio estrutural entre oferta e procura de café.

> "A única forma de evitar enormes prejuízos para os produtores e para o país exportador era evitar – retirando do mercado parte da produção – que a oferta se elevasse acima daquele nível que exigia a procura para manter o consumo *per capita* mais ou menos estável a curto prazo. Era perfeitamente óbvio que os estoques que se estavam acumulando não tinham nenhuma possibilidade de ser utilizados economicamente num futuro previsível"[195].

Na compra desses estoques, como o Brasil possuía poucas reservas econômicas, o governo utilizava principalmente empréstimos externos, que se transformavam em renda monetária para os cafeicultores, por eles aplicada na importação de mercadorias carentes no mercado interno. Mas com a Depressão de 1929 já não havia crédito no exterior para continuar financiando a compra dos estoques de café. À possibilidade de aumento da oferta de café seguiu-se uma baixa no preço para venda ao mercado internacional, além de desvalorização da moeda brasileira e de aumento do preço dos produtos importados, o que atingiu toda a população brasileira. A fim de estabelecer um nível mais elevado do preço do café, o governo federal retirou do mercado uma parte de sua produção para destruí-la, operação que também foi seguida por uma nova depreciação da moeda nacional[196].

Essa política de retenção e destruição de parte da produção cafeeira para proteger o cafeicultor acabou

> "[...] mantendo o nível de emprego na economia exportadora e, indiretamente, nos setores produtores ligados ao mercado interno. Ao evitar-se uma contração de grandes proporções na renda monetária do setor exportador, reduziam-se proporcionalmente os efeitos do multiplicador de desemprego sobre os demais setores da economia. [...] o valor do produto que se destruía era muito inferior ao montante da renda que se criava. [...] a recuperação da economia brasileira, que se manifesta a partir de 1933, não se deve a nenhum fator externo, e sim à política de fomento seguida inconscientemente no país e que era um subproduto da defesa dos interesses dos cafeeiros"[197].

As fortes baixas no poder aquisitivo da moeda brasileira que estavam associadas à política adotada em defesa do setor cafeeiro se traduziram numa "elevação do preço dos artigos importados, o que automaticamente comprimia o coeficiente de importações"[198].

A demanda pelos produtos antes importados passou a fortalecer a formação de um mercado interno, e, por consequência, o setor industrial ligado ao mercado interno tornou-se preponderante no processo de formação de capital, tanto que passou a atrair

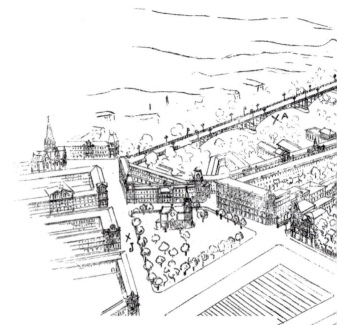

31. Plano Bouvard. Perspectiva da transformação do Valle do Anhangabahú – 1910.
FONTE: TOLEDO, Benedito Lima de (1996). Reprodução de figura cedida por Benedito Lima de Toledo.

até mesmo capitais que se formavam ou eram desviados do mercado externo. Assim, a produção industrial, "que se destinava em sua totalidade ao mercado interno, sofre durante a Depressão uma queda de menos de dez por cento, e já em 1933 recupera o nível de 1929"[199].

Finalmente, com o crescimento do mercado interno, algumas empresas, como as têxteis, esgotada sua capacidade de produção, fortaleceram as condições para a instalação de indústrias de bens de capital, uma vez que a importação de máquinas e peças para sua expansão continuava prejudicada com a elevação dos preços decorrente da depreciação cambial[200].

Âmbito local

A Prefeitura de São Paulo se preocupava com o paisagismo da região central e com a inserção do neoclassicismo europeu na padronização das edificações e do redesenho de praças e jardins. Cruzando o novo cenário, trens para Santos, carregados de café, percorriam as várzeas dos rios Tietê e Tamanduateí. Na volta traziam para São Paulo, entre outras mercadorias, carvão mineral, importado geralmente da Inglaterra (até 1914), para mover as máquinas a vapor das indústrias, grande parte implantada junto à rede ferroviária – inclusive as primeiras unidades de linhas de montagem destinadas ao transporte sobre pneus, com peças provenientes dos Estados Unidos. É o caso da Ford Motors Company, que se instalou em 1921, no Bom Retiro, para produzir automóveis modelo Ford-T e caminhões modelo Ford-TT, feitos com peças importadas,

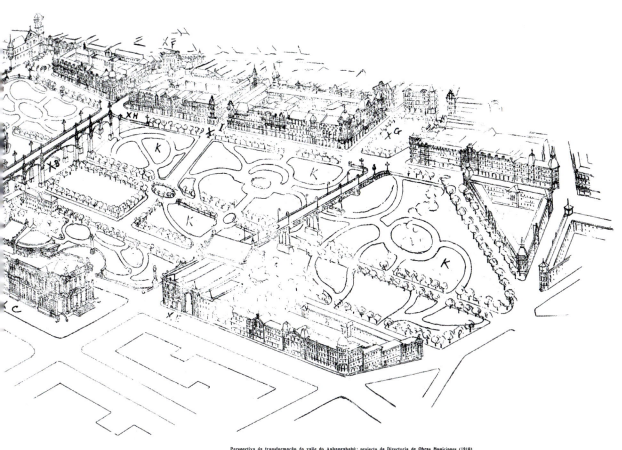

Perspectiva da transformação do valle do Anhangabahú: projecto da Directoria de Obras Municipaes (1910)

para transportar até 1 tonelada de carga; e da Companhia General Motors do Brasil (GM), no Ipiranga desde 1925, produzindo automóveis com a marca Chevrolet e o caminhão Chevy. Em 1927 começaram a ser montados os caminhões Special Delivery, da International Harvester Corporation, com capacidade para 3 a 4 toneladas. Em 1929, os caminhões da GM já transportavam 7 toneladas.

Antes de essas montadoras se estabelecerem em São Paulo, os poucos automóveis que circulavam na cidade eram importados. Em 1893 chegou o primeiro automóvel, de propriedade de Henrique Santos Dumont, irmão de Alberto Santos Dumont, *Pai da Aviação*; o segundo, em 1898. Em 1903 havia seis automóveis quando a Prefeitura de São Paulo começou a regulamentar sua circulação, como, por exemplo, velocidade máxima de 12 km/h na área central; em 1904 circulavam 83 automóveis, tornando-se obrigatório o exame para obter a carta de habilitação.

199. FURTADO, 2004, p. 277.
200. FURTADO, 2004, p. 279.

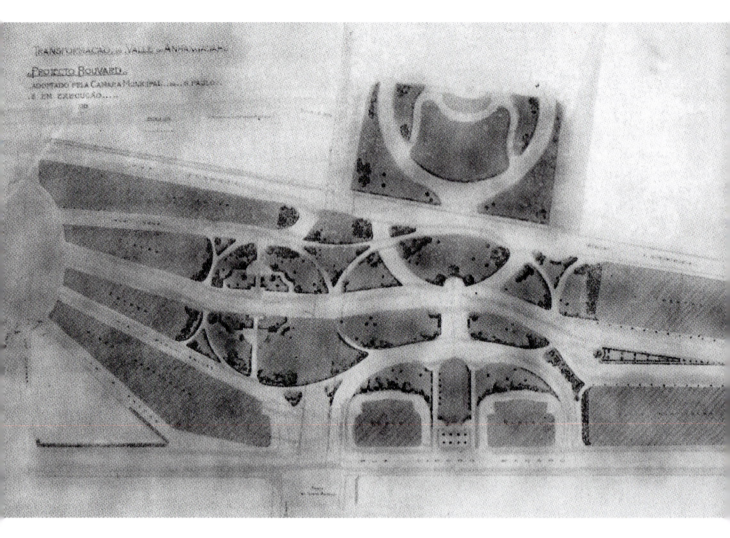

32. Plano Bouvard. Transformação do Valle do Anhangabahú.
FONTE: TOLEDO, Benedito Lima de (1996). Reprodução de figura cedida por Benedito Lima de Toledo.

Em 1899 é criada a Diretoria de Obras Municipais na Prefeitura de São Paulo, que passou a estabelecer diretrizes orientadoras para as intervenções nas redes viária e de saneamento básico, além de promover a implementação do *Plano Bouvard* (1911) (Figuras 31, 32 e 33) para o embelezamento do Vale do Anhangabaú e da Várzea do Carmo.

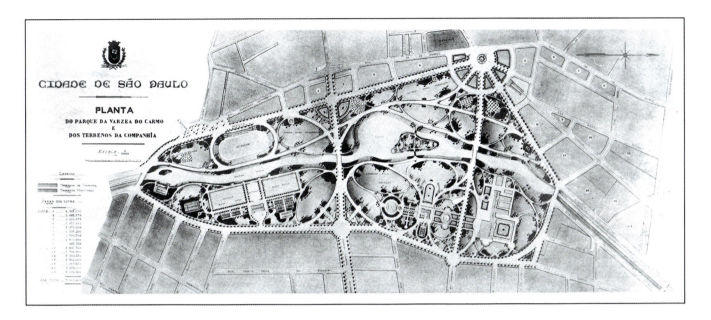

33. Plano Bouvard. Planta do Parque da Várzea do Carmo e dos Terrenos da Companhia.
FONTE: TOLEDO, Benedito Lima de (1996). Reprodução de figura cedida por Benedito Lima de Toledo.

Estudos oficiais para estabelecer elementos definidores da rede de circulação da cidade de São Paulo datam do fim do século XIX, como a proposta do *Boulevard Circular*, elaborada no governo de João Alfredo Corrêa de Oliveira (1885-1886). A concepção envolvia um conjunto de avenidas ligando o Ipiranga ao Brás e chegando à Ponte Grande, no Rio Tietê, depois de passar pela Rua João Teodoro e pela futura Avenida Tiradentes. Em 1897, uma proposta de perimetral para o Centro, passando por Paulista, Angélica, São João, Liberdade e Vergueiro, elaborada pela Intendência de Obras, também ficou só no papel[201].

No ano de 1915 foi criado o Automóvel Clube de São Paulo, apoiado pelo então prefeito Washington Luís Pereira de Sousa, grande incentivador do rodoviarismo. Em 1917 foi fundado o Instituto de Engenharia de São Paulo, que no mesmo ano passou a produzir o *Boletim do Instituto de Engenharia*.

Um desenho oficial para o sistema viário de São Paulo começou a ser concebido pelo engenheiro civil João Florence de Ulhôa Cintra, técnico da Diretoria de Obras Municipais da Prefeitura de São Paulo. Ele publicou em 1924 o artigo *Esquema teórico*

---

201. SILVA, 2015, p. 30 e 101.

para São Paulo, apresentando um desenho composto por um anel central articulando 12 vias radiais, para promover a interligação das diversas porções de área urbana em expansão (Figura 34). Entre 1924 e 1926, o esquema do sistema viário principal de São Paulo foi objeto de publicação, no *Boletim do Instituto de Engenharia*, de uma série de artigos intitulados *Um problema atual: os grandes melhoramentos de São Paulo*, elaborados por Ulhôa Cintra, em conjunto com o engenheiro-arquiteto Francisco Prestes Maia, relatando programa de estudo que havia levantado interesse quando apresentado à Câmara Municipal. A proposta de Ulhôa Cintra foi detalhada por uma comissão da Prefeitura, da qual participava também Prestes Maia como representante da Secretaria Estadual de Agricultura, Comércio e Obras Públicas.

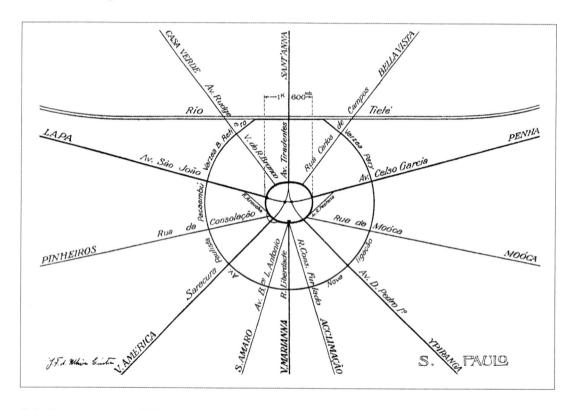

34. Esquema teórico para São Paulo – 1924.

FONTE: TOLEDO, Benedito Lima de (1996). Reprodução de figura cedida por Benedito Lima de Toledo.

35. Avenida de Irradiação.

FONTE: TOLEDO, Benedito Lima de (1996). Reprodução de figura cedida por Benedito Lima de Toledo.

A definição do conjunto de vias que iriam compor o esquema viário exigiu a elaboração de três alternativas de traçado, para finalmente identificar o traçado do anel central, inicialmente chamado por Ulhôa Cintra de *Avenida de Irradiação* e depois *Perímetro de Irradiação* (Figuras 35 e 36), conforme designado na série de artigos publicados no *Boletim do Instituto de Engenharia*. Às *Avenidas Radiais* correspondiam os principais eixos viários da cidade: para norte, as ruas Florêncio de Abreu e Brigadeiro Tobias (depois também a Avenida Anhangabaú), todas conduzindo à Estação da Luz, além da Avenida Tiradentes e da Rua Voluntários da Pátria; para nordeste, as avenidas Rangel Pestana e Celso Garcia; para sudeste, as avenidas do Estado e Pedro I; para sul, as ruas da Liberdade e Domingos de Morais; para sudoeste, as ruas Brigadeiro Luís Antônio e da Consolação; e, para noroeste, as avenidas São João e Água Branca. Completava o esquema viário um eixo diametral chamado de *Sistema Y*, cruzando em desnível o anel de irradiação para interligar o vale do Rio Tietê ao vale do Rio Pinheiros. O Sistema Y era composto por vias a serem implantadas nos vales dos rios Itororó (Avenida 23 de Maio) e Saracura (Avenida Nove de Julho), envolvendo também a abertura de túneis sob o Parque do Trianon. Para constituir o tronco do Sistema Y seria necessária via interligando o Vale do Anhangabaú com a Avenida Tiradentes. O ponto nodal do Sistema Y coincidia com a Ponte de Pedra, de um arco só, construída pelo governador da Capitania de São Paulo, Bernardo José de Lorena[202].

A partir de 1927, tais estudos foram considerados na elaboração de um plano urbanístico para São Paulo, encomendado pelo prefeito Pires do Rio a Prestes Maia. O plano, financiado com verba da Comissão de Melhoramentos do Rio Tietê, presidida por Ulhôa Cintra, dela participando Prestes Maia, passou a ser chamado de *Plano de Avenidas* (Figura 37), sendo concluído e publicado em 1930.

Um desenho mais eficiente para o viário paulistano estava sendo planejado quando uma nova e definitiva ameaça ao monopólio do serviço de transporte da Light se concretizou em 1924, nas ruas de São Paulo: as chamadas *jardineiras*, veículos usados inicialmente no serviço de ônibus, semelhantes a bondes abertos, que passaram a circular pela cidade, em resposta a uma crise de energia elétrica. Iniciada com danos causados a postes e fiação, inclusive da rede de bondes, por bombardeio aéreo à cidade, ordenado pelo governador Artur Bernardes, para combater levante militar, a crise se instalou em seguida em todo o Estado de São Paulo, com a forte estiagem de 1924 e 1925, prejudicando a produção de energia elétrica[203].

202. TOLEDO, 1996, p. 119-219.
203. SILVA, 2015, p. 68-81.

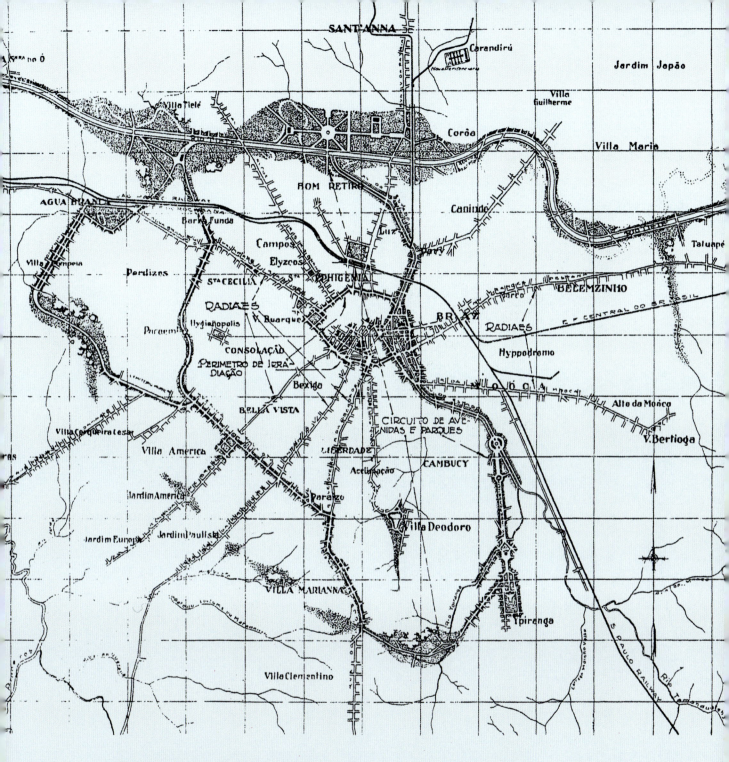

36. Perímetro de Irradiação.
FONTE: TOLEDO, Benedito Lima de (1996). Reprodução de figura cedida por Benedito Lima de Toledo.

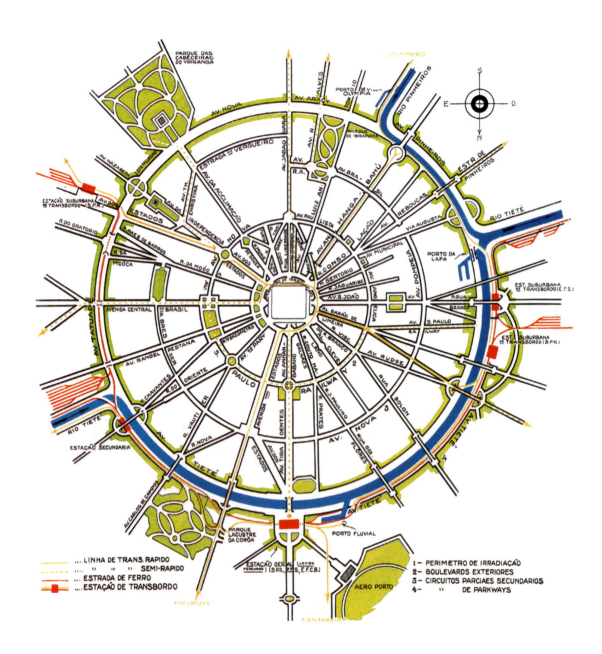

37. Plano de Avenidas – 1930.
FONTE: TOLEDO, Benedito Lima de (1996). Reprodução de figura cedida por Benedito Lima de Toledo.

38. Plano Integrado de Transportes proposto pela Light – 1927.

FONTE: LISBOA, Leonardo Cleber Lima (2019). Reprodução de figura cedida por Leonardo Cleber Lima Lisboa.

LEGENDA
— Metrô (linhas propostas)
— Ferrovia (serviço urbano e carga)
— Ferrovia (carga)
▒ Área urbanizada (até 1929)
— Principais rios e represas (referência atual)

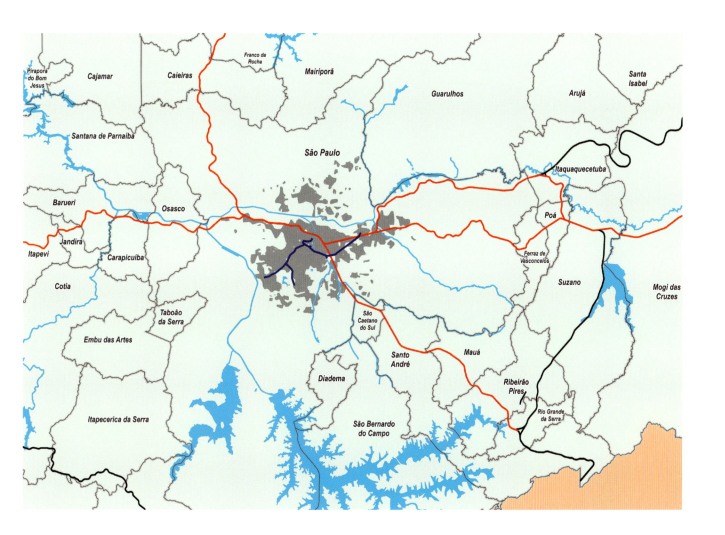

Nos primórdios do congestionamento de veículos nas ruas do *Triângulo*, disputadas por carroças, automóveis, bondes e ônibus, a Prefeitura Municipal, na gestão de Pires do Rio, regulamentou o serviço de ônibus em 1926, através do Ato nº 2.714, para combater a concorrência predatória no setor e estabelecer, entre outros aspectos, as dimensões dos veículos, as velocidades máximas, as obrigações das empresas e de seus funcionários, além do fornecimento de estatísticas ao poder público, como o número de passageiros transportados[204].

Com o objetivo de superar a perda de mercado provocada pelo serviço de ônibus e ajustar a tarifa dos bondes, em 1927 a Light encaminhou à Câmara Municipal de São Paulo o *Plano Integrado de Transportes* (Figura 38), elaborado pelo engenheiro de tráfego e urbanista Norman D. Wilson, de Toronto. O plano fundamentava-se em conceitos de planejamento de transporte até então inusitados para os paulistas, destacando-se: integração física e operacional (coordenada pela Light, que teria também o monopólio da exploração da rede integrada de linhas), equilíbrio econômico-financeiro vinculado a tarifas adequadas (reajuste da tarifa a cada semestre), regulamentação (controle da concorrência entre os modos de transportes sob o domínio da Light), modelo institucional de gestão (criação de Comissão de Transporte, com três membros da Light e três membros do poder público), planilha tarifária (envolvendo, entre outros itens, insumos para manutenção, depreciação das instalações e a remuneração do capital), fundo de transporte para subsidiar a operação (em caso de déficts) e planejamento contínuo.

Com destaque para quatro linhas, Ligação Central, Linha Sudoeste, Linha Leste e Linha Norte, o plano estabelecia também algumas diretrizes para o desenho da rede: implantar linhas curtas de trânsito rápido, subterrâneas ou operando em faixas totalmente segregadas, além de retirar os bondes do Triângulo e de ruas estreitas na área central; ampliar em 50% a extensão das linhas de bondes (100 quilômetros de trilhos, 25 dos quais subterrâneos); ampliar a frota de veículos; utilizar linhas de ônibus como rede alimentadora das linhas de bondes com operação em vias segregadas, constituindo o cerne de uma rede de transporte intermodal e integrada.[205]

204. SILVA, 2015, p. 79.
205. SILVA, 2015, p. 85.

39. Proposta de rede de metrô incorporada ao Plano de Avenidas – 1929.

FONTE: LISBOA, Leonardo Cleber Lima (2019). Reprodução de figura cedida por Leonardo Cleber Lima Lisboa.

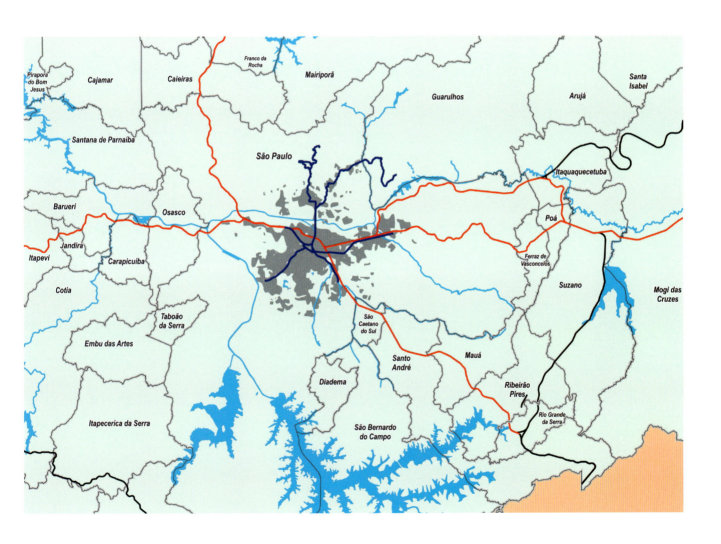

40. Map of the City of São Paulo, com a rede de bondes – 1924.

FONTE: ELETROPAULO, Departamento de Patrimônio Histórico,1986.
Reprodução de figura cedida pela Fundação Energia e Saneamento.

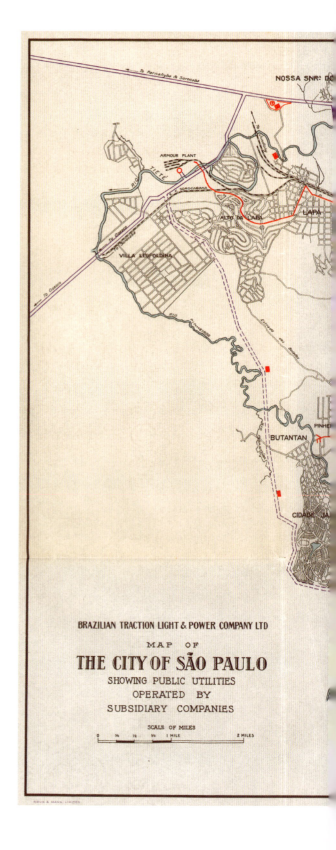

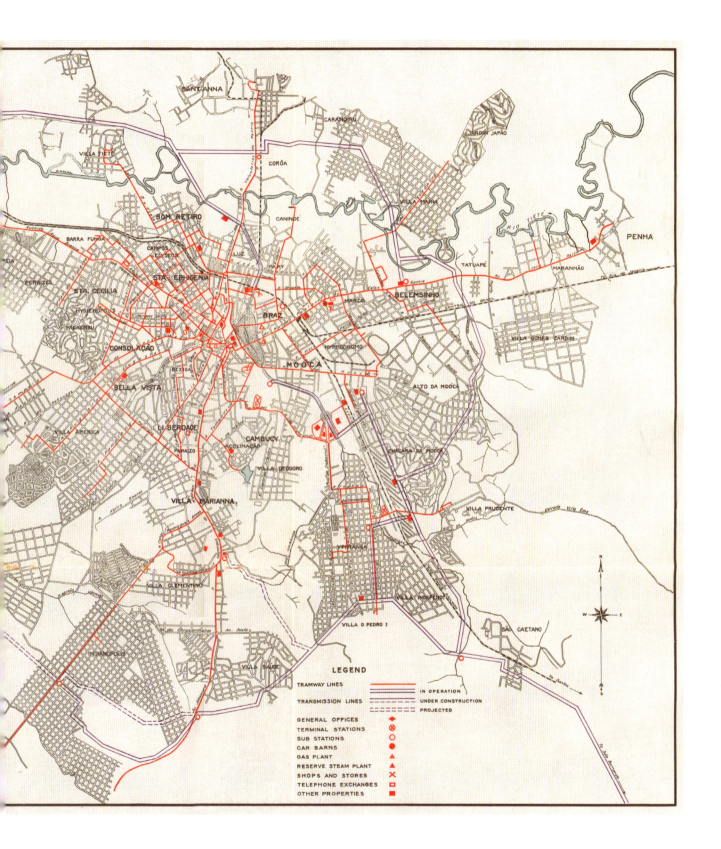

Caminhões e Ônibus

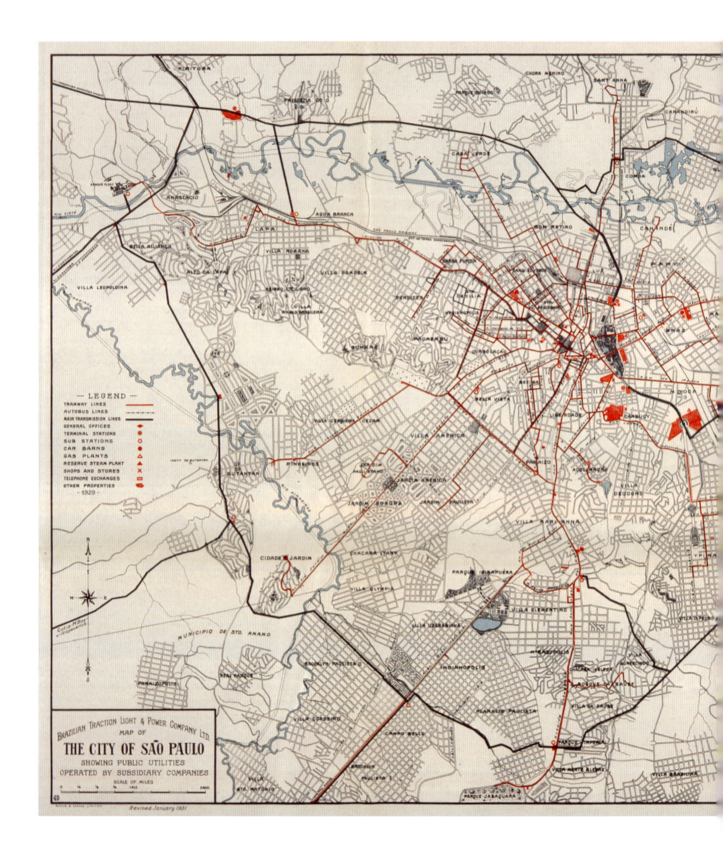

O Desenho de São Paulo por seus Caminhos

41. Map of the City of São Paulo, com a rede de bondes e de ônibus – 1929.

FONTE: Fundação Patrimônio Histórico de Energia de São Paulo.
Reprodução de figura cedida pela Fundação Energia e Saneamento.

No Plano Integrado de Transportes, a Ligação Central era quase um anel sob a colina central, que passava na Ladeira do Carmo, Praça da Sé, Rua Direita e Praça do Patriarca; cruzava o Vale do Anhangabaú sob o Viaduto do Chá e chegava à Praça Ramos de Azevedo, Rua Conselheiro Crispiniano e Largo do Paissandu; cruzava novamente em elevado o Vale do Anhangabaú, alcançando o Largo São Bento, e depois o Mercado Municipal; a Linha Sudoeste iniciava em subterrâneo no Largo do Tesouro, passava pela Rua Xavier de Toledo, até desembocar em superfície no Vale do Córrego do Saracura (atual Avenida Nove de Julho), cruzava em túnel a Avenida Paulista e dividia-se em ramal para o Jardim América (até o Rio Pinheiros), e em outro ramal para o Parque do Ibirapuera, até cruzar com a linha para Santo Amaro e alcançar a Rua Domingos de Morais; a Linha Leste cruzava em elevado o Rio Tamanduateí e a ferrovia, para ligar a Ladeira do Carmo, na área central, com a Mooca, o Belenzinho e o Tatuapé, e alcançar a linha que atendia o Ipiranga; e a Linha Norte deveria substituir o Tramway da Cantareira, ainda sob responsabilidade do governo estadual.

Mais envolvida em avaliar as propostas de Ulhôa Cintra e Prestes Maia para o sistema viário da cidade, a Câmara Municipal de São Paulo acabou não deliberando oficialmente sobre o Plano Integrado de Transportes. Mas, apesar da morte do presidente do Estado de São Paulo, Carlos de Campos, importante aliado da Light, e da forte oposição da opinião pública ao plano, especialmente por viabilizar a ampliação do monopólio da empresa por longo prazo e aumentar a tarifa, o Plano Integrado de Transportes foi objeto de avaliações técnicas durante o ano de 1927. Numa dessas avaliações, o especialista internacional contratado pela Prefeitura de São Paulo, o engenheiro escocês James Dalrymple, ex-superintendente do sistema de bondes de Glasgow, comparou as propostas viárias de Ulhôa Cintra e Prestes Maia com a proposta da Light, concluindo ser prioritário dotar a cidade de uma rede de *trânsito rápido*[206].

Prestes Maia fez contraponto a opiniões como as de Dalrymple, afirmando que para superar os problemas de tráfego de São Paulo, decorrentes de relevo acidentado, ruas estreitas e calçamento inadequado, era mais apropriado abrir túneis, construir viadutos, alargar e repavimentar ruas, todas soluções alinhadas com a política de Júlio Prestes, sucessor de Carlos de Campos e favorável ao transporte rodoviário.

Mas, em 1929, Prestes Maia incorporou ao Plano de Avenidas uma proposta de rede de metrô (Figura 39) com quatro linhas radiais: a Norte-Sul, incorporando o Tramway da Cantareira; outra para leste, seguindo pela Estrada de Ferro Central do Brasil; outra em direção ao sudeste, correndo junto ao Rio Tamanduateí; e mais uma para oeste, passando na Alameda Barão de Limeira[207].

Dois mapas intitulados *Map of the City of São Paulo* (Figuras 40 e 41), da Fundação Patrimônio Histórico de Energia de São Paulo, elaborados pela Brazilian Traction Light & Power Company Ltd., representam a rede de bondes em 1924 e a rede de bondes e ônibus em 1929. Tanto a primeira imagem, elaborada sobre atualização da *Planta da Cidade de São Paulo mostrando todos os arrabaldes e terrenos arruados*, de 1924, (Figura 42), como a segunda evidenciam a adequada abrangência espacial das duas redes de transporte em relação à dimensão do aglomerado urbano e à superposição dos dois serviços, apesar da concorrência entre ambos.

Nesse mesmo período, na cidade de São Paulo, observam-se os primeiros atos para a criação de uma estrutura destinada ao desenvolvimento rodoviário, que viabilizaram a construção de diversas estradas. Em 1915, quando Washington Luís iniciou seu mandato de prefeito da cidade, foi instalada a Seção Técnica Rodoviária, responsável pela construção, até 1919, de 500 quilômetros de estradas, incluindo as da Cantareira, Guaraú, Horto Florestal e Santo Amaro. Em 1916 foi iniciada a Estrada São Paulo-Jundiaí, sendo o primeiro trecho entre a ponte sobre o Rio Tietê e Pirituba. Em 1917 foi fundada, também em São Paulo, a Associação Permanente de Estradas de Rodagem, que depois passou a se denominar Associação Paulista de Boas Estradas. Em 1919, pouco antes de Washington Luís iniciar seu mandato de Presidente do Estado de São Paulo, foi criada a 3ª Seção da Diretoria de Obras Públicas, para responder pelas obras das estradas de rodagem. Em 1921 foi criada, ainda em São Paulo, pela Lei nº 1.835-C, regulamentada pelo Decreto nº 3.453, a Inspetoria de Estradas de Rodagem, transformada em 1926, pela Lei nº 2.187, em Diretoria de Estradas de Rodagem, da Secretaria de Viação e Obras Públicas. Em 1920, Rudge Ramos fundou a Sociedade Caminho do Mar, para construir, sob forma de concessão, com cobrança de pedágio, a Rodovia São Paulo-São Bernardo, chamada também de "Caminho do Mar", utilizando parte da antiga Estrada do Vergueiro, complementada por novo leito aberto paralelo a ela. Em 1922 inauguraram-se dois trechos de importantes estradas de acesso à cidade de São Paulo: São Paulo-Jacareí, parte da São Paulo-Rio de Janeiro; e São Paulo-Cotia-São Roque, parte da São Paulo-Paraná. Em 1927 foi inaugurada a Rodovia São Paulo-Bragança, passando por Atibaia, e em 1928 a Rodovia São Paulo-Rio de Janeiro. Finalmente, em 1929, foi criada a Divisão Rodoviária no Instituto de Engenharia de São Paulo[208]. Corresponde a essa data a *Planta da cidade de São Paulo de 1929* (Figura 43), contratada pela 7ª Seção da Diretoria de Obras e Viação da Prefeitura Municipal, na gestão de José Pires do Rio.

206. SILVA, 2015, p. 91-99.
207. HOCHTIEF-MONTREAL-DECONSULT, 1968, p. 11.
208. REIS, p. 145-146, [s.d.].

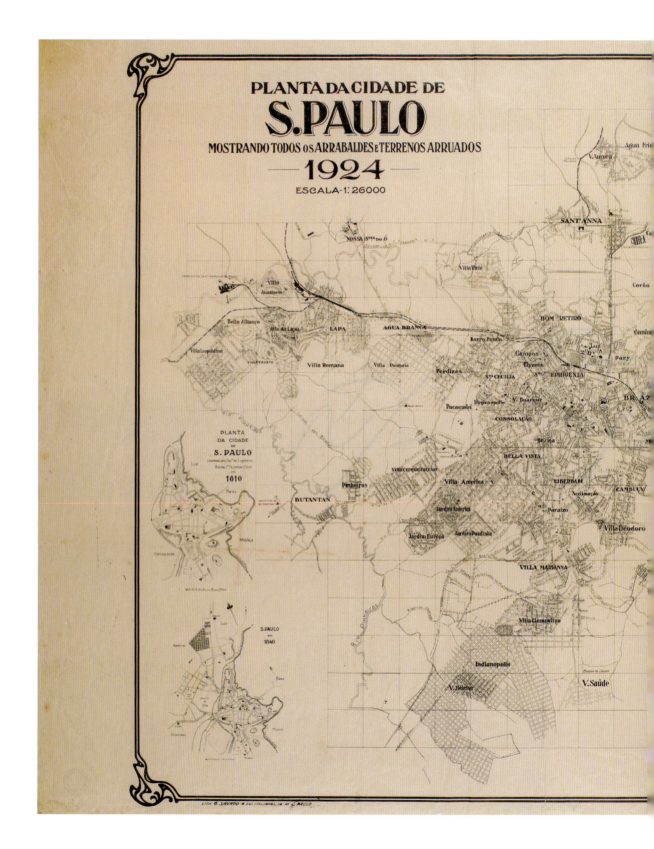

136 O Desenho de São Paulo por seus Caminhos

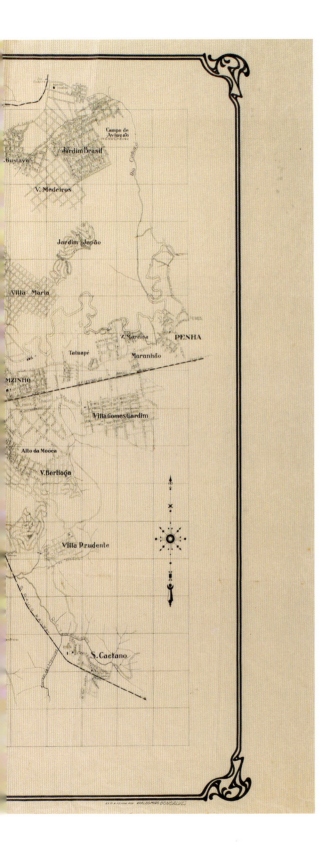

42. Planta da Cidade de São Paulo mostrando todos os arrabaldes e terrenos arruados – 1924.

Reprodução da Planta da Cidade de São Paulo mostrando todos os arrabaldes e terrenos arruados, de 1924, do Acervo do Museu Paulista da USP, da coleção João Baptista de Campos Aguirra, sob a licença Creative Commons (CC) – CC-BY-4.0.
CRÉDITO FOTOGRAFICO DA REPRODUÇÃO:
Hélio Nobre e José Rosael.

43. Planta da cidade de São Paulo – 1929.
FONTE: PASSOS, Maria Lúcia Perrone; EMÍDIO, Teresa (2009). Reprodução de figura autorizada pelo Instituto Geológico.

44. Sítio Urbano de São Paulo, baseado na Planta da Cidade de São Paulo, do Serviço Geográfico Militar – 1924.

FONTE: TOLEDO, Benedito Lima de (1996).
Reprodução de figura cedida por Benedito Lima de Toledo.

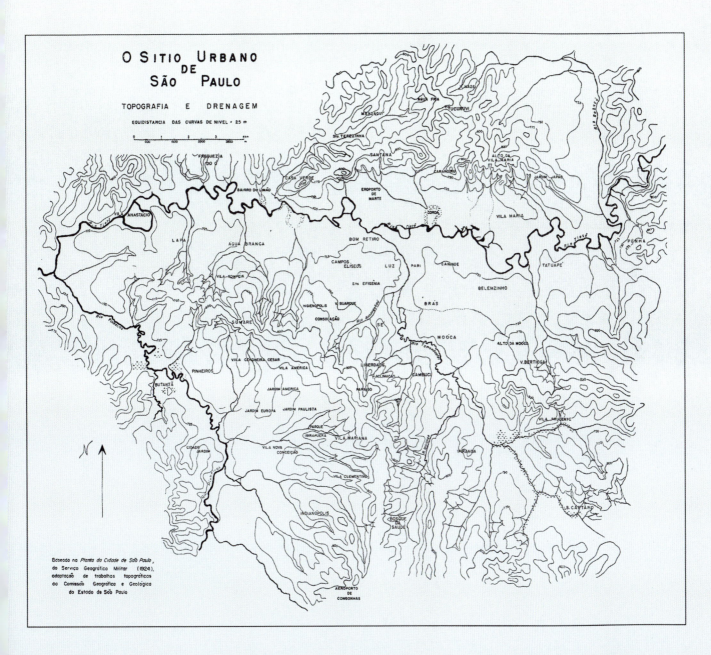

Em 1930, "a cidade de São Paulo alcançava 900 mil habitantes"[209]. O mapa Sítio Urbano de São Paulo (Figura 44), baseado na Planta da Cidade de São Paulo, elaborada em 1924 pelo Serviço Geográfico Militar, localiza, sobre base topográfica precisa, o nome dos bairros existentes na época. O *Mapa Topográfico do Município de São Paulo* (Figura 45), de 1930, elaborado pela empresa Sara Brasil S.A., produzido nas escalas 1:5.000 e 1:20.000, detalha os lotes de cada quadra e suas edificações em toda a área urbana. A topografia da área central de São Paulo também foi representada em mapa e perfil elaborados por Nice Lecocq Müller, Walter Faustini e Aziz Ab'Saber, editado em 1958 pela Associação dos Geógrafos Brasileiros (Figura 46).

45. Mapa Topográfico do Município de São Paulo – 1930.
FONTE: TOLEDO, Benedito Lima de (1996). Reprodução de figura cedida por Benedito Lima de Toledo.

209. REIS, 2004, p. 141.

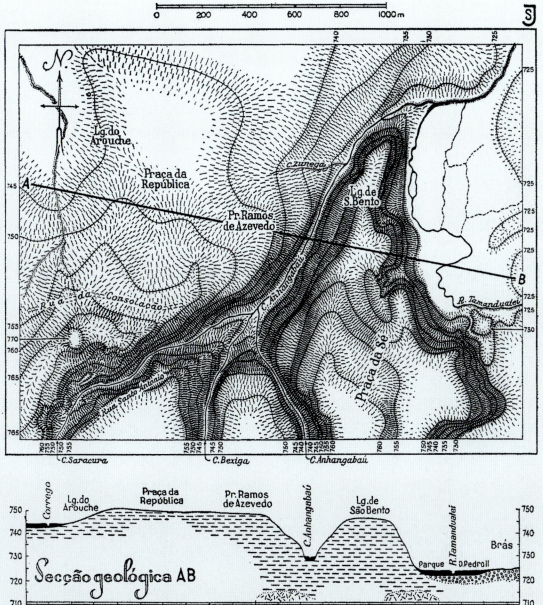

46. Topografia da área central de São Paulo – 1958.

FONTE: TOLEDO, Benedito Lima de (1996). Reprodução de figura cedida por Benedito Lima de Toledo.

Vias para expandir a Cidade de São Paulo em todas as direções

Âmbito externo

Como anteriormente relatado, entre 1929 e 1933, o padrão de acumulação primário exportador brasileiro defrontou-se com um novo padrão de acumulação, por ele mesmo provocado, centrado na implantação industrial, que passou a demandar maior integração do mercado nacional e a induzir o processo de urbanização.[210]

Para viabilizar a circulação de mercadorias em escala nacional foi instituído, em 1934, o *Plano Geral de Viação Nacional* (Figura 47), através do Decreto nº 24.497, assinado pelo presidente Getúlio Vargas (1930-1945). Trata-se de instrumento associado à fase de *planejamento ocasional*, em que planos eram peças do orçamento nacional brasileiro, não decorrentes de uma ação constante, previamente elaborada, para solucionar questões de interesse geral. Além disso, com medidas adotadas entre 1938 e 1943, a circulação de mercadorias em escala nacional foi facilitada com a extinção de impostos interestaduais[211].

O Plano Geral de Viação Nacional foi o primeiro plano oficial de viação nacional, proposto por comissão nomeada pelo ministro da Viação, consistindo em uma rede de ferrovias e algumas hidrovias, mas que não previa novas linhas férreas para São Paulo, além das já implantadas.

Um plano distinto, o *Plano Rodoviário do DNER* (Figura 48), foi apresentado em 1937 pelo recém-criado Depatamento Nacional de Estradas de Rodagem (DNER), inspirado no *Plano da Comissão de Estradas de Rodagem de 1927*, com o lançamento da proposta de duas rodovias longitudinais, uma interligando o território brasileiro pelo interior e a outra pelo litoral, ambas passando em território paulista.

Refletindo as propostas do plano do DNER, o Plano Geral de Viação Nacional foi atualizado em 1944, ainda no governo de Getúlio Vargas, como *Plano Rodoviário Nacional* (Figura 49), aprovado pelo Decreto-Lei nº 15.093, elaborado num estágio denominado *planejamento empírico*, em que se buscava vincular a atividade governamental a objetivos e recursos prefixados[212].

---

210. CANO, 2011, p. 150-154.
211. COSTA, 1971, p. 14.
212. COSTA, 1971, p. 21.

PLANO GERAL DE VIAÇÃO NACIONAL

APROVADO PELO DECRETO Nº 24.497 DE 29 de junho de 1934

CONVENÇÕES

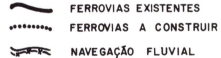

FERROVIAS EXISTENTES
FERROVIAS A CONSTRUIR
NAVEGAÇÃO FLUVIAL

47. Plano Geral de Viação Nacional – 1934.

Em 1934 São Paulo já está interligado, por rede ferroviária, às principais cidades dos estados do Centro-Sul: Rio de Janeiro, Vitória, Belo Horizonte, Goiânia, Corumbá, Curitiba, Florianópolis e Porto Alegre. No Plano Geral de Viação Nacional, a expansão proposta para a rede de trens promoveria o acesso a outras capitais.
FONTE: BRASIL. Ministério dos Transportes (1974). Reprodução de figura autorizada pelo Ministério da Infraestrutura.

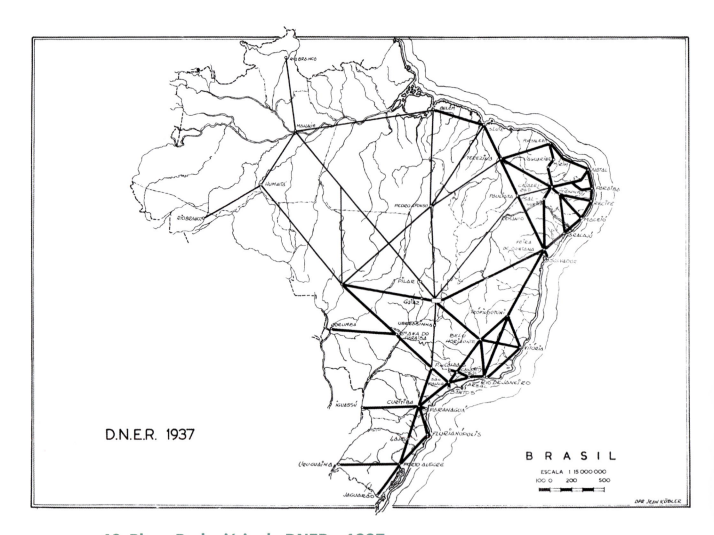

48. Plano Rodoviário do DNER – 1937.
O Plano Rodoviário do Departamento Nacional de Estradas de Rodagem de 1937 traça vias para ligar São Paulo às capitais dos demais estados.
FONTE: BRASIL. Ministério dos Transportes (1974). Reprodução de figura autorizada pelo Ministério da Infraestrutura.

49. Plano Rodoviário Nacional – 1944.

O Plano Rodoviário Nacional aprovado em 1944 cria bases legais para implantar acesso rodoviário entre São Paulo e diversas cidades brasileiras.
FONTE: BRASIL. Ministério dos Transportes (1974).
Reprodução de figura autorizada pelo Ministério da Infraestrutura.

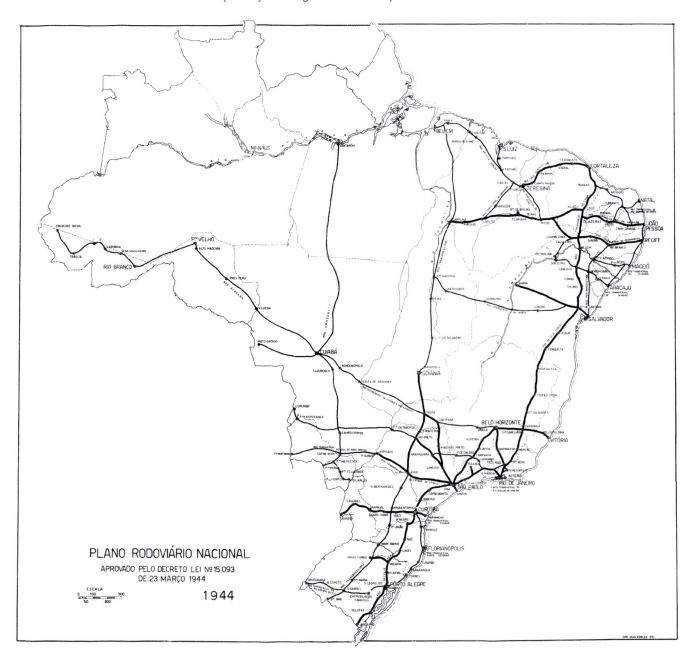

No âmbito do Estado de São Paulo, o que se observa a partir desse período é a consolidação de uma estrutura originada no período anterior, destinada ao desenvolvimento rodoviário. Na gestão do interventor Armando de Sales Oliveira, nomeado por Getúlio Vargas, uma comissão aprimorou um projeto iniciado antes da Revolução de 1932, que fundamentou o Decreto nº 6.529, de 1934, para a criação do Departamento de Estradas de Rodagem (DER)[213].

O DER desenvolveu-se com o apoio do Instituto de Pesquisas Tecnológicas (IPT), criado no mesmo ano, "encarregado da realização de ensaios de materiais e de estudos de estabilidade das estruturas das obras de arte"[214]. A princípio, o DER realizou a construção de autoestrada entre São Paulo e Santos (Via Anchieta), com novo traçado para vencer a Serra do Mar, cujo estudo utilizou levantamento aerofotogramétrico. As obras da Via Anchieta foram lançadas em 1939, sendo inaugurada a primeira pista em 1947 e a segunda, em 1953. A partir de 1940, o DER também construiu a autoestrada entre São Paulo e Campinas (Via Anhanguera), cuja primeira pista até Jundiaí foi completada em 1945; a segunda pista chegou a Jundiaí em 1953 e ambas as pistas alcançaram Campinas só em 1961. Desde 1934, o DER também passou a contar com informações do Cadastro e Estatística de Tráfego para a elaboração de planos rodoviários, o primeiro produzido em 1936.

A construção de rodovias nesse período, como a nova Rio-São Paulo e a Rio--Bahia, facilitou a ocorrência de fluxo migratório com destino a São Paulo, fomentado pelos empregos oferecidos na indústria de substituição de importações, incentivada para desenvolver o setor manufatureiro. "A primeira rede rodoviária de integração nacional, implantada nos anos 1940 e 1950, conferiu à cidade de São Paulo a posição de principal polo industrial e de empregos no país, dando início ao processo de metropolização"[215].

Em 1939, o Plano Especial de Obras Públicas e Aparelhamento da Defesa Nacional, instituído por Getúlio Vargas com o Decreto-Lei nº 1.058, objetivou prover recursos próprios para essas obras, em geral de caráter complementar aos já alocados, "sem afetar o equilíbrio das receitas e despesas públicas correntes"[216]. A taxa sobre operações cambiais foi a principal fonte de recursos desse primeiro plano quinquenal brasileiro. Destaca-se a dotação orçamentária destinada pelo Plano Especial à pavimentação da Estrada Rio-São Paulo, que ampliou a acessibilidade na região Sudeste do Brasil.

Em 1943, o Plano de Obras e Equipamentos, instituído pelo Decreto-Lei nº 6.144, renovou os objetivos do plano anterior, com a constituição de um orçamento especial para garantir "a realização de obras públicas de caráter civil, de acordo com as necessidades mais prementes e segundo o incentivo a indústrias básicas"[217].

Âmbito local

A acumulação de capital gerada no período anterior pela exportação de café promoveu a implantação do principal parque industrial brasileiro em São Paulo, inicialmente voltado para a produção de bens leves e dando início também a processos de urbanização, de formação da classe trabalhadora urbana e de diversificação da produção agrícola, como as culturas de algodão e cana-de-açúcar.

Assim, cresceram em São Paulo empresas industriais criadas por imigrantes europeus, algumas de grande porte, a maioria implantada em bairros próximos à ferrovia, como Brás, Mooca e Penha.

A área urbana expandia-se em todas as direções, ultrapassando o limite demarcado pelos rios Tietê e Pinheiros – especialmente com bairros populares – para abrigar migrantes provenientes em geral do Norte e Nordeste do Brasil:

> "A cidade avançava ao longo dos eixos ferroviários e de algumas das saídas rodoviárias, mas os bairros periféricos eram ligados entre si pelas antigas estradas, devidamente recuperadas, como as do Araçá, das Boiadas, Pompeia, do Oratório e de Sapopemba."[218]

Após 1930, iniciada a expansão rodoviária em resposta à política de integração da economia nacional, pouco foi acrescentado às ferrovias que cortavam a cidade de São Paulo e seus arredores. Destaca-se apenas a construção da ligação Mairinque-Santos, pela Sorocabana, inaugurada em 1937, com o trajeto Mairinque-Evangelista de Souza-Samaritá-Santos, quebrando o monopólio da São Paulo Railway e promovendo a integração com as demais linhas, por ter bitola igual às das estradas de ferro do interior (exceto com a Paulista, com bitola de 1,60 metro, igual à da São Paulo Railway).

Em 1935, a rede de ônibus, que já operava observando alguns critérios estabelecidos pela Prefeitura um ano antes, através do Ato nº 634, contava com 62 linhas, atendendo os mesmos bairros servidos pelos bondes, além de Vila Gomes Cardim, Chácara Itaim, Vila Pompeia, Freguesia do Ó e Vila Guilherme, entre outros.

Por outro lado, sem perspectivas de investimentos desde 1927, a rede de bondes de São Paulo entrava em deterioração. A falta de interesse público pela expansão da rede fez com que, em 1937, a Light informasse à Prefeitura de São Paulo que iria encerrar a prestação do serviço em 1941, na data de término do contrato de concessão[219].

213. REIS, p. 109, [s.d.].
214. REIS, p. 109, [s.d.].
215. REIS, 2004, p. 215.
216. COSTA, 1971, p. 58.
217. COSTA, 1971, p. 77.
218. REIS, 2004, p. 193.
219. SILVA, 2015, p. 116.

As primeiras obras do Plano de Avenidas começavam a ser implantadas com a abertura das avenidas Ipiranga, Nove de Julho e a primeira pista da Rebouças. O Plano de Avenidas teve impulso em 1938, quando Prestes Maia foi nomeado prefeito de São Paulo pelo interventor federal Adhemar de Barros:

> "Além de concluir a Avenida Nove de Julho, uma das principais radiais, deu andamento às obras do primeiro anel perimetral, com a construção das avenidas São Luís, Ipiranga, Mercúrio, Senador Queiroz, Viaduto Da. Paulina e Rua Da. Maria Paula. Do segundo anel perimetral construiu a Avenida Duque de Caxias. Para as radiais, realizou a reforma do Anhangabaú, dando início à abertura da Avenida Prestes Maia e ao prolongamento da Avenida São João, com a abertura da Avenida General Olímpio da Silveira"[220].

Em 1939, às vésperas da Segunda Guerra Mundial, o prefeito Prestes Maia, prevendo o fim da concessão do serviço de bondes da Light, criou a Comissão de Estudos de Transportes Coletivos, para propor a reorganização do transporte coletivo em São Paulo. As conclusões da comissão foram favoráveis ao ônibus, afirmando que causava menos conflitos no trânsito do que o bonde, modo eficiente apenas operando associado a linhas de "trânsito rápido", desnecessárias à cidade até 1950, quando só então sua população atingiria 2 milhões de habitantes[221].

Mas dada a escassez de combustíveis decorrente da Segunda Guerra Mundial, em 1941 a prestação do serviço de bondes foi imposta à Light pelo então presidente Getúlio Vargas, sendo prorrogada a concessão, a um mês de seu término, por tempo indeterminado, com o Decreto-Lei nº 3.366[222].

220. REIS, 2004, p. 198.
221. SILVA, 2015, p. 125.
222. SILVA, 2015, p. 119.
223. REIS, p. 109, [s.d.].
224. COSTA, 1971, p. 96.

Vias para promover a formação da Grande São Paulo

Âmbito externo

O período inicia-se em 1945, ao término da *Era Vargas* (1930-1945), cuja política desenvolvimentista visara à instalação da indústria de base no Brasil, para a produção de aço, alumínio, metais não ferrosos, cimento, álcalis, papel e celulose, borracha, material elétrico pesado, mecânica pesada e veículos automotores, promovendo especialmente o desenvolvimento do setor siderúrgico, com a criação, em 1942, das companhias Vale do Rio Doce e Siderúrgica Nacional.

Em outubro de 1945, com a derrubada de Getúlio Vargas, o presidente do Supremo Tribunal Federal, José Linhares, foi convocado pelas Forças Armadas a exercer a Presidência da República do Brasil. Em dezembro de 1945, José Linhares deu impulso à implantação de rodovias, com a criação do Fundo Rodoviário Nacional, pelo Decreto-Lei nº 8.463 – encaminhado pelo então ministro da Viação e Obras Públicas, Maurício Joppert da Silva. A nova fonte de recursos federais, provenientes de imposto único aplicado sobre lubrificantes e combustíveis líquidos, conferia autonomia técnica e financeira ao DNER, destinando-lhe 40% do montante arrecadado, sendo os restantes 60% remetidos aos Estados, garantindo, assim, "autonomia financeira aos órgãos rodoviários"[223].

Mas no governo seguinte, do presidente Eurico Gaspar Dutra (1946-1951), diversos entraves ao desenvolvimento foram se alinhando. Em 1946, a base financeira do Plano de Obras e Equipamentos foi comprometida com a extinção da taxa sobre operações cambiais, criada em 1937. Inserida no processo de redemocratização do país, uma comissão interpartidária foi criada para elaborar um novo plano governamental. Proposto com foco em saúde, alimentação, transporte e energia, o Plano SALTE foi concluído em 1948, mas instituído apenas em 1950, pela Lei nº 1.102, acrescido de muitas emendas resultantes das longas tramitações no Congresso Nacional, para articular os poderes Executivo e Legislativo na sua aprovação[224].

O Plano SALTE, primeiro plano de caráter *impositivo-indicativo*, estendeu-se durante dez anos, ao ser utilizado também no governo seguinte, de Getúlio Vargas, mas apenas como instrumento de autorização de obras e empreendimentos. Porém, dificuldades na execução e no controle das ações do Plano SALTE, principalmente por conflitos de competência, prejudicaram sua implementação. Em especial, destacam-se os entraves decorrentes da atribuição à Divisão de Orçamento e Organização do Departamento Administrativo do Serviço Público (DASP) de elaborar a proposta orçamentária e dispor sobre a distribuição dos recursos do plano, função que sempre fora da Comissão de Orçamento do Ministério da Fazenda.

Como ações relevantes à acessibilidade de São Paulo no período – além da inauguração, em 1951, da nova Rodovia Rio-São Paulo, também chamada de Rodovia Presidente Dutra – destacam-se o prosseguimento das obras do Tronco Principal Sul da rede ferroviária, principal interligação entre Rio de Janeiro, São Paulo, Porto Alegre e Rio Grande do Sul; e a realização de melhoramentos na Estrada de Ferro Central do Brasil[225].

As dificuldades do governo Gaspar Dutra também se revelaram na atualização do Plano Geral de Viação Nacional, que datava de 1934, não tendo sido aprovada proposta encaminhada ao Congresso Nacional, em 1948, de um único *Plano Nacional de Viação* – elaborado por Comissão do Ministério da Viação e Obras Públicas, abrangendo todos os modos de transporte: ferroviário, rodoviário, aeroviário e fluvial. Em 1951, Edison Passos, relator do Plano Nacional de Viação na Câmara dos Deputados, propôs um plano substitutivo, que o Poder Legislativo também não aprovou (Figuras 50, 51 e 52). A partir daí, a aprovação de um Plano Nacional de Viação foi uma medida que tardaria 18 anos para se realizar no Brasil.

Em 1956, durante o governo de Juscelino Kubitschek de Oliveira (1955-1960), foi desenvolvido o Programa de Metas, um plano do tipo *indicativo*, "com a definição explícita dos elementos essenciais a um Programa de Desenvolvimento Econômico"[226].

Através do artigo 20 da Lei nº 2.975 aprovou-se, a título provisório, um *Plano Ferroviário Nacional* e um *Plano Rodoviário Nacional* (Figuras 53 e 54), para serem incluídos no Programa de Metas, enquanto o Poder Legislativo não aprovasse um Plano de Viação Nacional.

225. COSTA,1971, p. 132.
226. COSTA, 1971, p. 153.

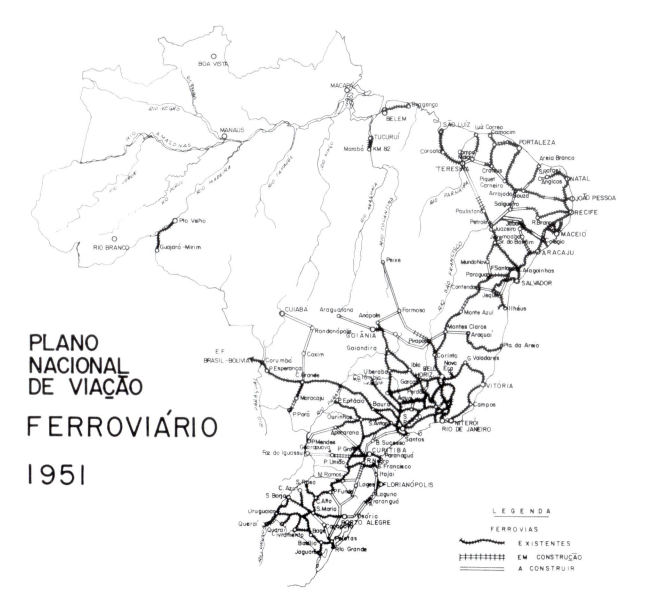

50. Plano Nacional de Viação: Ferroviário – 1951.

O Plano Nacional de Viação elaborado em 1951 propõe o adensamento da rede ferroviária que liga São Paulo ao Centro-Sul e sua integração à rede de trens que serve as regiões Norte e Nordeste do país.
FONTE: BRASIL. Ministério dos Transportes (1974).
Reprodução de figura autorizada pelo Ministério da Infraestrutura.

51. Plano Nacional de Viação: Rodoviário – 1951.

A rede rodoviária que passa por São Paulo atende a costa leste brasileira, mas o Plano Nacional de Viação de 1951 desenha sua expansão para todo o território nacional.
FONTE: BRASIL. Ministério dos Transportes (1974).
Reprodução de figura autorizada pelo Ministério da Infraestrutura.

52. Plano Nacional de Viação: Navegação Fluvial – 1951.

O Plano Nacional de Viação proposto em 1951 localiza, nas proximidades da cidade de São Paulo, a construção de canal para interligação das bacias dos rios Tietê e Paraíba do Sul, cuja navegabilidade, a depender de obras, viabilizaria o transporte fluvial entre São Paulo, Rio de Janeiro, Minas Gerais, Paraná e Mato Grosso do Sul.
FONTE: BRASIL. Ministério dos Transportes (1974). Reprodução de figura autorizada pelo Ministério da Infraestrutura.

53. Plano Ferroviário Nacional – 1956.

O Plano Ferroviário Nacional de 1956 estabelece a expansão de tronco principal ferroviário entre São Paulo e Engenheiro Gutierrez, no Paraná, além de outras obras para ampliar o transporte sobre trilhos nas regiões Centro-Sul, Norte e Nordeste.
FONTE: BRASIL. Ministério dos Transportes (1974).
Reprodução de figura autorizada pelo Ministério da Infraestrutura.

54. Plano Rodoviário Nacional – 1956.
O Plano Rodoviário Nacional de 1956 determina a pavimentação das rodovias de acesso a São Paulo e o adensamento e melhoria da rede em grande parte do território nacional.
Fonte: BRASIL. Ministério dos Transportes (1974). Reprodução de figura autorizada pelo Ministério da Infraestrutura.

Nesse mesmo governo, não só o desenvolvimento da indústria de base, mas principalmente a construção de Brasília e a intenção de formar um mercado integrado em escala nacional justificaram a necessidade de uma rede rodoviária interligando a nova capital do país a diversos Estados brasileiros, constituindo a Meta 8 – pavimentação asfáltica de 5.800 km de rodovias (meta inicial 3.500 km) – e a Meta 9 – construção de 13.000 km de rodovias (meta inicial de 12.000 km).[227]

A possibilidade da pavimentação asfáltica em grande escala havia surgido em 1954, com a criação da Petrobras, quando a oferta de asfalto aumentou no Brasil, substituindo a pavimentação em concreto utilizada desde 1926, com vantagem no custo e no tempo de execução das obras viárias[228].

Em abril de 1956, Juscelino autorizou a constituição da indústria automobilística, lançando a Meta 27 do programa de governo. Em livro que explica por que construiu Brasília, Juscelino escreve:

"Elaborou-se um projeto de decreto, através do qual eram criadas as condições cambiais e financeiras que regulariam as inversões naquele setor e estimulariam o rápido estabelecimento de fábricas de jipes e caminhões no país. Criei então o Grupo Executivo da Indústria Automobilística (GEIA), que logo se pôs em ação. Em junho, chegou ao Brasil o Sr. E. Riley, diretor-geral da General Motors Corporation, a fim de estudar a possibilidade de instalação, em São José dos Campos, no Estado de São Paulo, de uma fábrica planejada para atingir, até 1963, a produção de 100 mil veículos anualmente"[229].

Em poucos meses, o país contava com o compromisso da Willis-Overland para produzir jipes; da Vemag, caminhonetes e furgões; e da Mercedes-Bens, caminhões de porte médio movidos a óleo diesel. Antes da instalação dessas empresas no Brasil, até 1955, para a fabricação de veículos motorizados realizava-se apenas a montagem de peças importadas. Em 1959, já estavam em funcionamento, ou sendo instaladas, 14 fábricas de veículos, dentre elas a Fábrica Nacional de Motores (FNM) (caminhões pesados e automóveis), a Ford e a General Motors (caminhões leves e médios), a Internacional Harvester (caminhões leves), a Mercedes-Bens (caminhões pesados, médios e ônibus), a Scania Vabis (caminhões pesados), a Simca (automóveis), a Toyota (jipes), a Vemag (caminhonetes, automóveis e jipes) e a Willis (caminhonetes, jipes e os automóveis Aero-Willis e Dauphine-Renault), gerando 35 mil empregos, além de cerca de 1.200 fábricas de autopeças, envolvendo 105 mil empregos – tendo produzido, em 1960, 65 mil caminhões, 25 mil jipes, 20 mil utilitários e 30 mil automóveis[230].

Como consequência da implantação do sistema integrado de rodovias e da produção de veículos "passou a predominar o transporte em caminhões e teve início o transporte de passageiros em ônibus rodoviários e em caminhões, os famosos paus-de--arara"[231].

156   O Desenho de São Paulo por seus Caminhos

As metas do governo Juscelino referentes à Rede Ferroviária Federal S.A. (RFF-SA) – criada em 1957 para assumir o controle do transporte ferroviário – foram mais austeras. A implementação da Meta 6, para o reaparelhamento da rede, e da Meta 7, para a construção de novas linhas, resultou, até 1958, na duplicação de locomotivas diesel-elétricas, no aumento de cerca de 10 mil vagões de carga, em grande parte de fabricação nacional, em 480 novos carros de passageiros, na substituição de quase 600 km de trilhos, além da construção de pouco mais de 800 km de novas linhas – constituindo em parte o programa de construção de linhas prioritárias, que incluía o Tronco Principal Sul (TPS), para ligar, em bitola larga, São Paulo a Porto Alegre[232].

Enfim, o período que coincide com o governo de Juscelino destaca-se não apenas pela expansão rodoviária, mas também pela implantação da indústria pesada e crescimento do mercado de trabalho urbano:

> "[...] os bens de consumo não duráveis, que em 1919 perfaziam 76% da produção industrial, passaram, em 1959, a 53%; os bens intermediários, de 22% para 34%; e os bens de capital e de comércio durável, de menos de 2% para 13% [...] entre 1940 e 1950 o setor urbano aumentou em 1,5 milhão seus empregos, enquanto o rural crescia em apenas 0,5 milhão; entre 1950 e 1960 as cifras respectivas seriam de 3,6 milhões e 2,0 milhões"[233].

No Estado de São Paulo, no período 1940-1960, o emprego rural reduziu-se de 59% para 33%; o emprego industrial cresceu de 16% para 23%; e o emprego terciário subiu de 25% para 44%. A taxa de urbanização aumentou de 44% para 63%, sendo de 4,8% a taxa de crescimento anual da população urbana. Essa taxa de urbanização seria ainda "suportável" porque

> "[...] se deu em paralelo com uma formidável incorporação de mão de obra e com assentamentos humanos bastante concentrados na Capital de São Paulo. O forte aumento do emprego com mobilidade social proporciona, ao centro urbano onde ocorre, arrecadação fiscal também crescente e recursos aos municípios para resolver boa parte de suas próprias carências sociais. Por outro lado, o até então não espraiamento dos assentamentos populares (conurbação pouco acentuada e baixa periferização em relação ao município da Capital de São Paulo) permitia ainda ao Estado prover serviços públicos urbanos a custos aceitáveis"[234].

227. BRASIL, 1958, p. 43.
228. SILVA & CARNEIRO, 2014, p. 16.
229. OLIVEIRA, 1975, p. 71-72.
230. MELLO & NOVAIS, 2009, p. 31.
231. REIS, 2004, p. 194.
232. BRASIL, 1958, p. 35-41.
233. CANO, 2011, p. 153.
234. CANO, 2011, p. 160-161.

A concentração de investimentos industriais, especialmente em São Paulo, e a correspondente expansão local de empregos, bem como a ampliação da integração rodoviária do território nacional, coincidiram com grave seca nordestina (1958-1959) e com o êxodo da população rural. Assim, na década seguinte ao governo Juscelino, conviveram no cenário brasileiro avanços na integração do território nacional, na indústria de base e correspondentes empregos, espacialmente concentrados no Sudeste, surgindo conflitos decorrentes do aumento dos fluxos migratórios inter-regionais e urbano-rurais, dos baixos salários dos trabalhadores, de carências sociais e urbanas, de desequilíbrios regionais e da não reforma agrária, entre outros[235].

Âmbito local

Em 1945, finda a Segunda Guerra, foi revogado pelo presidente em exercício, ministro José Linhares, o Decreto-Lei nº 3.366, que obrigara a Light, desde 1941, a operar o serviço de bondes em São Paulo. José Linhares também ordenou o prosseguimento dos entendimentos para a transferência do serviço de transporte prestado pela Light, cuja rede de bondes já possuía 453,3 quilômetros de trilhos (soma das rotas de ida e volta em cada linha) em 1943.

Em consonância com as decisões do governo federal, o prefeito de São Paulo na época, Abrahão de Moraes, após análise da Comissão de Estudos de Transporte Coletivo criada por Prestes Maia, apresentou ao interventor federal em São Paulo, José Carlos de Macedo Soares, uma exposição de motivos que recomendava a constituição de sociedade de economia mista, possivelmente sob forma de sociedade anônima, denominada Companhia Municipal de Transporte Coletivo (CMTC), para operar, de forma coordenada, bondes, ônibus, trólebus e até mesmo *trânsito rápido*, quando implantado. A possibilidade de inclusão de linhas de trânsito rápido na rede a ser operada pela CMTC era compatível com o conjunto de modos de transporte previstos no Plano de Avenidas, a cujo desenho haviam sido acrescentadas linhas de metrô em 1929.

O processo de fundação da CMTC iniciou-se em 1946, com o Decreto-Lei estadual nº 15.958, concedendo à Prefeitura de São Paulo licença para tanto, além do monopólio de gestão e operação do serviço de transporte coletivo de São Paulo por 30 anos. Em 12 de março de 1947, o acervo de bondes foi transferido para a CMTC,

235. CANO, 2011, p. 151-157.
236. SILVA, 2015, p. 135-137.
237. SILVA, 2015, p. 139-143.
238. HOCHTIEF-MONTREAL-DECONSULT, 1968, p. 11.

empresa de economia mista formalmente criada no dia seguinte, com a maior parte das ações da Prefeitura de São Paulo. Outra parte das ações ficou com a Light, em pagamento pelos bondes, instalações fixas, via permanente e rede elétrica de alimentação. As ações restantes foram dadas às empresas de ônibus, pela transferência de seus bens e veículos à CMTC. Como a CMTC sempre foi deficitária, a Light e as antigas empresas de ônibus nunca foram indenizadas por receber ações sem valor[236].

A CMTC começou a operação das linhas de transporte público em junho de 1947, aumentando a frota inicial de veículos com a compra de bondes usados, trólebus e ônibus novos. Em agosto do mesmo ano, a CMTC aumentou o valor da tarifa dos bondes, há 75 anos congelada, de 200 para 500 réis. Mesmo assim, a passagem do bonde custava a metade da passagem do ônibus de 1.000 réis. Entre 1950 e 1952, a CMTC reformou veículos de sua frota, fechando bondes abertos, instalando prolongamentos verticais nos escapes da fumaça dos ônibus e implantando abrigos para ônibus na área central da cidade. Durante o ano de 1952, lei federal inviabilizou a importação de peças utilizadas na manutenção de bondes e ônibus, levando à prática de *canibalização* de alguns veículos para a manutenção dos demais e criando oportunidade para o aparecimento do transporte clandestino, realizado com caminhões apelidados *paus-de-arara*. A manutenção da frota da CMTC foi retomada em 1953, quando a compra de peças passou a ser financiada pelo Banco do Brasil. Entre 1953 e 1955, o prefeito Jânio da Silva Quadros expandiu a rede de bonde, totalizando, em 1956, 782,1 quilômetros, montante correspondente à soma do comprimento de todas as linhas, incluindo trechos de linhas com rotas coincidentes. Para operar tal rede, Jânio deu continuidade ao crescimento e melhoria da frota, reformando e construindo bondes nas oficinas da CMTC. Também comprou trólebus, novos e usados, de tração elétrica, que iriam substituir os bondes, para a *modernização* do transporte da cidade. Mas durante o mandato do prefeito Adhemar de Barros, a CMTC, sem investimentos no serviço de transporte coletivo, tornou-se deficitária. Em consequência, o serviço da CMTC foi compartilhado com empresas privadas permissionárias, para compensar a falta de investimentos públicos no setor[237].

Data desse período a gênese da Rede Básica de metrô, implantada pela Prefeitura de São Paulo décadas depois. De fato, linhas semelhantes às da Rede Básica foram propostas por Mário Lopes Leão, em monografia de 1945, *O metropolitano em São Paulo* (Figura 55), premiada pelo Instituto de Engenharia. Concebido de modo a conciliar com o Plano de Avenidas, o *metropolitano* também apresentava um Anel de Irradiação articulando quatro linhas radiais – nas direções norte, para a Cantareira; leste, para a Penha; sul, para a Vila Mariana, com bifurcação para Jabaquara e para Santo Amaro; e sudoeste, para Pinheiros –, além de um túnel de acesso à estação de trem Júlio Prestes, da Sorocabana, construída em 1938, nas proximidades da Estação da Luz, para transferência do café, proveniente do interior paulista, para os trens da São Paulo Railway que se destinavam ao Porto de Santos[238].

55. O metropolitano de São Paulo – 1945.

FONTE: LISBOA, Leonardo Cleber Lima (2019). Reprodução de figura cedida por Leonardo Cleber Lima Lisboa.

LEGENDA
— Metrô (linhas propostas)
— Ferrovia (serviço urbano e carga)
— Ferrovia (carga)
▨ Área urbanizada (até 1949)
— Principais rios e represas (referência atual)

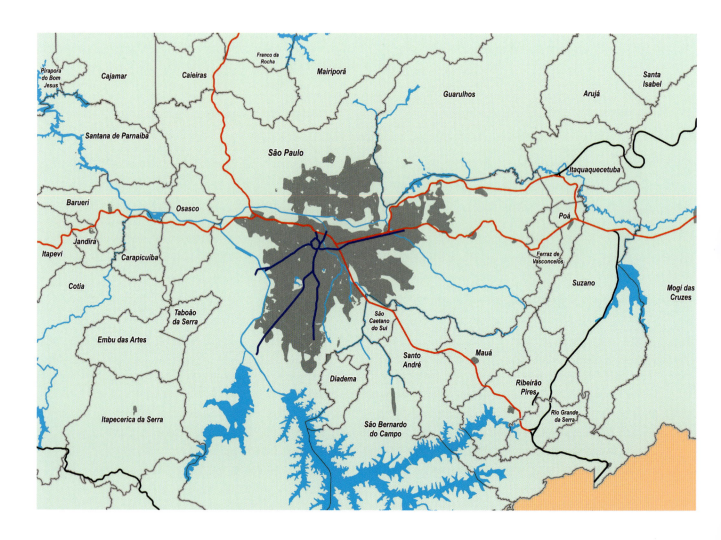

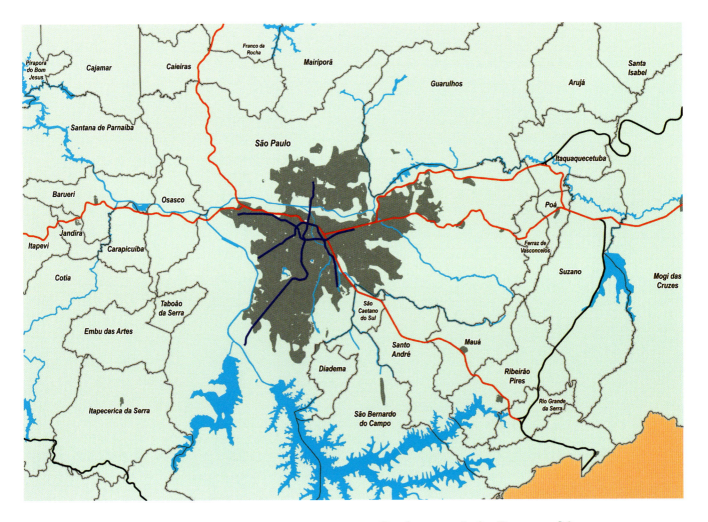

56. Rede de metrô da Companhia Geral de Engenharia – 1948.
FONTE: LISBOA, Leonardo Cleber Lima (2019). Reprodução de figura cedida por Leonardo Cleber Lima Lisboa.

Em seguida, em 1948, outra proposta com traçado semelhante ao da Rede Básica foi elaborada pela Companhia Geral de Engenharia (Figura 56), contratada pela Prefeitura de São Paulo para desenvolver um projeto de metropolitano. A rede de metrô submetida à Prefeitura era composta por três linhas: Norte-Sul, entre Ponte Pequena e Santo Amaro; Leste-Oeste, da Lapa até o Brás, passando pelo Pacaembu; e Diametral, entre Pinheiros e Ipiranga, contornando a área central[239].

Atualizando a proposta de metrô introduzida, em 1929, no Plano de Avenidas, o *Ante-Projeto de um Sistema de Trânsito Rápido Metropolitano* (Figura 57) elaborado em 1956 por comissão da Prefeitura de São Paulo sob a chefia de Prestes Maia apresentava três linhas: Norte-Sul, de Santana a Santo Amaro, com bifurcação para o Tucuruvi e Guarulhos; Leste-Oeste, entre Vila Matilde e Lapa, até Osasco, com ramal chegando até Pirituba; e Sudeste-Sudoeste, entre o ABC e Pinheiros, seguindo em direção ao Taboão da Serra e Itapecerica da Serra[240].

Em termos ferroviários, ao longo da margem direita do Rio Pinheiros foi construído, entre 1952 e 1957, o ramal sul da Estrada de Ferro Sorocabana, de modo a reduzir o trajeto da linha de trem entre São Paulo e Santos. A presença do ramal "conferiu uma nova importância industrial ao bairro de Santo Amaro, onde foram instaladas indústrias modernas depois de 1945"[241].

Outra mudança ocorreu em 1957, na gestão do sistema ferroviário, com a criação, pelo governo federal, da RFFSA, que, em São Paulo, assumiu a Estrada de Ferro Santos-Jundiaí e a Central do Brasil.

Em termos rodoviários, foi importante para a cidade de São Paulo a pavimentação da Rodovia Fernão Dias (São Paulo-Belo Horizonte), inaugurada em 1954 (ano do quarto centenário da cidade) e da Régis Bittencourt (de São Paulo até a divisa de Santa Catarina, passando por Curitiba), iniciada em 1956 pelo DNER, prosseguida e finalizada durante os governos de Juscelino Kubitschek (1956-1961) e João Goulart (1961-1964).

São Paulo também recebeu na época investimentos públicos em redes de infraestrutura e energia elétrica, para se adequar à implantação dos grandes projetos oficiais de desenvolvimento industrial, com participação de capital internacional, dando prioridade à indústria automobilística. As novas fábricas localizaram-se junto às rodovias, especialmente na Dutra e na Anchieta, em municípios próximos à capital paulista.

A saída dos assentamentos industriais para a periferia da cidade também atraiu muitos moradores para municípios vizinhos a São Paulo. Com isso, "São Paulo tornou-se

---

239. HOCHTIEF-MONTREAL-DECONSULT, 1968.
240. HOCHTIEF-MONTREAL-DECONSULT, 1968.
241. REIS, 2004, p. 194.

O Desenho de São Paulo por seus Caminhos

57. Ante-Projeto de um Sistema de Trânsito Rápido Metropolitano – 1956.

FONTE: LISBOA, Leonardo Cleber Lima (2019). Reprodução de figura cedida por Leonardo Cleber Lima Lisboa.

LEGENDA
— Metrô (linhas propostas)
— Ferrovia (serviço urbano e carga)
— Ferrovia (carga)
   Área urbanizada (até 1949)
   Área urbanizada (de 1949 a 1962)
— Principais rios e represas (referência atual)

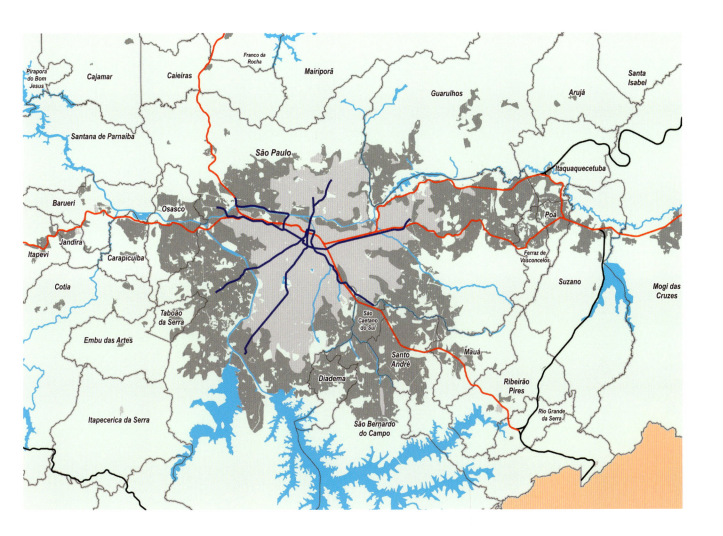

CAMINHÕES E ÔNIBUS 163

um dos principais centros urbanos e industriais em escala mundial"[242], iniciando a formação de uma região metropolitana.

As unidades de produção que começaram a se implantar junto às rodovias, tanto as que para lá transferiram suas instalações quanto novas empresas, catalisaram a urbanização de áreas periféricas para abrigar a mão de obra. Mas, ao contrário dos estabelecimentos dos anos 1930, essas empresas não construíram *vilas operárias* – condição que, no passado, permitira a redução das despesas dos trabalhadores, mas também os salários. Dessa vez, além de envolver um número muito maior de operários, o crescimento industrial paulista alimentou importante fluxo migratório, que redundou na formação de uma força de trabalho abundante e barata, principalmente nas décadas seguintes, garantindo a produção de um excedente elevado e tornando desnecessário manter os trabalhadores morando próximo das empresas.

Para acompanhar a localização dos novos assentamentos industriais, operários e migrantes, utilizando seus próprios recursos, ocuparam loteamentos, até mesmo clandestinos e irregulares, na periferia da capital paulista, que se expandiu sem a correspondente ampliação de grande parte dos serviços públicos. Assim, a qualidade de vida dos moradores da periferia passou a ser prejudicada tanto pela desorganização dos espaços urbanos que caracterizavam os novos bairros afastados quanto pela falta de infraestrutura e demais serviços de uso coletivo – cuja oferta se mantinha circunscrita à área mais central da cidade, localização da demanda solvável.

Seguindo uma estratégia de duas etapas, característica da dinâmica de valorização-especulação do sistema imobiliário-construtor, o crescimento da periferia paulistana foi baseado no transporte público. A venda e ocupação de terras virgens foi viabilizada pela presença de linhas de ônibus, implantadas em ruas em geral não pavimentadas, que alcançavam loteamentos isolados, abertos em áreas afastadas dos limites da trama viária consolidada, de modo a criar *vazios urbanos*. Após a valorização das terras localizadas nesses vazios – resultado do crescimento da demanda habitacional, mas também da passagem de serviços públicos implantados por reivindicação dos moradores dos loteamentos isolados –, outros parcelamentos de solo eram abertos nos vazios urbanos, completando a segunda etapa da estratégia de ocupação. Esse *modus operandi* rendia aos especuladores imobiliários a captação da valorização decorrente de investimentos em serviços públicos, aplicados na urbanização das terras loteadas. Tal forma de incorporação de loteamentos à mancha urbana previamente existente resultou num traçado irregular e desconexo de vias, numa "aparente desordem do crescimento da cidade", que

> "[...] encobre, no entanto, a organização da sociedade. Por traz dos 'problemas urbanos' está a vida dos habitantes da cidade, que se organiza na repartição dos benefícios do desenvolvimento e na distribuição do preço a pagar [...] As empresas transferem assim o custo da moradia (aquisição, aluguel, conservação do imóvel) e os de transporte para o próprio

trabalhador e os custos dos serviços urbanos básicos, quando existentes, para o âmbito do Estado"[243].

A pressão dos moradores das áreas periféricas sobre o poder público, na busca de melhores condições urbanas e de moradia, foi explorada por prefeitos populistas, como Jânio Quadros (1953-1955), promovendo a barganha de votos pelo atendimento de algumas melhorias locais e isoladas[244].

Opondo-se a essa política *clientelista*, o prefeito Wladimir de Toledo Piza (1956-1957) contratou a Sociedade para a Análise Gráfica e Mecanográfica Aplicada aos Complexos Sociais (SAGMACS), empresa fundada em 1947 pelo frei francês da Ordem dos Dominicanos, Louis-Joseph Lebret, para orientar o planejamento de ações de longo prazo destinadas a melhorar as condições de vida da população e conduzir a expansão da mancha urbana e o desenvolvimento econômico, social e urbanístico da metrópole em formação. A SAGMACS realizou, entre 1956 e 1958, o estudo *Estrutura urbana da aglomeração paulistana: estruturas atuais e estruturas racionais, envolvendo a Grande São Paulo*[245].

Na introdução do relatório da SAGMACS há importantes considerações sobre o processo de produção do espaço paulistano:

"Não se pensou jamais São Paulo como grande cidade. Os processos de crescimento que apresentam já muitos inconvenientes nos núcleos pioneiros que se transformam em pequena cidade e, depois, em cidade média, desenvolveram-se aqui em escala gigantesca: a via férrea separou os bairros vizinhos; a expansão processou-se anarquicamente ao sabor dos loteamentos; grandes espaços necessários à organização de um centro de cidade cada vez

242. REIS, 2004, p. 190.
243. CAMARGO *et al.*, 1976, p. 21-62.
244. WEFFORT, 1978.
245. O relatório da SAGMACS introduz novas denominações para delimitações territoriais de municípios conurbados ou com inter-relações significativas: Aglomeração Paulistana (Santo André, São Bernardo do Campo, São Caetano do Sul e Guarulhos); Great São Paulo (municípios da *Aglomeração Paulistana*, Ferraz de Vasconcelos, Poá, Suzano, Mogi das Cruzes, Mauá, Ribeirão Pires, Itapecerica da Serra, Cotia, Barueri, Santana de Parnaíba, Franco da Rocha e Mairiporã); *Greater São Paulo* (municípios da Great São Paulo, municípios paulistas do Vale do Paraíba, Cubatão, Santos, Guarujá, São Vicente, Itanhaém, Jundiaí, Campinas, Americana, Piracicaba, Rio Claro, Limeira, São Carlos, Araraquara, Jaú, Bauru, Botucatu, Sorocaba e São Roque). O *Greatest São Paulo* corresponde ao conjunto de municípios de todo o Estado. LEBRET, 1958, p. 14.

mais importante não foram nunca reservados ou não o foram o quanto convinha; circulares sucessivas jamais tiveram existência, com exceção de uma tentativa de extensão no caso da primeira perimetral; centros secundários, terciários e elementares formam-se espontaneamente como centros comerciais, ao longo de arruamentos mal delineados.

O processo de formação de São Paulo foi até hoje um processo anárquico. A insensibilidade aos erros que vão paulatinamente se incrustando na estrutura urbana e acabam por se institucionalizar é, na verdade, reflexo e decorrência da inatenção e insensibilidade face a fatos e elementos que deveriam ser considerados como fundamentais para qualquer organização social ou vida coletiva. Para nós, a desordem urbana revela falhas graves na interpretação da própria Constituição Federal. Ela é a tradução, no terreno prático, da atenção unilateral e absoluta que se dá ao direito de propriedade, declarado no texto constitucional, mas sem se levar em menor conta a cláusula que o submete à utilidade social, que é o elemento capaz de assegurar e garantir o bem estar coletivo"[246].

O levantamento de dados realizado pela SAGMACS permitiu mapear o uso e ocupação do solo da aglomeração paulistana em meados da década de 1950. O mapa da localização do comércio evidenciou sua concentração na área central da cidade e em alguns centros secundários dela afastados, mas também revelou a distribuição linear de atividades terciárias ao longo de vias mal traçadas. O levantamento dos terrenos industriais confirmou a tendência de ocupação das margens das rodovias Anchieta e Dutra para a implantação de modernas atividades do setor secundário (Figuras 58 e 59).

Programado para fundamentar o planejamento de uma distribuição espacial equilibrada de equipamentos urbanos, numa aglomeração urbana multipolar, o estudo da SAGMACS contém um amplo levantamento de campo sobre a oferta de serviços públicos e sobre a ocupação e características das habitações. No diagnóstico das condições de moradia da população, realizado para orientar o planejamento urbano do território como um todo, levando em consideração a realidade social de seus habitantes, os resultados foram representados em diagramas apelidados *margaridas*[247] (Figuras 60 e 61). A dimensão de cada *pétala* quantificava a correspondente carência no bairro ou na habitação, sendo produzidas 364 margaridas, uma para cada *unidade elementar de pesquisa* (307 no município de São Paulo, 23 em Santo André, 17 em São Bernardo do Campo, 12 em São Caetano do Sul e 5 em Guarulhos) (Figuras 62 e 63).

246. LEBRET, 1958, p. 3 e 4.
247. Diagramas utilizados para representar características locais dominantes, como a área e o número de famílias por habitação; a presença de unidades comerciais, de áreas verdes, de equipamentos de educação, saúde, esportivos e de lazer; o padrão das edificações e do sistema viário; e a oferta de transporte público e demais serviços de infraestrutura.

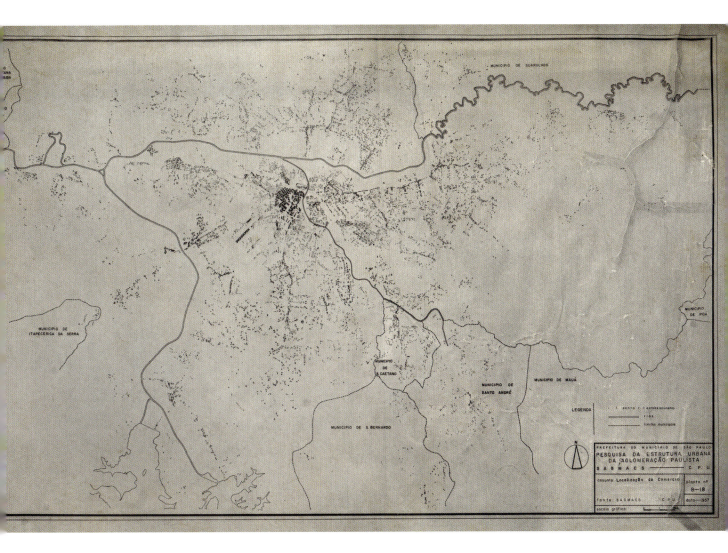

58. Localização do comércio – 1957.
FONTE: LEBRET, Louis-Joseph (coord.) (1958). Reprodução de figura autorizada pela Coordenadoria de Gestão Documental da Secretaria Executiva de Gestão da Prefeitura de São Paulo.

CAMINHÕES E ÔNIBUS

59. Localização dos terrenos industriais – 1957.

FONTE: LEBRET, Louis-Joseph (coord.) (1958). Reprodução de figura autorizada pela Coordenadoria de Gestão Documental da Secretaria Executiva de Gestão da Prefeitura de São Paulo.

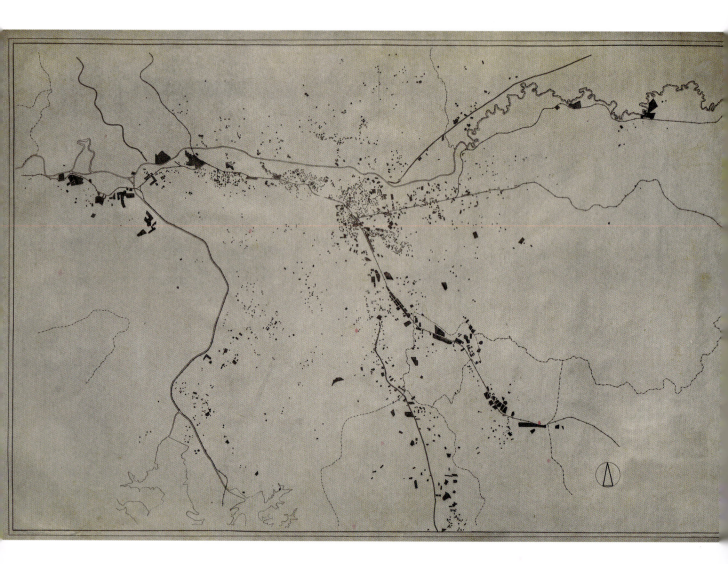

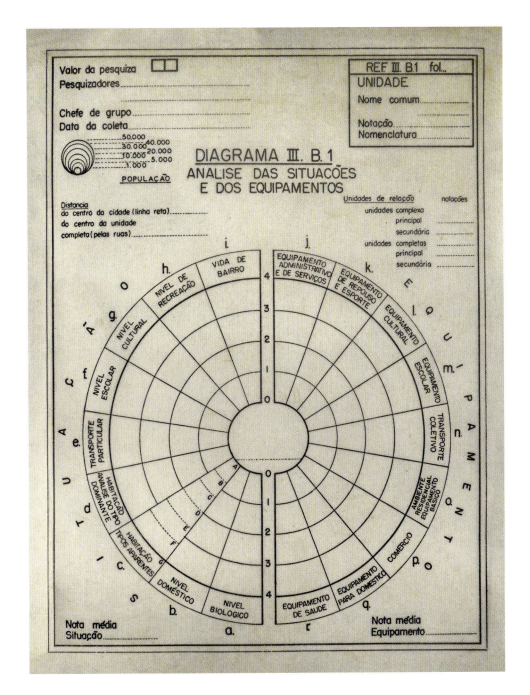

60. Diagrama usado para a análise das situações e dos equipamentos.
FONTE: LEBRET, Louis-Joseph (coord.) (1958). Reprodução de figura arquivada na Biblioteca da Faculdade de Arquitetura e Urbanismo da Universidade de São Paulo, autorizada pela Coordenadoria de Gestão Documental da Secretaria Executiva de Gestão da Prefeitura de São Paulo.

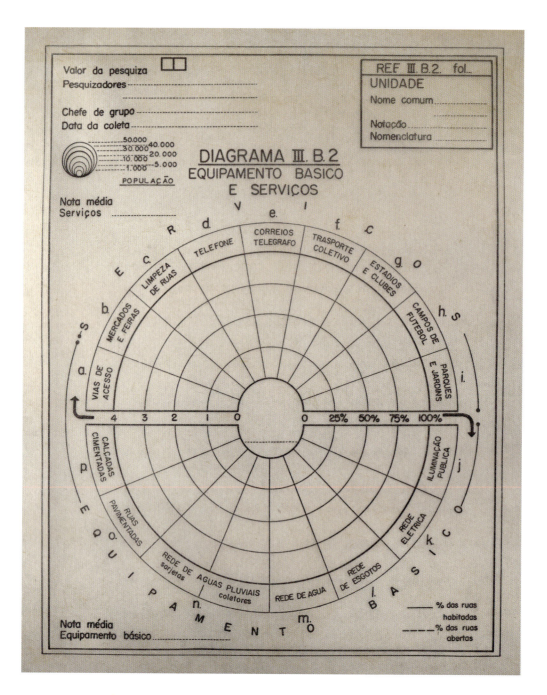

61. Diagrama usado para a análise de equipamentos básicos e serviços.
FONTE: LEBRET, Louis-Joseph (coord.) (1958).
Reprodução de figura arquivada na Biblioteca da Faculdade de Arquitetura e Urbanismo da Universidade de São Paulo, autorizada pela Coordenadoria de Gestão Documental da Secretaria Executiva de Gestão da Prefeitura de São Paulo.

62. Representação espacial do tipo dominante de habitação – 1957.

FONTE: LEBRET, Louis-Joseph (coord.) (1958). Reprodução de figura autorizada pela Coordenadoria de Gestão Documental da Secretaria Executiva de Gestão da Prefeitura de São Paulo.

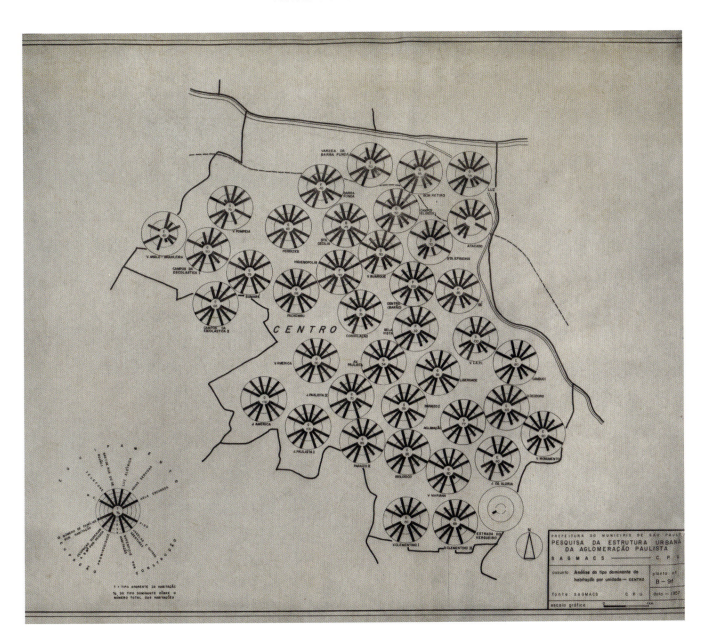

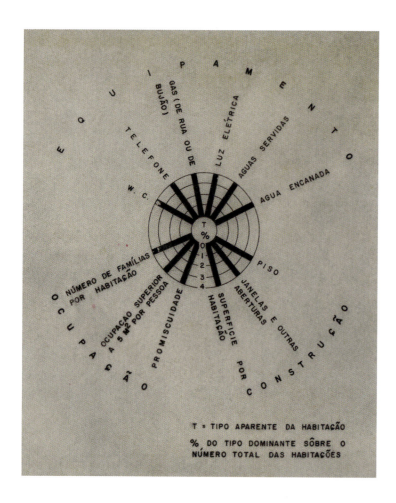

63. Diagrama usado na representação espacial do tipo dominante de habitação (detalhe).
FONTE: LEBRET, Louis-Joseph (coord.) (1958).
Reprodução de figura autorizada pela Coordenadoria de Gestão Documental da Secretaria Executiva de Gestão da Prefeitura de São Paulo.

Um dos aspectos tratados no estudo da SAGMACS refere-se ao tempo de deslocamento entre a moradia e o local de trabalho, apresentado na *Secção 12 – Deslocamentos para o trabalho*, com destaque para a planta de curvas isócronas para se chegar ao centro principal, por transporte coletivo, na hora de maior afluxo. Com informações levantadas conforme a folha VI-A do questionário (aplicado a filhos de trabalhadores que frequentavam o 3º e o 4º ano do curso primário, com perguntas sobre o local, o modo e o tempo de viagem de ida e volta dos pais ao trabalho), o estudo apontou como principais deficiências:

"Na Zona Norte: Falta de emprego local e de comunicações mais rápidas para a zona atual de trabalho, ao longo das ferrovias. Na Zona Leste: Grande falta de emprego local. Sobretudo na região de Itaquera e na zona de influência da Penha, onde se verificam as maiores durações de deslocamentos, chegando em vários pontos a 4 horas. Na Zona Sul da Saúde, o problema é também bastante agudo: entre 2 e 3 horas. Na zona do Ibirapuera e na zona de influência de Pinheiros, também se verificam durações longas de deslocamento. No caso da zona do Ibirapuera, grande parte do emprego é no centro principal, impondo-se por-

172 O Desenho de São Paulo por seus Caminhos

tanto uma ligação rápida para o mesmo. [...] a zona interna à isócrona de 1 hora, que pode ser considerada satisfatória, corresponde aproximadamente à zona denominada centro, mais a região próxima de Brás-Mooca. E esta zona também se assemelha à zona satisfatória de níveis coletivos de vida e de equipamentos e serviços básicos. [...] Considerando que 1 hora seria o limite aceitável, vemos que 41,6% da população paulistana está em condições insatisfatórias. Deve-se observar, também, que o tempo considerado é o de uma viagem de ida e volta. Uma parcela da população trabalha em dois períodos, vindo almoçar em casa, o que multiplica por dois o tempo consumido em transporte por dia"[248]. (Figuras 64, 65, 66, 67 e 68).

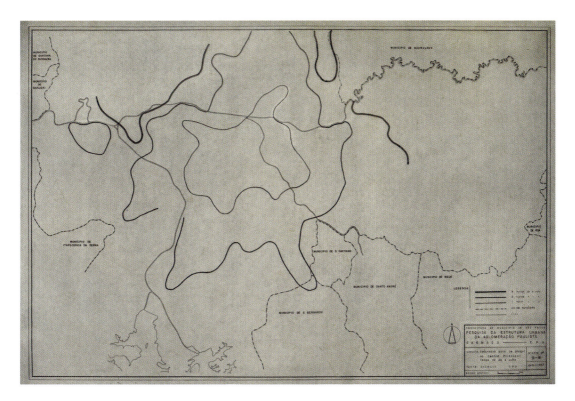

64. Isócronas em relação ao centro principal – 1957.
FONTE: LEBRET, Louis-Joseph (coord.) (1958).
Reprodução de figura autorizada pela Coordenadoria de Gestão Documental da Secretaria Executiva de Gestão da Prefeitura de São Paulo.

248. LEBRET, 1958, p. II-99 a II-102.

Valor da pesquisa..........
Pesquisadores..............
Chefe de grupo............
Data......................

VI. A. ANÁLISE DO
DESLOCAMENTO PARA O
TRABALHO

Fôlha de Levantamento de
campo

Ref. VI. A. | fl.....
UNIDADE
Nome.....................
Notação..................
Nomenclatura.............

População da unidade............

	Local	% aproximada da população ocupada (1)	tempo total (ida e volta) casa - trabalho (2)			
			pé	ônibus	lotação	trem
1. Na própria unidade (Notação)						
2. Nas unidades contíguas (quadrados da planta base)						
3. Nas unidades afastadas (nome do bairro)						
Tipos de indústria predominante na unidade:(') 1. Textil .... 2. Alimentos .... 3. Minerais não metálicos .... 4. Metalurgica .... 5. Química e Farmacêutica .... 6. Vestuário, calçado e artefato de tecido .... 7. Outras .... (') - Fazer um círculo proporcional à importância. (número de operários).						

(1) População morando na unidade e que vai para o trabalho nos diferentes lugares.

(2) Colocar os tempos nas conduções mais usadas.

65. Formulário para levantamento do tempo de viagem para o trabalho.

FONTE: LEBRET, Louis-Joseph (coord.) (1958).
Reprodução de figura arquivada na Biblioteca da Faculdade de
Arquitetura e Urbanismo da Universidade de São Paulo, autorizada
pela Coordenadoria de Gestão Documental da Secretaria
Executiva de Gestão da Prefeitura de São Paulo.

66. Mapeamento do tempo de viagem para o trabalho – 1957.

FONTE: LEBRET, Louis-Joseph (coord.) (1958).
Reprodução de figura autorizada pela Coordenadoria de Gestão Documental da Secretaria Executiva de Gestão da Prefeitura de São Paulo.

67. Representação do tempo de viagem associado ao destino e ao número de deslocamentos para o trabalho – 1957.

FONTE: LEBRET, Louis-Joseph (coord.) (1958). Reprodução de figura autorizada pela Coordenadoria de Gestão Documental da Secretaria Executiva de Gestão da Prefeitura de São Paulo.

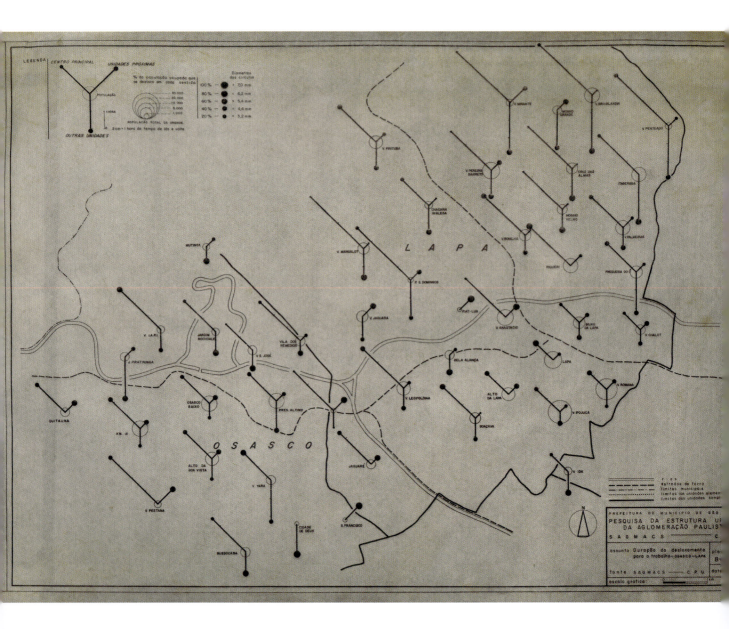

No item referente à *concepção de conjunto para repensar todo o tecido urbano fundamental*[249], o relatório da SAGMACS preconizava combinar zonas industriais e centros secundários de tal modo que cada conjunto de áreas polarizadas por um centro secundário[250] tivesse locais de trabalho próximos, reduzindo o tempo de viagem da população residente[251]. Assim, a aproximação das áreas de trabalho às de moradia deveria nortear a localização das zonas industriais e a prioridade para a ampliação da oferta de infraestrutura e equipamentos urbanos em centros secundários.

No estudo foram identificados 19 centros secundários: Brás, Mooca, Penha, São Miguel Paulista, Ipiranga, Vila Prudente, São Caetano, Santo André, São Bernardo, Saúde, Ibirapuera-Indianópolis, Santo Amaro, Pinheiros, Osasco, Lapa, Santana, Tucuruvi, Vila Maria e Guarulhos. A importância de se equiparem centros secundários em formação também foi reconhecida, mediante análise do potencial de polarização de alguns espaços, como Freguesia do Ó, Casa Verde, Jaçanã, Vila Maria, Tatuapé,

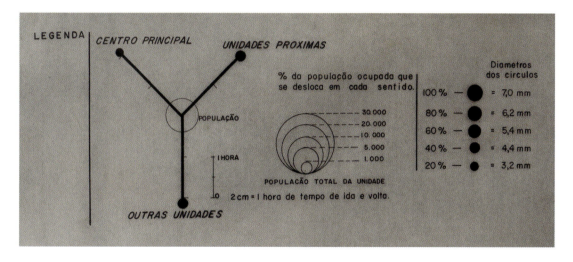

249. LEBRET, 1958, p. V-14.
250. A cada conjunto, chamado *unidade secundária*, correspondia um *centro secundário*. Cada unidade secundária era composta por *unidades terciárias*, áreas polarizadas pelo centro secundário, com o nome do bairro correspondente.
251. Em relação aos centros secundários, o estudo analisou a rede principal de acesso; a probabilidade de crescimento da população dos espaços polarizados; a importância dos equipamentos urbanos que ainda faltavam; e a disponibilidade de terrenos aptos a comportar a implantação de novas atividades, compatíveis com a demanda dos espaços polarizados. LEBRET, 1958, p. V-11 e 12.

68. Esquema de representação do tempo de viagem associado ao destino e ao número de deslocamentos – detalhe.
FONTE: LEBRET, Louis-Joseph (coord.) (1958). Reprodução de figura autorizada pela Coordenadoria de Gestão Documental da Secretaria Executiva de Gestão da Prefeitura de São Paulo.

Itaquera, Guaianases, Rudge Ramos, Brooklin e Vila Nova Conceição. A implantação de novas zonas industriais foi prevista em São Miguel Paulista, Guarulhos e São Bernardo do Campo, com vistas a ocupar áreas resultantes da retificação do Rio Tietê e utilizar terrenos disponíveis ao longo das vias Dutra e Anchieta[252].

Em conformidade com o aumento da densidade populacional constatado na periferia e na zona intermediária, o estudo também indicava que deveriam ser reservados, fora da zona central, espaços para uso público e para a instalação de novos centros secundários, neles recomendando – para o sucesso da formação dos mesmos – o estabelecimento,

> "[...] o mais breve possível, de uma estação terminal de transporte coletivo conjugada com estação para o futuro metrô. Fazer convergir para esta estação todas as linhas locais e as linhas para o centro principal. Este é um dos elementos mais importantes, porque dará base para a localização do comércio e serviços particulares através do movimento de passageiros que vai crear"[253].

Complementar à produção de uma *cidade multipolar*[254], outra proposta do estudo referia-se ao centro principal, que "deve ser urgentemente protegido contra o aumento da densidade de locais de trabalho"[255]. Tratava-se da concepção de um segundo centro para São Paulo – com a função de capital política, administrativa e econômica do Estado, além de centro de negócios –, em área disponível em São Mateus, nas proximidades de via expressa perimetral, para facilitar o acesso às rodovias. O novo centro distaria, em linha reta, apenas 15 quilômetros do centro principal, que continuaria sendo a maior concentração de comércio e serviços da cidade[256].

De acordo com o estudo, reordenar o tecido urbano dependeria da implantação de vias expressas, radiais e circulares, planejadas para atender volumosos fluxos de tráfego, e de uma *rede de trens rápidos*[257], para interligar os centros secundários, o centro principal, as estações rodoviárias[258], os grandes mercados atacadistas, além das zonas industriais existentes e propostas.

252. LEBRET, 1958, p. V-13.
253. LEBRET, 1958, p. II-114.
254. LEBRET, 1958, p. V-11.
255. LEBRET, 1958, p. V-35.
256. LEBRET, 1958, p. V-35 e 36.
257. LEBRET, 1958, p. 8.
258. Estações rodoviárias foram propostas no Parque Novo Mundo para receber veículos que trafegavam nas rodovias Dutra e Fernão Dias; em local de confluência das vias Anhanguera e Marginal Tietê; em Pinheiros, nas proximidades das rodovias Raposo Tavares e futura Regis Bittencourt; e no Sacomã, junto ao acesso à Via Anchieta. LEBRET, 1958, p. V-53 e 54.

O DESENHO DE SÃO PAULO POR SEUS CAMINHOS

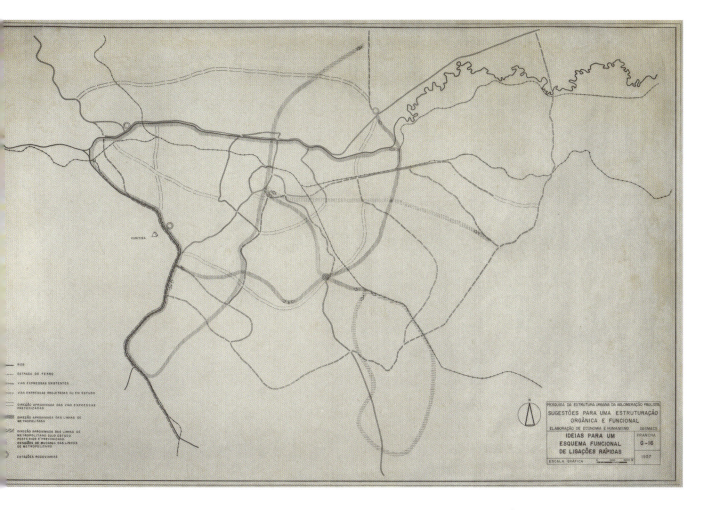

69. Ideias para um esquema funcional de ligações rápidas – 1957.
FONTE: LEBRET, Louis-Joseph (coord.) (1958).
Reprodução de figura autorizada pela Coordenadoria de Gestão Documental da Secretaria Executiva de Gestão da Prefeitura de São Paulo.

70. Zonas industriais, centros e ligações rápidas – 1957.

FONTE: LEBRET, Louis-Joseph (coord.) (1958).
Reprodução de figura autorizada pela Coordenadoria de Gestão Documental da Secretaria Executiva de Gestão da Prefeitura de São Paulo.

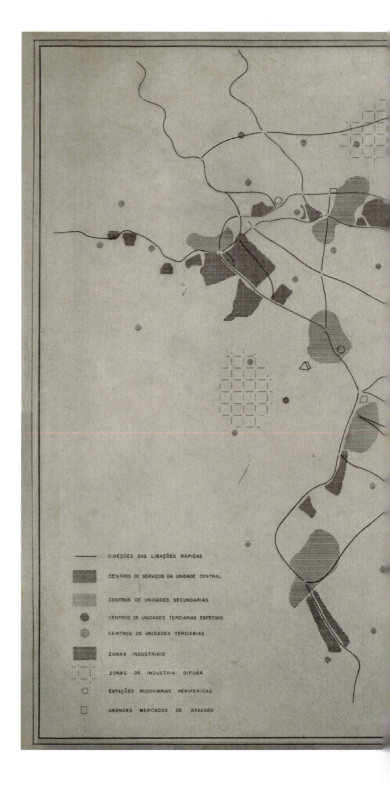

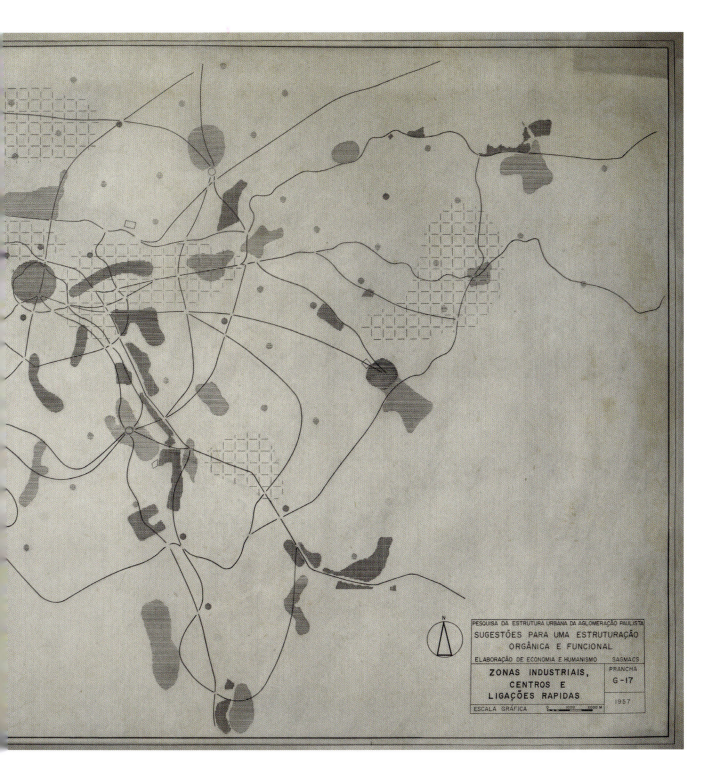

Um *esquema funcional de ligações rápidas* fazia parte do relatório da SAGMACS. Trata-se do primeiro desenho para São Paulo que relaciona o uso do solo a ferrovias, linhas de metrô e vias expressas (Figuras 69 e 70).

A proposta destacava dois anéis viários. O primeiro, projetado pelo Departamento de Urbanismo da Prefeitura, seria formado pelas vias marginais aos rios Tietê e Pinheiros e completado por vias expressas planejadas nos vales dos córregos Traição, Capão do Embira e Tatuapé, de modo a atender duas centralidades localizadas em São Bernardo do Campo, o novo centro de Santo André e a Água Rasa, antes de cruzar a marginal do Rio Tietê e alcançar a Via Dutra. O segundo anel, desenhado pelo DER, ligava-se ao primeiro em Santo André e abria caminho em direção a São Mateus e Itaquera, para finalmente também se conectar à Via Dutra, no Município de Guarulhos. Em etapa posterior, um arco viário, traçado a 3 ou 4 quilômetros a norte do Rio Tietê, interligaria os centros de Vila Maria e Tucuruvi com o primeiro anel e com a Via Anhanguera.

No entanto, a rede viária planejada não seria adequada "para garantir ligações bastante rápidas entre o centro principal, os centros secundários e os locais de trabalho"[259], sendo indispensável recorrer a meios de transporte tipo *metropolitano*, além dos serviços da rede ferroviária já implantada, para interligar o centro principal aos centros secundários e estes, entre si, sem deixar de atender locais de concentração de empregos, como os localizados nos municípios de Santo André, São Bernardo do Campo e São Caetano.

Para o desenho da rede de trens rápidos o estudo da SAGMACS recomendava, entre outras diretrizes, "ter em conta as densidades de população e a sua taxa de crescimento" e "as zonas de mais forte densidade de meios de transporte particulares devem ser precedidas pelas zonas de grande densidade de habitantes não motorizados"[260].

A rede de trens rápidos era constituída por três linhas principais: a que passava pelos vales dos rios Tietê e Pinheiros, entre a Penha e Santo Amaro; a linha Norte-Sul, entre Santo Amaro e Santana, que seguia pelo Ibirapuera e o centro principal, estendendo-se até o Tucuruvi; e a linha Circular, unindo as centralidades do Ibirapuera, Saúde, Ipiranga, Vila Prudente, Água Rasa, Tatuapé e Penha. Mais duas ligações completavam a rede: a primeira, que conectava a nova capital do Estado, proposta em São Mateus, com o centro principal da cidade, percorrendo o vale do Rio Aricanduva até o Tatuapé e o Brás; ou o vale do Córrego Capão do Embira, para atender Água Rasa e Mooca. A outra ligação criava um acesso a São Caetano, para depois se fechar num anel, consolidando centralidades localizadas em São Caetano, Santo André e São Bernardo do Campo.

Para tornar São Paulo uma *cidade humanamente viável*, uma das primeiras recomendações, encaminhadas mediante o relatório da SAGMACS, remetia a não repetir erros anteriores, feitos a pretexto de respeitar direitos que o legislador não conseguia subordinar às exigências do bem comum, ou realizados por "excessivo respeito à liberdade de alguns, liberdade essa que tende sempre e cada vez mais a reduzir a liberdade dos outros"[261]. Mas, apesar da valia dessa proposta e de outras visando ordenar a ocupação do espaço e minorar a carência de equipamentos e serviços urbanos em São Paulo, o então prefeito Adhemar de Barros (1957-1961), que sucedeu o prefeito Wladimir de Toledo Piza, não utilizou o estudo para orientar qualquer ação. Em seu governo, de cunho populista, e nas gestões seguintes, a periferia continuou sendo explorada como base eleitoral, privada de transporte adequado, serviços, comércio e empregos.

Entretanto, na região central de São Paulo, onde de fato se concentravam os investimentos em infraestrutura, consolidavam-se dois centros: o novo, chamado de *Cidade Nova*, formado ao longo da Avenida Paulista, e o velho, denominado *Centro Histórico*[262].

259. LEBRET, 1958, p. V-55.
260. LEBRET, 1958, p. V-56.
261. LEBRET, 1958, p. 7 e 8.
262. REIS, 2004, p. 195.

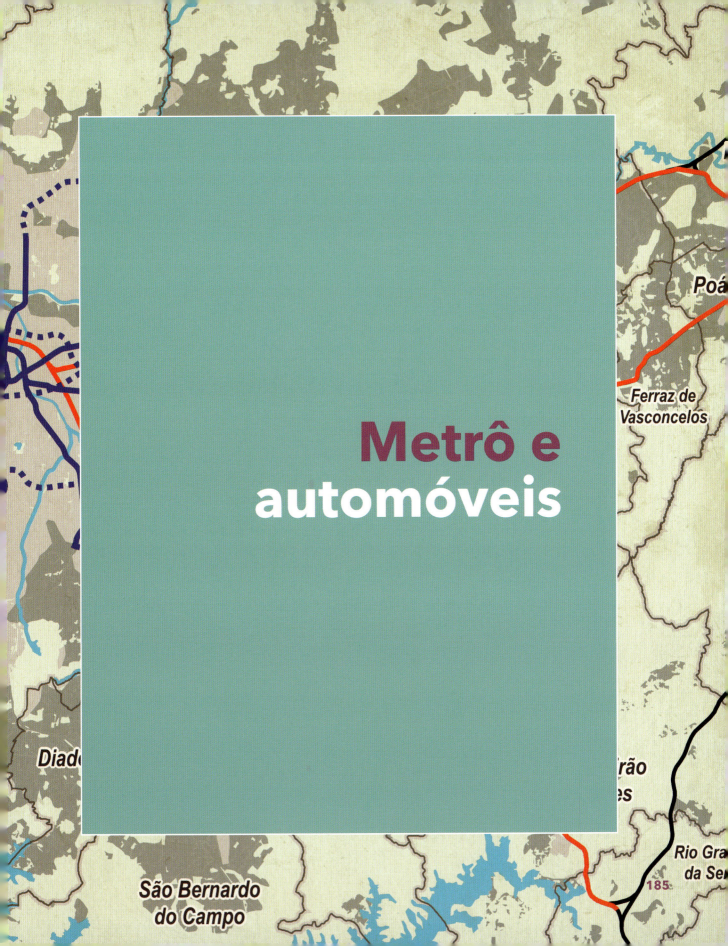

Metrô e automóveis

Na segunda metade do século XX, fluxo migratório crescente promove descentralização urbana, formação de polos periféricos e relações intraurbanas em escala metropolitana, caracterizando a Grande São Paulo. O advento da indústria automobilística reflete no crescimento da taxa de motorização e consolida o congestionando viário. O serviço de bondes é extinto e funda-se a Companhia do Metropolitano de São Paulo. A rede metroviária e a prioridade de implantação de suas linhas são estabelecidas com base em estudo de engenharia de transporte. Advém uma profusão de planos, voltados para a promoção da acessibilidade em escala regional e a consolidação de novas centralidades, envolvendo questões de organização do território e o conjunto dos sistemas de circulação. Apesar de tantos estudos e propostas, a implantação do sistema de transporte estrutural pouco avança, ao passo que relevantes investimentos são aplicados na expansão das redes viária e rodoviária. Além da falta de recursos, a produção da rede de transporte estrutural metropolitana se ressente da independência de objetivos das entidades públicas que atuam no setor, condição agravada pela ausência de sintonia entre o planejamento de transporte e o planejamento urbano.

METRÔ E AUTOMÓVEIS

Âmbito externo

Em 1960, no auge da Guerra Fria entre Estados Unidos e União Soviética, consubstanciou-se um dos mais conturbados períodos da história brasileira, ao término do governo de Juscelino Kubitschek, cujos gastos haviam superado em 33% as receitas, situação agravada pela queda de 15% nas exportações, fazendo com que o país se deparasse com um aumento de 50% da dívida externa e um índice de inflação monetária ultrapassando a marca dos 30%.

O presidente Jânio Quadros, que sucedeu JK em janeiro de 1961, renunciou em 25 de agosto, cumprindo menos de um ano de seu mandato, devido à resistência a políticas e a feitos de seu governo para redução e controle dos gastos públicos; corte de subsídios ao câmbio que beneficiava determinados grupos econômicos importadores; limitação e regulamentação da remessa de lucros e de pagamento de *royalties*; combate à corrupção e à falta de controle na administração pública; rejeição a intervenções estrangeiras no Brasil; apoio às relações entre o Brasil e outros países, especialmente os socialistas e os africanos; reforma agrária; criação de reservas indígenas e de parques ecológicos nacionais.

Em setembro de 1961, o vice-presidente João Goulart assumiu o lugar de Jânio Quadros, com forte oposição de grupos conservadores e ministros militares, que temiam a implantação de um regime socialista no Brasil. Para reduzir os poderes do novo presidente, *Jango* assumiu o governo em sistema parlamentarista, aprovado pelo Congresso Nacional. Durante a fase parlamentarista de seu mandato foi estabelecido o décimo terceiro salário para os trabalhadores urbanos, aprovado o Estatuto do Trabalhador Rural e adotado o Plano Trienal de Desenvolvimento Econômico e Social (1963-1965), em nome do desenvolvimento de um capitalismo nacional e progressista.

Elaborado por Celso Furtado, ministro do Planejamento e da Coordenação Econômica, o Plano Trienal, de *caráter indicativo*, estava associado a uma *concepção estruturalista*, visando "corrigir desequilíbrios estruturais através de orientação centralizada do processo de formação de capital", de modo a

> "[...] antecipar as principais modificações estruturais requeridas para a obtenção de um determinado ritmo de desenvolvimento e indicar as medidas a serem tomadas a fim de que os investimentos, considerados essenciais àquelas modificações, sejam feitos oportunamente"[263].

O Plano Trienal também iniciava fase de *planejamento científico*, dada sua formulação clara de políticas e objetivos pré-estabelecidos, além de contar com a possibilidade de realizar previsões e controles sistemáticos de resultados, baseados em dados concretos, que permitiriam a quantificação de cifras e prazos.[264]

O Plano Trienal objetivava *reformas de base* – agrária, educacional, fiscal, eleitoral, urbana e bancária – visando à distribuição de renda, ao controle do déficit público, ao crescimento econômico, especialmente com o desenvolvimento da indústria nacional, e ao combate à inflação, que já chegava a 70% em fins de 1962. O parlamentarismo durou até 1963, quando Goulart, valendo-se de grande apoio popular, convocou um plebiscito que decidiu pela volta do presidencialismo.

Sem alcançar êxito no Plano Trienal quanto ao controle da inflação e ao crescimento econômico, o presidente foi levado a negociar empréstimos com o Fundo Monetário Internacional (FMI), que passou a exigir cortes significativos nos investimentos públicos. Mas para garantir apoio político, descumprindo as metas fixadas com o FMI, Goulart concedeu importantes aumentos salariais, que causaram grande impacto no crescimento do déficit público, na redução do Produto Interno Bruto (PIB) e no aumento da inflação monetária, que já superava os 90% em 1964. Agravou-se assim a crise política, aumentando as tensões sociais entre grupos conservadores e estudantes, organizações populares e trabalhadores. Temendo a formação de um regime comunista, os militares tomaram o poder em março de 1964, instituindo uma ditadura que duraria 21 anos, até 1985.

Ainda no primeiro ano do governo militar, em dezembro de 1964 – sob a vigência do artigo 4º, do Ato Institucional nº 1 – um novo *Plano de Viação Nacional* foi sancionado pela Lei nº 4.592 (Figuras 71, 72, 73 e 74), incluindo rodovias (oito com origem em Brasília), ferrovias (três troncos ligando Brasília a Natal, ao Rio de Janeiro e ao Rio Grande do Sul), além de vias fluviais e marítimas, terminais aéreos e portuários – o que encerrou 18 anos de tramitação para a aprovação do plano, por conta de conflitos decorrentes de interesses políticos clientelísticos[265].

263. COSTA, 1971, p. 193.
264. COSTA, 1971, p. 38.
265. COSTA, 1971, p. 438-439.

71. Plano de Viação Nacional: Ferrovias – 1964.

O Plano de Viação Nacional de 1964 apresenta tronco ferroviário interligando São Paulo, Brasília e outras cidades do Centro-Sul; e ramal da Ferrovia do Aço entre Minas Gerais e São Paulo. A rede ferroviária que atende a Grande São Paulo é composta por linhas para o Rio de Janeiro e entre Santos e Corumbá. A oeste da Grande São Paulo, em Mairinque, passa linha de acesso a Itú e Campinas; e outra, entre Santos e Ponta Porã, no Mato Grosso do Sul. Dois eixos ferroviários são propostos para contornar a mancha urbana da Grande São Paulo a norte e a sul, com a implantação das ligações Cumbica-São Miguel Paulista, Jundiapeba-Ribeirão Pires, Mauá-Jurubatuba e Presidente Altino-Evangelista de Souza.
FONTE: BRASIL. Ministério dos Transportes (1974).
Reprodução de figura autorizada pelo Ministério da Infraestrutura.

> "Também prevista no plano, a ligação Domingos de Moraes-Mandaqui-Jaçanã antecipa diretriz de traçado da primeira linha do metrô paulista.

72. Plano de Viação Nacional: Rodovias – 1964.

Dentre as rodovias que servem o território em que se insere a Grande São Paulo, o Plano de Viação Nacional de 1964 relaciona a radial 272, para Sorocaba, até Porto Guaíra; e duas longitudinais: a 116, entre Fortaleza, no Ceará, e Jaguarão, no Rio Grande do Sul; e a 146, de Bragança Paulista até Patos de Minas.
FONTE: BRASIL. Ministério dos Transportes (1974).
Reprodução de figura autorizada pelo Ministério da Infraestrutura.

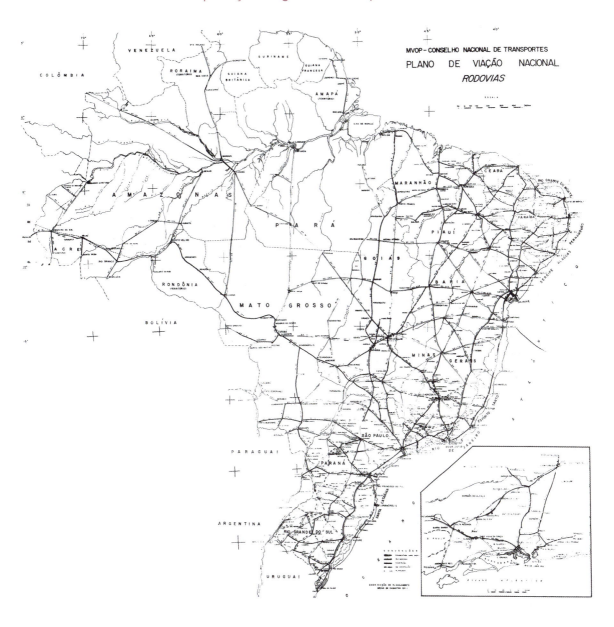

METRÔ E AUTOMÓVEIS

73. Plano de Viação Nacional: Conexões interamericanas e internacionais – 1964.

No território ocupado pela Grande São Paulo e Campinas o Plano de Viação Nacional de 1964 localiza dois aeroportos internacionais: Cumbica e Viracopos.
FONTE: BRASIL. Ministério dos Transportes (1974).
Reprodução de figura autorizada pelo Ministério da Infraestrutura.

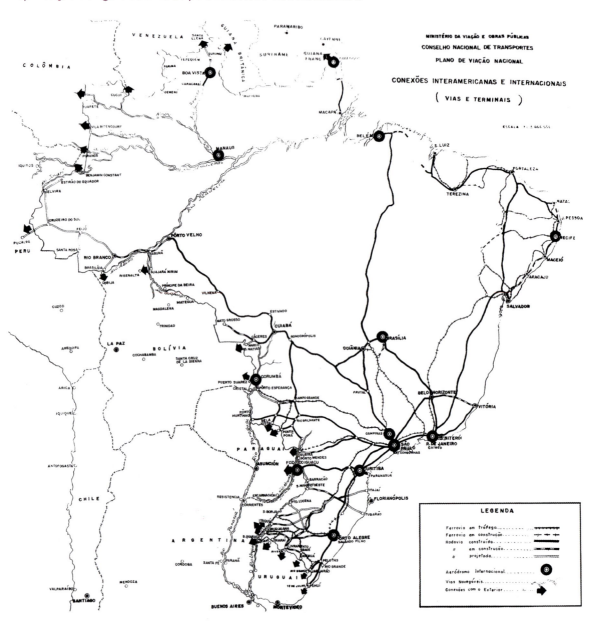

O Desenho de São Paulo por seus Caminhos

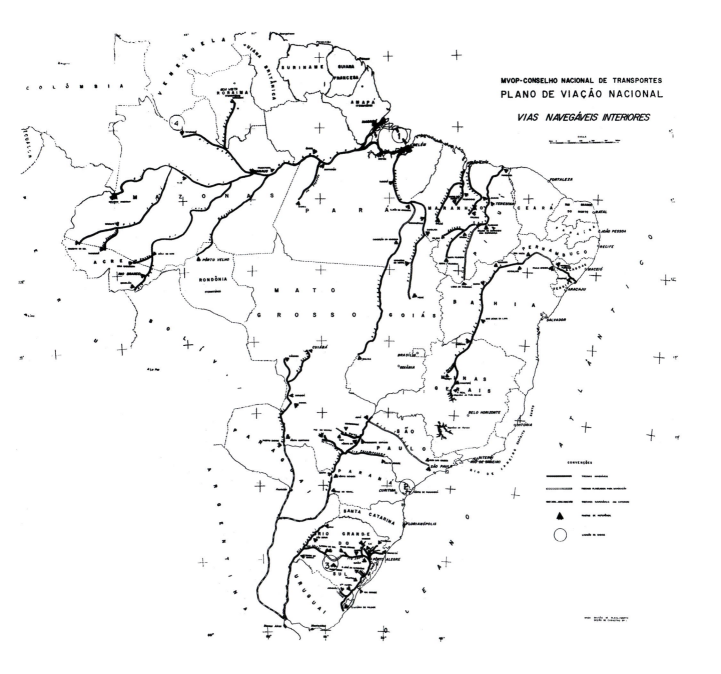

74. Plano de Viação Nacional: Vias navegáveis interiores – 1964.

Em São Paulo, o Plano de Viação Nacional de 1964 destaca trecho planejado para navegar o Rio Tietê até o Rio Paraná.
FONTE: BRASIL. Ministério dos Transportes (1974).
Reprodução de figura autorizada pelo Ministério da Infraestrutura.

Em 1965, visando ao desenvolvimento do planejamento dos transportes no Brasil, com o Decreto nº 57.003 foi criado o Grupo Executivo de Integração da Política de Transportes (Geipot), de caráter interministerial, sob a direção do chefe do Estado-Maior das Forças Armadas e dos ministros de Estado da Viação e Obras Públicas, da Fazenda e do Planejamento e Coordenação Econômica. O Geipot tinha como objetivo realizar estudos, capacitar técnicos e prestar apoio técnico e administrativo a órgãos do Poder Executivo, com atribuições relacionadas à política nacional no setor. Subordinado ao ministro de Estado dos Transportes, pelo Decreto-Lei nº 516 de 1969, o Geipot foi transformado em Grupo de Estudos para Integração da Política de Transportes. Em 1973, a Lei nº 5.908 transformou o Geipot na Empresa Brasileira de Planejamento de Transportes.

Intervenções do Congresso Nacional, realizadas em 1964, 1965 e 1967, para ampliar a rede rodoviária federal do Plano de Viação Nacional sancionado em 1964, foram sustadas por veto presidencial, fundamentado no fato das rodovias acrescentadas ao Plano não apresentarem características de rodovias federais ou destinarem-se a regiões já atendidas por outras vias federais.

Em 1973 foi aprovado pelo Conselho Nacional de Transporte, com a Lei nº 5.917, novo Plano Nacional de Viação, que definiu o sistema brasileiro de transporte, composto pelas redes rodoviária, ferroviária, hidroviária, portuária e aereoviária – incluindo vias não necessariamente federais, mas determinadas prioritariamente, segundo estudos globais de classificação funcional; incorporou princípios e normas básicas para o setor, periodicamente aferidos e adaptados por verificações empíricas; e fixou metas para a expansão da rede viária federal. (Figuras 75, 76, 77 e 78).

Em 1967 foi promulgada uma nova Constituição, que atribuiu à União a possibilidade da organização de municípios em regiões, para finalidades comuns. Desse período é a criação das Regiões Metropolitanas, entre elas a de São Paulo, com a Lei Complementar nº 14, de 1973, na forma do artigo 164 da Constituição Federal. A gestão metropolitana foi atribuída a um Conselho Deliberativo e a um Conselho Consultivo. Competia ao Conselho Deliberativo promover a elaboração do Plano de Desenvolvimento Integrado da região, a programação dos serviços comuns aos municípios nela envolvidos e a coordenação da execução de programas e projetos de interesse metropolitano, como os de transporte e sistema viário.

Também orientaram as ações do governo militar o Programa de Ação Econômica do Governo (PAEG) (1964-1966), o Programa Estratégico de Desenvolvimento (PED) (1967-1970) e ainda o I Plano Nacional de Desenvolvimento (I PND) (1971-1974), do Programa de Metas e Bases para a Ação do Governo (1970-1974), e o II Plano Nacional de Desenvolvimento (II PND) (1975-1979).

Contemporâneos ao *milagre econômico brasileiro*, que correspondeu a valores do PIB médio nacional acima de 11% ao ano e inflação monetária inferior a 20% ao ano,

75. Plano Nacional de Viação: sistema rodoviário – 1973.

No Plano Nacional de Viação de 1973, o sistema rodoviário relacionado à Região Metropolitana de São Paulo é composto pela radial 050 Brasília-Santos; pelas longitudinais 116 Fortaleza-Jaguarão e 146 Patos de Minas-Bragança Paulista; pela transversal 272 São Paulo-Guaíra; e pelas diagonais 374 Presidente Venceslau-São Paulo e 381 São Mateus-São Paulo. Reprodução de figura autorizada pelo Departamento Nacional de Infraestrutura de Transportes.

76. Plano Nacional de Viação: sistema ferroviário – 1973.

A radial 050, de Brasília até Santos, passando por Mayrink; a longitudinal 150, de São Paulo ao Rio de Janeiro; e a transversal 265, entre Santos e a fronteira da Bolívia, cruzando por Mayrink, são linhas do sistema ferroviário contempladas no Plano Nacional de Viação de 1973, associadas à Região Metropolitana de São Paulo.
Reprodução de figura autorizada pelo Departamento Nacional de Infraestrutura de Transportes.

77. Plano Nacional de Viação: sistema hidroviário e portuário – 1973.

A Hidrovia Tietê-Paraná e a interligação das bacias Tietê-Paraíba do Sul são propostas do Plano Nacional de Viação de 1973 relacionadas à Região Metropolitana de São Paulo. Reprodução de figura autorizada pelo Departamento Nacional de Infraestrutura de Transportes.

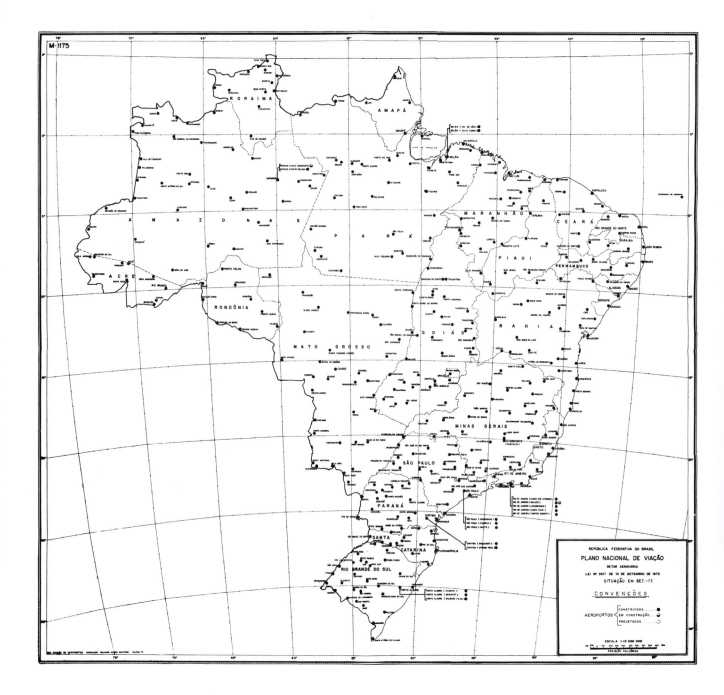

78. Plano Nacional de Viação: sistema aeroviário – 1973.

Presentes no Plano Nacional de Viação de 1973, os aeroportos de Congonhas, Cumbica e Marte atendem o território da Região Metropolitana de São Paulo.
Reprodução de figura autorizada pelo Departamento Nacional de Infraestrutura de Transportes.

o I PND, instituído pela Lei nº 5.727/1971, e o Programa de Metas e Bases para a Ação do Governo promoveram a elaboração de políticas setoriais e a realização de investimentos estratégicos em infraestrutura, com destaque para obras em transporte (Ponte Rio-Niterói, Rodovia Transamazônica), telecomunicações, energia (Usina Hidrelétrica de Itaipu), indústria naval, indústria siderúrgica e indústria petroquímica, bem como em ciência e tecnologia, utilizando recursos da União, como do Banco Nacional de Desenvolvimento Econômico (BNDE)[266], da Caixa Econômica Federal (CEF) e do Banco do Brasil (BB).

O plano mais importante do período militar foi o II PND. Tendo como cenário internacional a *crise do petróleo*, o II PND visou não só reduzir a dependência brasileira ao petróleo importado – a exemplo da política adotada em países de economia capitalista em estágio intensivo de produção[267] –, ativando a produção nacional de energia, com o desenvolvimento de toda a cadeia produtiva do petróleo, mas também buscar fontes alternativas, como o álcool e a energia nuclear. O Programa Nacional de Álcool, o Proálcool, data de 1975, criado pelo Decreto nº 76.593, substituindo a gasolina por etanol produzido a partir da cana-de-açúcar, o que diminuiria a dependência do Brasil ao petróleo importado[268].

266. O BNDE foi renomeado BNDES em 1982.

267. No Brasil, não fosse a sistemática expatriação de parte do excedente produzido, que deixa de ser incorporado à reprodução ampliada das condições de produção, o processo interno de produção deveria ter passado do estágio extensivo para o estágio intensivo desde meados da década de 1970. Nos países centrais, o estágio intensivo de produção foi sustentado por um estado de *bem-estar social*, em que a organização eficiente da produção envolveu políticas de desenvolvimento social, adotadas por regimes de social-democracia. "Historicamente, a exaustão do estágio extensivo e o consequente advento do estágio intensivo ocorreram em momentos diversos nas diversas nações-Estado. Para citar alguns exemplos: em torno de 1820, mas prolongado até 1860 mediante a colonização, na Inglaterra, 1870-80 na Alemanha, 1929 nos EEUU e meados da década de 1970 no Brasil" (DEÁK, 2016, p.122).

268. O Programa Proálcool justificava-se em face das repetidas crises do petróleo, com grandes aumentos no preço do produto: em 1956, com o bloqueio do Canal de Suez, devido à nacionalização da passagem; em 1973, com o protesto da Organização dos Países Exportadores de Petróleo (OPEP) contra o apoio dos Estados Unidos a uma guerra movida por Israel; em 1979, com a desorganização da produção do petróleo no Irã quando da deposição do governo.

Outro objetivo do II PND foi estabelecer o domínio brasileiro de todo o ciclo produtivo industrial, concentrando investimentos na produção de insumos básicos e de bens de capital – equipamentos e instalações necessários à produção de outros bens e serviços –, bem como a modernização da base industrial existente, com sua recuperação, ampliação e diversificação para atender as exportações e as demandas do mercado interno brasileiro. O plano também adotou políticas visando ao desenvolvimento regional, especialmente com a desconcentração industrial (migração do capital produtivo do Sul e Sudeste para o Nordeste e o Amazonas) e com investimentos sociais em áreas mais subdesenvolvidas; ao aumento das exportações; à expansão e modernização da agricultura, da pecuária (principalmente em São Paulo, no Centro-Oeste e no Sul) e da exploração de recursos minerais (principalmente no Norte e Nordeste); à regulação das relações trabalhistas no campo; e à ampliação da infraestrutura de transporte, energia e de comunicações.

> "O governo militar promoveu as principais reformas econômicas e institucionais. Por meio da reforma tributária restaurou o poder do gasto público, promovendo, inclusive, enorme centralização fiscal e financeira no Governo Federal; através da reforma bancária e financeira reordenou os instrumentos e as instituições do sistema financeiro nacional, agilizando mais o crédito ao consumidor e aos bens de capital, além de instituir a correção monetária. Com a reforma administrativa reordenou o complexo aparelho do Estado. Alterou a legislação trabalhista e implantou as instituições para promover uma política habitacional"[269].

A implantação do conjunto de políticas adotadas no governo militar resultou em avanço da industrialização nas áreas economicamente menos desenvolvidas; em aumento da participação do setor industrial na estrutura da renda interna de cada região, com consequente redução da participação da renda associada ao setor agrícola; e em aumento da participação das regiões na composição da renda interna nacional, exceto no Sul e Sudeste.

> "Entretanto – principalmente nas periferias mais atrasadas –, o avanço não foi capaz de superar as forças econômicas e políticas regionais que sobreviveram à custa da manutenção do atraso. A despeito de certa modernização agrícola, da expansão do crédito rural e da industrialização, o capital mercantil regional somente sofreu abalos marginais em sua dominação. Continuou, infelizmente, a controlar o crédito e a comercialização, a estrutura fundiária e as benesses do poder público e, pior que tudo, o poder público, com o que

269. CANO, 2011, p. 161-162.
270. CANO, 2011, p. 161-168.
271. CANO, 2011, p. 168-170.
272. REIS, 2004, p. 215.

tentou sedimentar e perenizar o velho e surrado discurso regionalista dos 'desequilíbrios regionais' e da necessidade de mais recursos para a região, independentemente do seu uso e do endereço dos beneficiários"[270].

As políticas adotadas pelo governo militar também provocaram agravamento inflacionário e aumento dos problemas sociais, com a aceleração das migrações inter--regionais e urbano-rurais (apesar da contestável abertura de fronteira agrícola junto à Transamazônica), sustentando um processo de urbanização descontrolada, com expansão das periferias urbanas, em decorrência de muitos assentamentos de população carente e da ação da especulação imobiliária. Tal processo alimentou-se das políticas oficiais voltadas para a construção de conjuntos habitacionais para a população de menor renda, que utilizavam glebas de terra de baixo valor comercial, desprovidas de serviços públicos e isoladas da mancha urbana, promovendo a formação de *cidades-dormitório*. O Estado, ao prover para essas áreas isoladas a implantação de serviços de transporte, saneamento, saúde e educação, também valorizava terras localizadas *a meio do caminho*, previamente compradas pelo capital mercantil imobiliário, que nelas construía para a classe média, capturando assim a valorização originada pelos recursos públicos aplicados em infraestrutura urbana e estabelecendo a conurbação entre áreas isoladas[271].

Em janeiro de 1985 encerrava-se o governo militar no Brasil. No cenário internacional, políticas neoliberais já estavam sendo adotadas em países com alto nível de desenvolvimento econômico, como resposta à crise da economia capitalista com que se haviam deparado após esgotados os recursos do estágio intensivo de produção.

Âmbito local

Na década de 1960, um crescente fluxo migratório para a cidade de São Paulo promoveu diversas mudanças, principalmente

> "[...] de escala e de modo de estruturação das relações intraurbanas e da configuração geral da urbanização, com a formação da região metropolitana. Era um primeiro estágio de descentralização urbana, com a formação dos polos periféricos"[272].

Em 1960, o território correspondente à Região Metropolitana de São Paulo (RMSP) era ocupado por 4,791 milhões de habitantes; em 1970, já eram quase 8,140 milhões (variação de 69,9%); e, em 1980, 12,589 milhões (variação de 54,6%). Entre 1970 e 1980, a população da RMSP cresceu principalmente fora do município de São Paulo.

METRÔ E AUTOMÓVEIS

Mas não apenas a população cresceu em São Paulo, nesse período. A Meta 27, que o programa do governo de Juscelino Kubitschek adotara em 1956, autorizando a implantação da indústria automobilística, refletiu na quantidade de veículos congestionando o sistema viário da cidade. As duas primeiras pesquisas Origem-Destino (OD), aplicadas em 1967 e 1977, em domicílios localizados na metrópole paulista, apontaram um crescimento de 93% na taxa de motorização[273], que variou de 70 para 135 automóveis particulares por mil habitantes, enquanto a população aumentou cerca de 45% no mesmo período, variando de 7,097 para 10,277 milhões[274].

Diversas transformações aconteceriam em São Paulo, apontadas como registro do crescimento de cerca de 47% no índice de mobilidade motorizada[275], que passou de 1,01 para 1,49 viagem motorizada por habitante entre 1967 e 1977.

Prenúncios dessa evolução levariam, ainda em 1961, Prestes Maia – novamente prefeito de São Paulo – a desenvolver estudos para a implantação do Anel de Irradiação previsto em seu Plano de Avenidas, para organizar a circulação dos veículos sobre pneus ao redor da área central da cidade, pela Rua Ipiranga, Avenida São Luiz, Avenida Rangel Pestana, Parque Dom Pedro II e Avenida Irradiação (Senador Queirós). Com o objetivo de priorizar o uso de ônibus, que julgava "mais flexíveis e competitivos", Prestes Maia adotou acelerado processo de desativação do serviço de bondes, reduzindo as 46 linhas em operação em 1960 para apenas 20 em 1965.

No início do governo militar, o prefeito Faria Lima (1965-1969), sucessor de Prestes Maia, manteve a política de substituição dos bondes, responsabilizados, pela imprensa e pelo Departamento do Serviço de Trânsito (DST), de aumentar o congestionamento das ruas. Por outro lado, a CMTC atribuía aos bondes o desequilíbrio econômico-financeiro da empresa, pois o custo por passageiro transportado era maior que o preço da passagem[276].

Faria Lima, pressionado pela imprensa, declarava que o serviço de bondes deveria ser substituído, com vantagens, pelo serviço de metrô. Para estudar a rede de metrô de São Paulo, o prefeito criou em 1966 o Grupo Executivo do Metropolitano (GEM), que, por sua vez, contratou para a tarefa o consórcio Hochtief-Montreal-Deconsult (HMD), formado por duas empresas alemãs, Hochtief e Deconsult, e pela brasileira Montreal. O estudo da rede realizado pelo consórcio HMD foi um marco para o desenvolvimento da engenharia de transporte nacional, introduzindo em 1967 a realização da primeira Pesquisa OD aplicada em escala regional, a modelagem de redes e a simulação de seu carregamento em meio eletrônico.

O ano de 1968 marcou o fim do serviço de bondes, cuja última viagem, em março, teve o prefeito Faria Lima como passageiro. No mês de abril desse mesmo ano deu-se a fundação da Companhia do Metropolitano de São Paulo – Metrô, inicialmente de gestão municipal[277].

• Investimentos no sistema de transporte coletivo estrutural

Em dezembro de 1968, Faria Lima participou do lançamento das obras da Linha Norte-Sul (atual Linha 1-Azul) do Metrô, ligando o Jabaquara ao centro da cidade e a Santana. O empreendimento foi financiado em grande parte por recursos do município de São Paulo, que, como capital de Estado, havia recebido verba proveniente de uma reforma tributária parcial, empreendida em 1964 pela União, no começo do regime militar. Também favoreceram a implantação das primeiras linhas de metrô investimentos externos, que entraram no país para promover expansão conhecida como *milagre econômico* do governo militar.

No estudo para a rede de metrô proposta pelo consórcio HMD, também chamada de *Rede Básica* (Figura 79), foram previstas duas etapas de implantação: a primeira, com cerca de 60 quilômetros de linhas, a serem implantados em dez anos; a seguinte, com mais 80 quilômetros, complementaria a rede de metrô, atingindo aproximadamente 140 quilômetros. A primeira etapa era constituída pelas linhas Santana-Jabaquara, com o ramal Paraíso-Moema; Casa Verde-Vila Maria; Jóquei Clube-Via Anchieta, com o ramal de Bertioga; e Vila Madalena-Paulista, a única que não passava pelo Centro Histórico de São Paulo.

Os critérios que nortearam o desenho dessa rede de metrô foram os de atender as principais *linhas de desejo de viagens* identificadas na Pesquisa OD; observar a estrutura radial do sistema viário; promover o acesso à área central da cidade; utilizar vias com o maior número de faixas e terrenos disponíveis; reduzir os custos de desapropriação; observar as condições de solo mais adequadas; não competir com as linhas da rede ferroviária e da rede de ônibus; criar estações de transbordo onde as linhas de metrô cruzassem com as linhas de trem, além de estações de metrô interligadas a rodoviárias e terminais de ônibus intermunicipais[278].

273. Taxa de motorização: número de automóveis particulares por mil habitantes.
274. SÃO PAULO (Estado), Metrô. Documento eletrônico do banco de dados das pesquisas Origem-Destino.
275. Índice de mobilidade motorizada: número de viagens motorizadas por habitante, em dia útil.
276. SILVA, 2015, p. 144-148.
277. Ao término do mandato do prefeito Olavo Egydio Setúbal (1975-1979), o Metrô passou para o governo do Estado.
278. NIGRIELLO, 1999, p. 8-9.

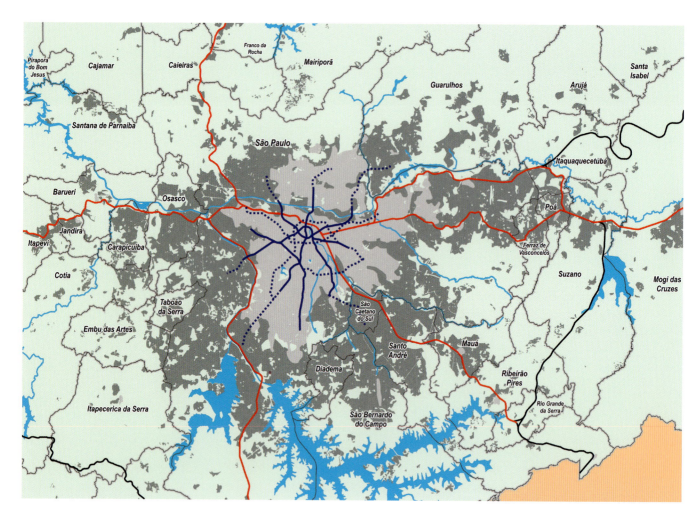

79. Rede Básica de Metrô – 1968.
FONTE: LISBOA, Leonardo Cleber Lima (2019). Reprodução de figura cedida por Leonardo Cleber Lima Lisboa.

LEGENDA
— Metrô (linhas propostas)
--- Metrô (linhas complementares)
— Ferrovia (serviço urbano e carga)
— Ferrovia (carga)
 Área urbanizada (até 1949)
 Área urbanizada (de 1949 a 1974)
— Principais rios e represas (referência atual)

O Desenho de São Paulo por seus Caminhos

80. Plano Urbanístico Básico (PUB): Principais aspectos regionais – 1969.

FONTE: SÃO PAULO (Município). Prefeitura (1969). Reprodução de figura autorizada pela Secretaria Municipal de Urbanismo e Licenciamento.

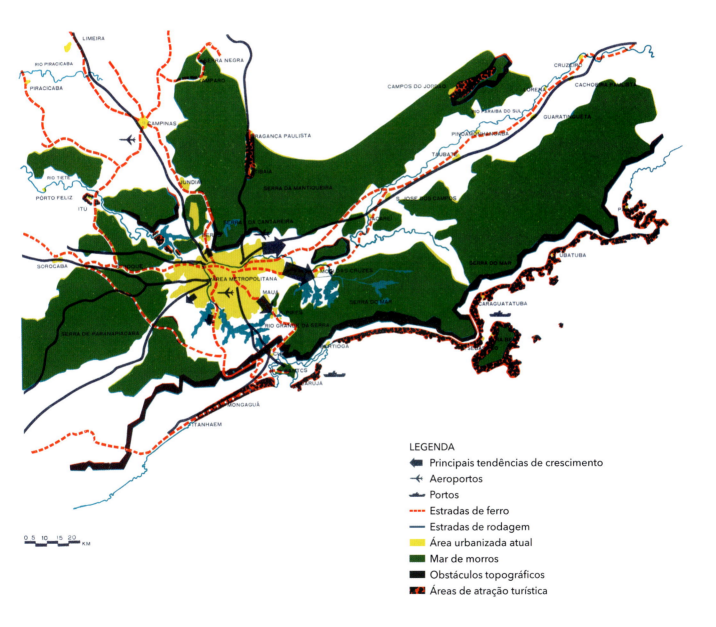

METRÔ E AUTOMÓVEIS

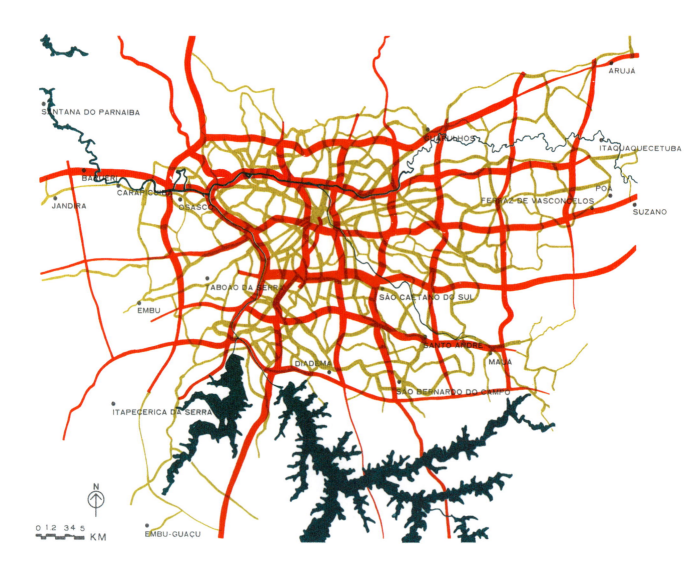

81. Plano Urbanístico Básico (PUB): Volumes das rodovias na capacidade do sistema para 1990 – 1969.
FONTE: SÃO PAULO (Município). Prefeitura (1969). Reprodução de figura autorizada pela Secretaria Municipal de Urbanismo e Licenciamento.

206 O Desenho de São Paulo por seus Caminhos

A Linha Santana-Jabaquara do Metrô, que, por sua direção, passou a ser chamada Linha Norte-Sul, foi a primeira a ser implantada, escolha justificada pelo montante de carregamento simulado para a linha, calculado com *o modelo de quatro etapas*, além de seu potencial para reduzir o congestionamento de vias radiais, interligando o centro da capital a bairros residenciais localizados a sul e a sudoeste, principais origens e destinos dos deslocamentos da população de maior renda, usuária cativa do automóvel.

Compatível com a diretriz de traçado prevista para os trilhos, no Plano de Viação Nacional de 1964, e com o reconhecimento oficial da dimensão intermunicipal em que se davam os grandes fluxos de viagem, para viabilizar o desenvolvimento econômico regional, a construção da Linha Norte-Sul do Metrô, mesmo se contida nos limites do município da capital (como as demais linhas de metrô implantadas a seguir), apresentava capacidade de transporte adequada à escala da Grande São Paulo. Essa foi a denominação atribuída à primeira região metropolitana paulista, estabelecida em 1967, em conjunto com o Grupo Executivo da Grande São Paulo (Gegran), órgão ligado à Secretaria de Economia e Planejamento do Governo do Estado, para a organização e o planejamento do território metropolitano.

O estudo da rede metroviária proposta pelo Consórcio HMD foi contemporâneo à elaboração do *Plano Urbanístico Básico* (PUB) (1968) (Figuras 80, 81 e 82), realizado pela Prefeitura Municipal de São Paulo, e pouco tempo depois foi concluído o primeiro *Plano Metropolitano de Desenvolvimento Integrado* (PMDI) (1970) (Figura 83), produzido por consórcio de empresas privadas de consultoria, contratado pelo Gegran. Em ambos os planos foram desenvolvidas propostas de organização territorial, associadas a estudos e propostas de redes viárias e de transporte estrutural, para promover tanto a acessibilidade em escala regional como a consolidação de novas centralidades. Tal particularidade destaca esses dois planos territoriais da maioria dos elaborados a seguir, que se limitaram a incorporar, sem alterações, redes de transporte estabelecidas setorialmente, mais voltadas para o atendimento da demanda de transporte, principalmente do Centro Expandido de São Paulo, do que para a organização do território metropolitano.

Para viabilizar a implementação de propostas contidas no primeiro PMDI, superando limitações financeiras municipais, a Lei Complementar nº 94, de âmbito estadual, referente à RMSP, instituiu órgãos capazes de propor medidas em nível regional: o Conselho Deliberativo da Grande São Paulo (Codegran), o Conselho Consultivo Metropolitano de Desenvolvimento Integrado (Consulti), o Fundo Metropolitano de Financiamento e Investimentos (Fumefi), e autorizou o Poder Executivo a constituir a Empresa Metropolitana de Planejamento da Grande São Paulo S.A. (Emplasa).

82. Plano Urbanístico Básico (PUB): Volumes no sistema de metrô recomendado para 1990-1969.

FONTE: SÃO PAULO (Município). Prefeitura (1969). Reprodução de figura autorizada pela Secretaria Municipal de Urbanismo e Licenciamento.

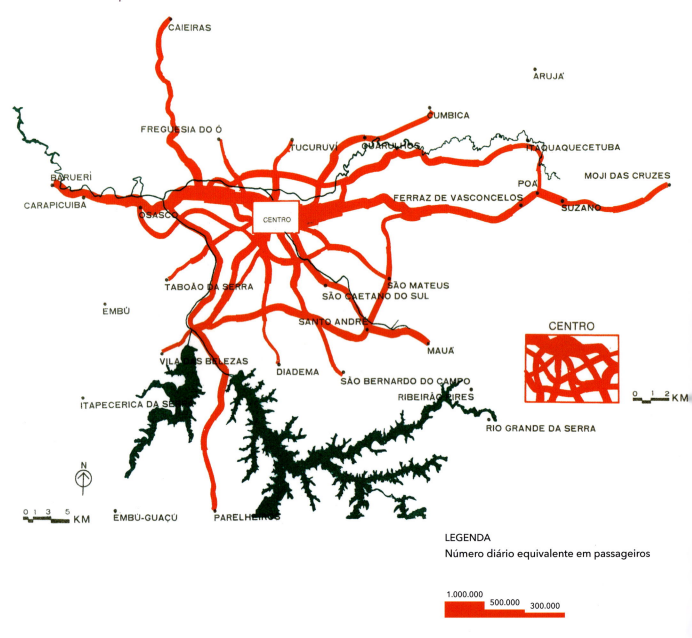

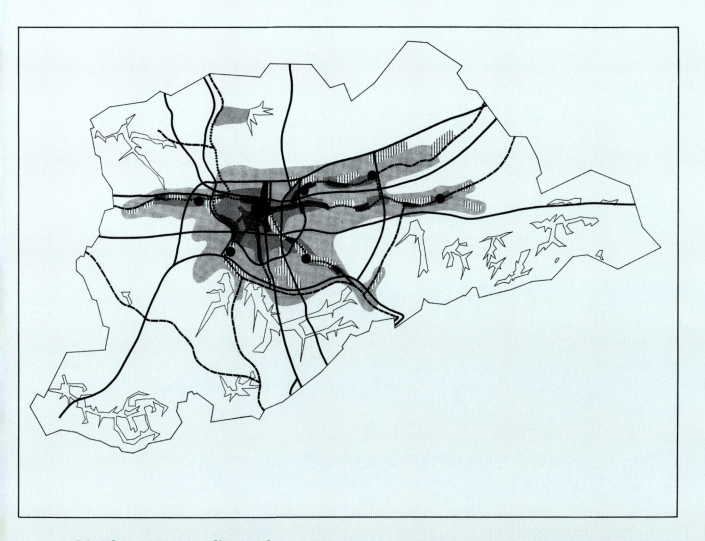

83. Plano Metropolitano de Desenvolvimento Integrado (PMDI): Conceito adotado – 1970.

FONTE: SÃO PAULO (Estado). Grupo Executivo da Grande São Paulo (1971). Reprodução de figura pertencente ao acervo técnico da extinta Emplasa, autorizada pela Secretaria de Desenvolvimento Regional do Estado de São Paulo.

LEGENDA
- Áreas de baixa e média densidade
- Áreas de média e alta densidade
- Áreas de concentrações comerciais e corredores de uso múltiplo
- Áreas de concentrações industriais
- ● CBD
- ● Centros sub-regionais
- — Rodovias e Free-Ways
- ······ Metrô
- ---- Ferrovias

METRÔ E AUTOMÓVEIS

Em 1971, o governo estadual criou a Ferrovia Paulista S.A. – Fepasa, que assumiu as linhas férreas da Sorocabana nos trechos implantados na Grande São Paulo. As demais linhas de trem permaneceram sob o controle da RFFSA. No mesmo ano foram realizados estudos para a revisão da Rede Básica do Metrô, visando à substituição dos serviços das linhas de trem de subúrbio da 6ª Divisão Central da RFFSA pelos de uma linha metroviária, a ser implantada no sentido leste-oeste, para atender a demanda de viagens que se julgava até mais importante do que a identificada na direção norte-sul. A mudança, proposta no desenho da rede de metrô, de substituição da Linha Casa Verde-Vila Maria pela Linha Leste-Oeste era sustentada pelo Projeto DNEF-02/71, do Departamento Nacional de Estradas de Ferro; por convênio firmado entre o Metrô e a RFFSA; por recomendação do primeiro PMDI; bem como por estudos realizados no PUB, que apontavam a necessidade de se manter a oferta de todos os modos de transporte em conjunto com a oferta da linha de metrô preconizada, para conseguir atender a demanda de viagens identificada no Eixo Leste-Oeste. Em 1974, após análise dessa importante demanda por comissão do Ministério dos Transportes, decidiu-se acrescentar à oferta de lugares nas duas linhas de trens de subúrbio e nas linhas de ônibus em operação a contribuição resultante da implantação da Linha Leste-Oeste do Metrô[279].

Antecedendo a inauguração da operação comercial no trecho Jabaquara-Vila Mariana, da Linha Norte-Sul, em 1974 foram entregues os primeiros trens metroviários fabricados pela indústria nacional, a partir de protótipo importado em 1972[280].

Ainda em 1974 foram adotadas medidas voltadas para ações em escala metropolitana, sendo firmado um convênio entre a Prefeitura Municipal de São Paulo e o governo estadual para a elaboração do estudo *Sistran: Sistema de Transportes Urbanos de Passageiros na Região Metropolitana de São Paulo* (Figuras 84 e 85), primeiro plano de transporte metropolitano com propostas para os sistemas viário e de transporte coletivo, ambos de caráter estrutural. O sistema de transporte coletivo era formado pelas redes de metrô, ferroviária e de trólebus, esta a ser operada em via exclusiva, com veículos modelo Padron ou articulados. No Sistran, foram estabelecidas políticas de transporte de curto prazo (1975/78) e de médio prazo (1978/85), detalhando investimentos, formas de operação, organização, estrutura institucional e programação financeira.

279. NIGRIELLO, 1999, p. 10.
280. Em 1977, com o apoio da Universidade de São Paulo (USP) e da Universidade Estadual de Campinas (Unicamp), a produção de trens destinados à Linha Leste-Oeste alcançou índice de 95% de nacionalização. Em 1978, o processo de nacionalização atingiu as obras de engenharia civil do trecho central da Linha Leste-Oeste, com a produção, em concreto, em vez de em aço e ferro fundido, dos anéis de contenção do túnel subterrâneo, instalados através do tatuzão.

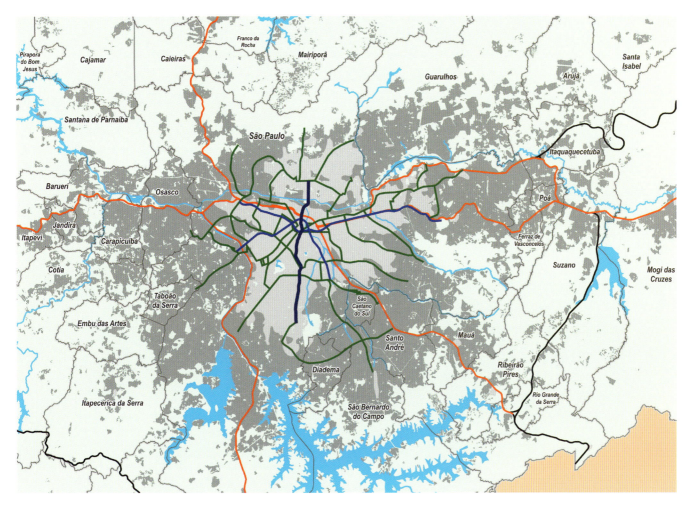

84. Sistema de Transportes Urbanos de Passageiros na Região Metropolitana de São Paulo (Sistran): Rede de transporte coletivo a médio prazo – 1976.

FONTE: Emplasa, Governo do Estado (1976). Desenho elaborado por Leonardo Cleber Lima Lisboa.
ACERVO: Andreina Nigriello.

LEGENDA
— Metrô (linhas em operação em 1975)
— Metrô (linhas propostas – SISTRAN)
— Trólebus (linhas propostas – SISTRAN)
— Ferrovia (serviço urbano e carga)
— Ferrovia (carga)
  Área urbanizada (até 1949)
  Área urbanizada (de 1949 a 1985)
— Principais rios e represas (referência atual)

METRÔ E AUTOMÓVEIS   211

85. Sistema de Transportes Urbanos de Passageiros na Região Metropolitana de São Paulo (Sistran): Rede de transporte coletivo a longo prazo – 1976.

FONTE: Emplasa, Governo do Estado (1976).
Desenho elaborado por Leonardo Cleber Lima Lisboa.
ACERVO: Andreina Nigriello.

LEGENDA
— Metrô (linhas em operação em 1975)
— Metrô (linhas propostas – SISTRAN)
— Trólebus (linhas propostas – SISTRAN)
— Ferrovia (serviço urbano e carga)
— Ferrovia (carga)
▨ Área urbanizada (até 1949)
▨ Área urbanizada (de 1949 a 1985)
— Principais rios e represas (referência atual)

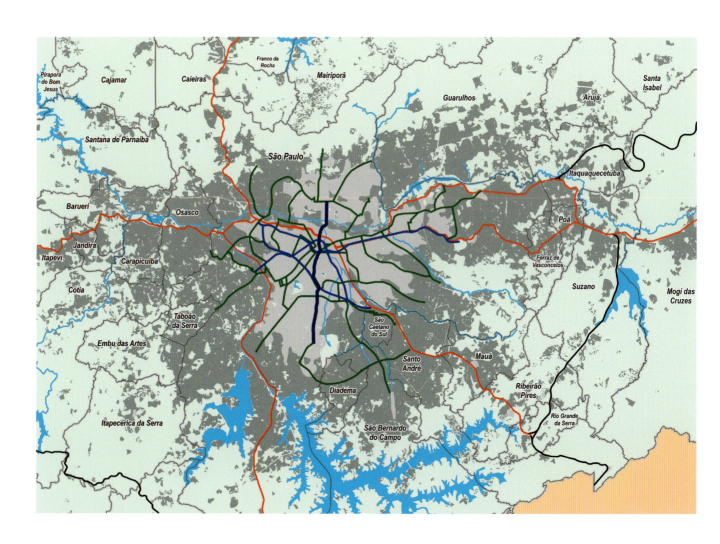

O Desenho de São Paulo por seus Caminhos

O Sistran também passou a ser uma referência. Objetivos e diretrizes do estudo foram reproduzidos em planos posteriores destinados à expansão dos sistemas viário e de transporte da região metropolitana. Dentre as diretrizes gerais do Sistran merecem destaque as da criação de um sistema de planejamento metropolitano e de uma empresa metropolitana, com concessão e recursos públicos para o Sistema de Transporte Coletivo Metropolitano, visando à coordenação da integração física, operacional, tarifária e dos investimentos no setor.

A política de transportes urbanos de passageiros do Sistran fundamentava-se num conjunto de objetivos gerais e de diretrizes gerais e específicas para o transporte coletivo e para o sistema viário:

"a) Objetivos: aumentar o acesso às oportunidades sociais e econômicas da Região, principalmente à população de baixa renda; reduzir as tensões decorrentes da demora excessiva e da má qualidade do sistema de transporte; minimizar as desapropriações de áreas edificadas; promover melhor distribuição dos custos e benefícios dos transportes entre as diversas classes da população; promover o sistema mais eficaz e eficiente no uso de recursos de investimentos e de operação; reduzir o consumo de combustível derivado de petróleo; promover a expansão nas áreas desejadas e desestimular nas áreas não recomendáveis; contribuir para manter e aperfeiçoar o funcionamento da área central; minimizar o seccionamento de bairros e o prejuízo às atividades existentes; reduzir a poluição sonora e do ar.

b) diretrizes gerais: adotar prioridade para o transporte coletivo na aplicação em novos investimentos e no uso do Sistema Viário existente; induzir o desenvolvimento urbano da área já servida de infraestrutura, especialmente no corredor Leste-Oeste; desestimular a urbanização nas áreas não recomendáveis para urbanização, especialmente ao sul (bacias das represas) e ao norte (reservas florestais); promover a coordenação dos investimentos em transportes na região, tanto de transportes coletivos como viários, através do sistema de planejamento metropolitano; promover a coordenação operacional e a integração física e tarifária do sistema de transporte coletivo, através de uma empresa metropolitana que receba a concessão e os recursos públicos para o Sistema de Transporte Coletivo Metropolitano; restringir o uso do carro particular no Centro Expandido; ampliar a responsabilidade dos níveis federal e estadual no Sistema de Transporte Metropolitano; ampliar o uso de recursos dos usuários de carro no financiamento dos investimentos em transportes na região.

c) diretrizes para o transporte coletivo: instalar e operar uma rede básica de transporte coletivo de grande capacidade, alta velocidade e grande regularidade, eletrificada, com integração física e tarifária e de ampla cobertura na Região Metropolitana; coordenar e otimizar os novos investimentos em transportes coletivos na rede básica; subsidiar o transporte coletivo da rede básica para manter as tarifas accessíveis à população de baixa renda; promover a integração tarifária geral abrangendo, além da rede básica, os serviços permitidos de ônibus particulares; aperfeiçoar o uso do sitema viário existente e proposto, com a implantação de medidas de prioridade para o transporte coletivo necessárias, através de faixas, pistas e vias exclusivas para o transporte coletivo e prioridade nos semáforos;

METRÔ E AUTOMÓVEIS 213

d) diretrizes para o sistema viário: ampliar a capacidade e melhorar a operação do sistema viário necessário para a implantação da rede básica de transporte coletivo; melhorar a operação do sistema viário existente com prioridade na seguinte ordem: pedestres, transporte coletivo, transporte de carga, carro particular; implantar melhorias viárias de baixo custo para a supressão de pontos críticos e a melhoria do uso da capacidade existente; implantar os projetos viários integrados como saneamento e a urbanização das margens de córregos; na Zona Interna, aumentar moderadamente a capacidade do sistema viário através de uma rede de vias arteriais de primeira categoria, com uso máximo de vias e faixas de domínio disponíveis; na Zona Externa, reservar faixas de domínio para o sistema viário estrutural de grande capacidade, utilizando ao máximo as zonas não edificadas, e implantando as vias em padrões compatíveis com o tráfego previsto a médio prazo, com possibilidade de aperfeiçoamento progressivo."[281]

Em 1975 tiveram início as obras da Linha Leste-Oeste (atual Linha 3-Vermelha), projetada para interligar a Lapa a Itaquera, ocupando parte da faixa de domínio da ferrovia, conectando-se com a Linha Norte-Sul na Sé, estação que seria finalizada apenas em 1978, conforme o traçado da *Rede de metrô* proposta em 1975 (Figura 86).

A Linha Norte-Sul, mesmo operando de Jabaquara a Santana, apresentava, em 1975, baixa ocupação de sua capacidade de transporte. Tal constatação reaqueceu no meio técnico a discussão sobre a prioridade da implantação da Linha Norte-Sul – em detrimento da Linha Leste-Oeste, cujo traçado passava por áreas habitacionais mais densamente ocupadas – e justificou a integração, inicialmente forçada, das linhas de ônibus que cruzavam com a linha de metrô, evitando a concorrência entre serviços, apesar de onerar passageiros já próximos de seus destinos. Essa integração também alimentou uma nova hipótese para a prioridade dada à implantação da Linha Norte-Sul: reduzir o congestionamento viário retirando ônibus de vias em que preferencialmente circulavam os automóveis da população mais abastada, concentrada em bairros a sudoeste e a norte, para acessar a área central da cidade.

Outra hipótese aventada está associada ao atendimento de interesses imobiliários. De fato, a Linha Norte-Sul delimita bairros a oeste – já valorizados em função da infraestrutura de serviços públicos implantada, ocupados por população de renda média e alta; e bairros a leste – ocupados por população de renda média e baixa. Com a equalização da acessibilidade de ambos os lados da linha de metrô, e sendo o preço do solo também função da renda da população – formou-se, principalmente a leste da linha, grande frente de expansão do mercado de imóveis para a população de renda mais elevada – com potencial para captação de maior valorização do solo decorrente da presença da linha[282]. Essa hipótese foi reforçada por resultados de estudo posterior,

281. SÃO PAULO (Estado), Emplasa, 1976, p. 20-23.
282. NIGRIELLO, 1977, p. 112.

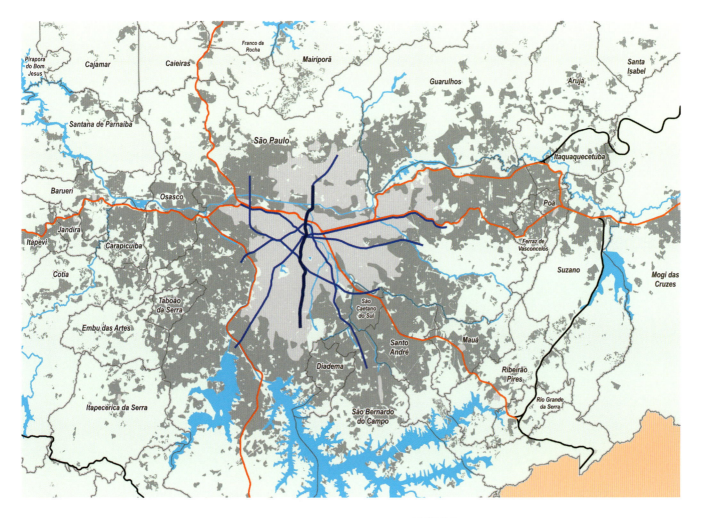

86. Rede de metrô – 1975.

FONTE: LISBOA, Leonardo Cleber Lima (2019). Reprodução de figura cedida por Leonardo Cleber Lima Lisboa.

LEGENDA
— Metrô (linhas em operação em 1975)
— Metrô (linhas propostas)
— Ferrovia (serviço urbano e de carga)
— Ferrovia (carga)
▒ Área urbanizada (até 1949)
▓ Área urbanizada (de 1949 a 1980)
— Principais rios e represas (referência atual)

que detectou, entre 1970 e 1980, em alguns distritos diretamente atendidos pela Linha Norte-Sul, como Saúde, Vila Mariana e Santana, decréscimo do número total de edificações, acompanhado de redução de população, aumento da renda média domiciliar, mas também aumento da área construída para apartamentos de padrão médio e alto – resultado de um processo de substituição de edificações e de afastamento da população de menor renda (gentrificação)[283]

As primeiras experiências de integração do serviço de ônibus com o serviço metroviário tornaram evidente aos técnicos do planejamento de transporte a importância dos conceitos de *rede multimodal* e de *rede hierarquizada*. Tratava-se de uma concepção de rede em que os diversos modos de transporte operariam integrados entre si, sendo

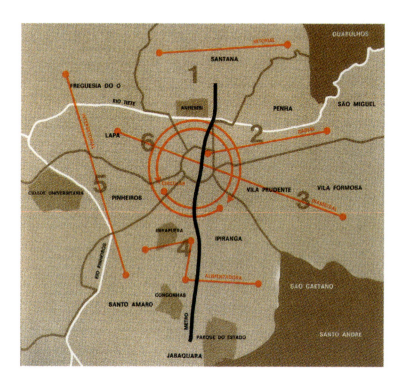
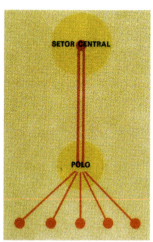

87. Plano Integrado de Transporte (PIT) – 1975.
FONTE: SÃO PAULO (Estado). Companhia do Metropolitano de São Paulo. Secretaria Municipal de Transporte. Companhia Municipal de Transporte Coletivo. Departamento de Segurança Viária (1976). Reprodução de figura autorizada pela Companhia do Metropolitano de São Paulo.

os modos de menor capacidade *alimentadores* dos modos de maior capacidade, a exemplo do sistema cardiovascular. Constatação que promoveu o início da implantação dos programas de *integração metrô-ônibus* e *metrô-automóvel* e, em 1976, do programa de *integração metrô-ferrovia*[284].

A racionalidade na oferta de transporte atribuída à intermodalidade levantou novamente a necessidade de se projetar uma rede metropolitana de transporte coletivo, envolvendo os modos de alta e média capacidade, ou seja, metrô, trem e corredores de ônibus. Isso explica a elaboração, em 1975, do *Plano Integrado de Transporte* (PIT) (Figura 87), pelo Metrô, pela Secretaria Municipal de Transporte (SMT), pela CMTC e pelo Departamento de Segurança Viária (DSV).

A capacidade dos modos de transporte passou a ser considerada nos estudos das redes de transporte desde então. Um dos primeiros esquemas que relacionam cada modo de transporte com a respectiva capacidade foi elaborado pelo Metrô em 1979 (Figura 88). Mas até o presente não há consenso técnico sobre o assunto, muito menos normas oficiais para estabelecer os parâmetros a serem considerados para o cálculo da capacidade em função das características de cada modo de transporte[285].

283. NIGRIELLO, 1987, p. 76.

284. O conceito de integração intermodal, associado ao objetivo de racionalizar a prestação do serviço de transporte, também justificou a integração entre linhas de ônibus comuns (alimentadoras) e linhas de ônibus de média capacidade (estruturais), circulando em corredores, isoladamente dos demais veículos. Porém, cabe observar que a prática da integração entre linhas de transporte, inaugurada na década de 1970, passou, a longo prazo, a privilegiar o interesse dos gestores e dos operadores, por reduzir os custos da prestação do serviço, em detrimento da qualidade de vida dos passageiros. A integração, especialmente aquela que envolve o transbordo entre ônibus, é desconfortável para os usuários, que gastam mais tempo (a frequência entre ônibus é maior que a adotada entre composições de metrô, de 90 segundos) e sofrem nos longos e demorados percursos, viajando quase sempre em pé, dentro de veículos sobrecarregados de passageiros, dada a limitada capacidade de lugares oferecidos nas horas de pico. Assim, a prática da integração entre linhas tem levado à *pressão por um transporte público melhor*, realizada por movimentos sociais, que vêm se fortalecendo (VASCONCELLOS, 1996, p. 184-185).

285. A falta de normas técnicas para cálculo da capacidade de transporte oferecida em cada modo tem fragilizado o planejamento setorial, principalmente nas tomadas de decisão que envolvem novos modos, como o monotrilho, projetado originalmente para atuar em linhas de menor demanda.

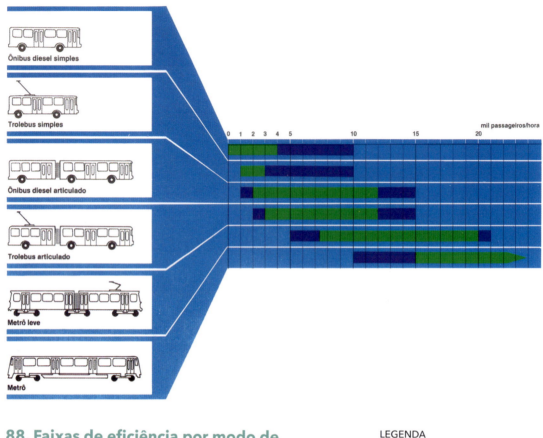

88. Faixas de eficiência por modo de transporte coletivo – 1979.
FONTE: SÃO PAULO (Estado). Companhia do Metropolitano de São Paulo (1983).
Reprodução de figura autorizada pela Companhia do Metropolitano de São Paulo.

LEGENDA
■ Área de eficiência
■ Área marginal

Em 1978, o planejamento da integração intermodal foi estendido aos passageiros das viagens com origem ou destino externos à metrópole, associando o sistema metroferroviário ao sistema rodoviário, no *Plano Integrado de Terminais Rodoviários de Passageiros* (*Piterp*). Elaborado pelo Metrô, em convênio com o Departamento Nacional de Estradas de Rodagem (DNER), a Empresa Brasileira de Transportes Urbanos (EBTU) e a Secretaria de Estado dos Negócios de Transporte, o plano estabelecia terminais a norte (Tietê, implantado em 1982); a sul (Jabaquara, implantado em 1988); a oeste (Barra Funda, implantado em 1989); a sudoeste, junto à Marginal do Rio Pinheiros (onde passa a Linha 4-Amarela); e a leste, entre Tatuapé e Aricanduva.

Promover a integração intermodal também fundamentou a criação, em fins de 1977, da Empresa Metropolitana de Transportes Urbanos de São Paulo (EMTU/SP), com corpo técnico constituído por funcionários do Metrô, experientes no planejamento da rede de metrô e na integração do serviço metroviário com o de ônibus.

A EMTU/SP, concebida como unidade ordenadora dos transportes urbanos, prevista no Sistema de Planejamento e de Administração Metropolitana (SPAM), pelo Decreto Estadual n° 10.951/77, foi vinculada à Secretaria dos Negócios Metropolitanos (SNM), em conjunto com a Emplasa, considerada a unidade técnica e executiva, e com o Fumefi, a unidade financiadora do governo estadual, ambas do SPAM. A EMTU/SP também deveria receber recursos do Fundo de Desenvolvimento dos Transportes (FDTU), repassados pelo governo federal[286].

Orientada por diretrizes estabelecidas pelo Conselho Deliberativo da Grande São Paulo (Codegran) – unidade deliberativa e normativa do SPAM, ligada diretamente ao governador do Estado –, a EMTU/SP assumiu as funções de "planejar o sistema metropolitano de transportes; coordenar a execução dos projetos e a operação, com vistas à integração dos diversos modos; e executar a política global para o setor"[287].

A EMTU/SP também fazia parte do Sistema Metropolitano de Transportes Públicos de Passageiros (SMTPP), comandado pelo Codegran, ao qual estava diretamente ligada. Sob o controle da EMTU/SP ficaram as ferrovias de subúrbio, o Metrô, a CMTC e as linhas de ônibus intermunicipais que operavam na metrópole. A EMTU/SP passou a ser a única concessionária e permitente das linhas de ônibus intermunicipais, estando previsto que deveria assumir o total controle delas até 1980, à medida que expirassem as permissões emitidas pelo Departamento de Estradas de Rodagem (DER).

A EMTU/SP propôs, em 1979, o estudo preliminar da *Rede Metropolitana de Ônibus* (*RMO*) (Figura 89), após realizar uma *Análise de Desempenho dos Corredores de Transporte Coletivo* (Figura 90), ampla pesquisa de campo sobre a ocupação da capacidade de transporte oferecida na rede de ônibus, mapeando a porcentagem de aproveitamento em cada trecho e considerando as principais demandas de viagem (linhas de desejo) fornecidas pela Pesquisa OD de 1977. Tratava-se de uma rede de ônibus formada por 29 corredores, concebida como parte integrante da rede metropolitana de transporte coletivo. Apresentava uma estrutura radial, com foco no Centro Histórico, complementada por algumas linhas perimetrais, chamadas de *rotas intersetoriais*. Três tipos de linhas de ônibus operariam na RMO – *tronco, expressa e circular central* – integradas física e tarifariamente entre si, com a rede de trens de subúrbio, com a rede de metrô e com as linhas de ônibus convencionais, municipais e intermunicipais.

286. METRAN, 1992, p. 23.
287. SÃO PAULO (Estado), EMTU, dezembro de 1979, p. 24.

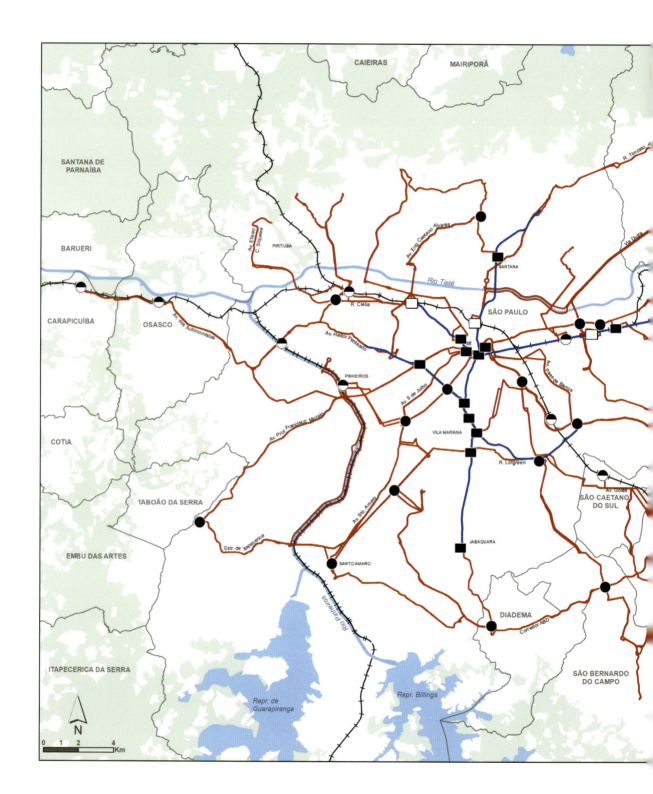

220 O Desenho de São Paulo por seus Caminhos

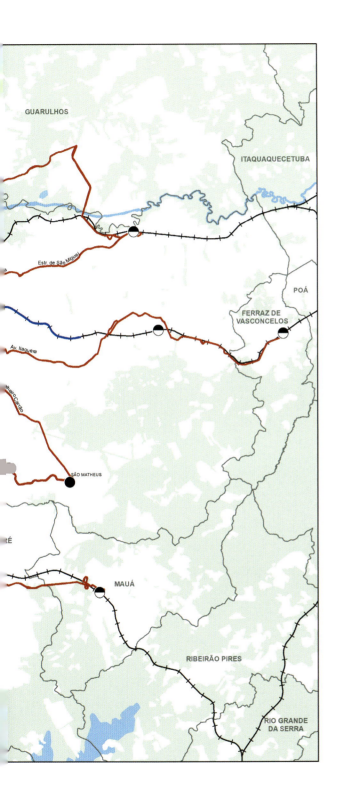

89. Rede Metropolitana de Ônibus (RMO) – 1979.

FONTE: SÃO PAULO (Estado). Empresa Metropolitana de Transportes Urbanos de São Paulo (1979).
ACERVO: Andreina Nigriello (figura reproduzida por Herlan Cássio de Alcântara Pacheco, em base cartográfica georreferenciada, em 2018).

LEGENDA
- ● Estação Ônibus x Ônibus
- ◐ Estação Ônibus x Ferrovia
- ■ Estação Ônibus x Metrô
- ☐ Estação Ônibus x Metrô x Ferrovia
- ⎯ Rede Metropolitana de Ônibus
- ⎯ Metrô
- ++ Ferrovia
- Corpo d'Água
- Área não Urbanizada
- Limite de Município
- Mancha Urbana em 1980

METRÔ E AUTOMÓVEIS   221

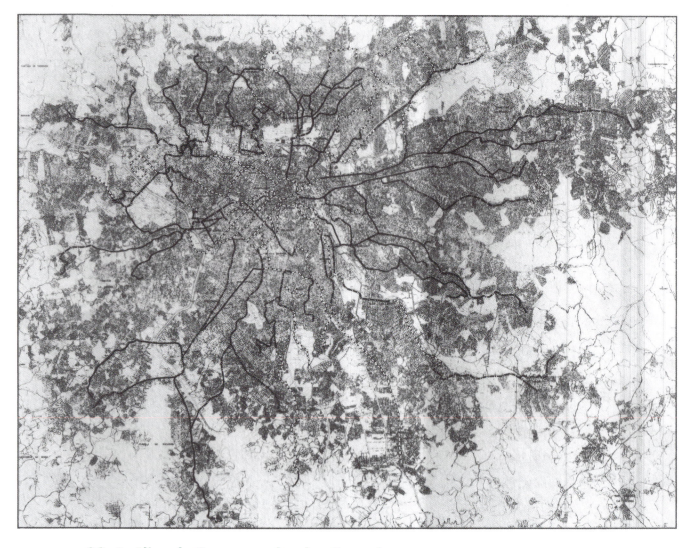

90. Análise de Desempenho dos Corredores de Transporte Coletivo – 1979.

FONTE: SÃO PAULO (Estado). Empresa Metropolitana de Transportes Urbanos de São Paulo (1979).
Reprodução de figura autorizada pela Companhia do Metropolitano de São Paulo.

LEGENDA
· · · Ocupação até 42 passageiros/ônibus (ociosidade) – 0-60%
–·– Ocupação de 43 até 56 passageiros/ônibus – 61-80%
— Ocupação superior a 56 passageiros/ônibus – mais de 80%
Observação: lotação do ônibus = 70 passageiros

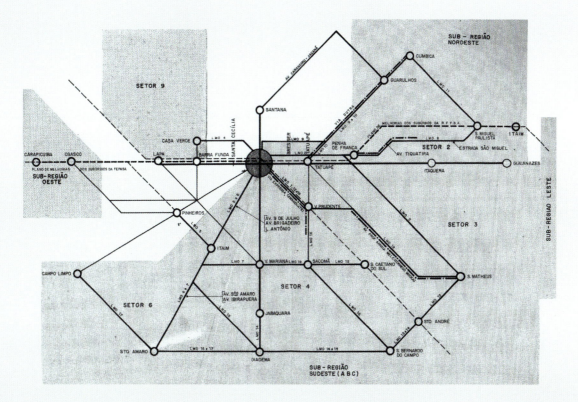

91. Rede Metropolitana de Transporte Coletivo (RMTC) – 1979.

FONTE: SÃO PAULO (Estado). Empresa Metropolitana de Transportes Urbanos de São Paulo (1979).
Reprodução de figura pertencente ao acervo técnico da extinta Emplasa, autorizada pela Secretaria de Desenvolvimento Regional do Estado de São Paulo.

LEGENDA

- Reorganização do Transporte Coletivo
- Linhas Metropolitanas de ônibus a serem implantadas no período (1980-1982)
- Suporte Viário a ser implantado
- Metrô
- Rede Metropolitana de Ônibus
- Ferrovia
- Centro Metropolitano
- ○ Terminais de Transferência

Os veículos previstos, que teriam diferentes capacidades, com maior nível de conforto e segurança para os passageiros, operariam com frequências elevadas, maior regularidade e velocidade, trafegando em faixas exclusivas ou em vias segregadas, além de contar com sinalização preferencial[288].

A RMO compôs a *Rede Metropolitana de Transporte Coletivo* (*RMTC*) (Figura 91), proposta em dezembro de 1979, visando à integração física, operacional e tarifária das linhas de ônibus de média capacidade, metrô e ferrovia, esta última correspondendo à unificação dos serviços de subúrbio da RFFSA e da Fepasa.

288. SÃO PAULO (Estado), Emplasa, março de 1979.

No entanto, Paulo Salim Maluf – membro do partido político situacionista Aliança Renovadora Nacional (Arena), nomeado governador do Estado (1979-1982) durante o regime militar – assinou em julho de 1980 o Decreto nº 15.319, de extinção da EMTU/SP, incorporando suas funções à Emplasa, além de dispersar grande parte dos funcionários envolvidos com o planejamento de transporte metropolitano, alocando-os em outras empresas estaduais.

> "A exposição de motivos para a sua desativação foi fundamentada basicamente em contribuir com a redução dos encargos estaduais e eliminar a superposição de funções entre órgãos distintos, considerando o planejamento como um mecanismo causador de conflitos e tensões entre níveis decisórios"[289].

Logo a seguir, com o Decreto nº 15.451/1980, o governador incumbiu a SNM a

> "[...] dispor sobre a execução e autorizar, disciplinar, supervisionar e fiscalizar os serviços de transporte coletivo de passageiros e também de sistema viário de interesse metropolitano [...] promover a compatibilização dos serviços ali referidos, objetivando sua integração com os demais serviços de transporte coletivo de passageiros e sistema viário executados na Região Metropolitana, respeitadas as competências de outras entidades da administração pública direta e indireta na mesma Região".

Posteriormente, a Resolução nº 001/81 da SNM passou essas atribuições à Emplasa. O último presidente da EMTU/SP, Josef Barat, em artigo sobre a gestão integrada dos recursos para o setor de transportes na metrópole paulista, escreveu que o fechamento da EMTU/SP foi

> "[...] decisão política de uma administração que não era particularmente ligada ao planejamento, às soluções de transporte voltadas para maior amplitude social e ao atendimento das populações de baixa renda"[290].

Segundo Barat, a formulação de um orçamento detalhado de investimentos para a implementação de projetos de transporte público para a RMSP "[...] que pudesse compatibilizar os inúmeros projetos conduzidos isoladamente e de forma compartimentalizada pelas instituições envolvidas no setor de transporte"[291] foi o principal desafio enfrentado pela EMTU, que também promoveu seu enfraquecimento e extinção. Barat apontou que "[...] a intenção de atingir maior grau de integração dos planejamentos de médio e longo prazos criaria, fatalmente, colisões com os objetivos independentes das entidades operadoras de transporte", acrescentando que a EMTU

"[...] encontrou forte oposição tanto de organismos municipais, como a CMTC e a Secretaria dos Transportes do Município, quanto de órgãos estaduais como o Metrô e a Fepasa. Na verdade, estas entidades queriam manter a sua independência e a sua capacidade de influenciar separadamente a destinação de recursos para as suas infraestruturas e instalações, e essa atitude encontrava, sem dúvida, respaldo na orientação do Governo Federal de financiar projetos numa base de aprovações específicas e de uma visão compartimentalizada dos projetos que recebiam seu apoio"[292].

O fechamento da EMTU/SP também foi associado à falta de instrumentos legais de apoio ao cumprimento de suas atribuições de caráter metropolitano, sem ferir a autonomia municipal[293], bem como à incapacidade dos profissionais envolvidos no planejamento integrado dos transportes em construir a viabilidade política para sua implantação, ou seja,

"[...] estabelecer sólidas alianças com o setor privado, como os associados à engenharia civil, à engenharia de projetos, à fabricação de material rodante. Isso em contraste direto com as entidades já existentes e com as burocracias tradicionais, que mantinham relações anteriores com interesses privados"[294].

Como estratégia de sobrevivência do planejamento integrado do transporte coletivo, técnicos da extinta EMTU/SP transferidos para a Emplasa, constituindo a Diretoria de Transportes Metropolitanos (DTM), optaram por aumentar a eficácia da discussão pública dos problemas e da formulação das soluções para as questões do setor. Assim, com o objetivo de elaborar de forma *democrática e participativa*[295] o *Plano*

289. METRAN,1992, p. 25.
290. BARAT, 1986, p. 23.
291. BARAT, 1986, p. 23.
292. BARAT, 1986, p. 23.
293. "É evidente que faltou, à EMTU, respaldo dos instrumentos legais para o cumprimento das atribuições de caráter metropolitano. Suas atividades de uma maneira geral esbarravam na autonomia municipal garantida pela Constituição vigente na época. Porém, acreditamos que diretamente ligada às questões de atribuições estava a ameaça que esta empresa poderia representar para as agências que atuavam no setor, cuja autonomia poderia sofrer restrições. Isto é, a ação de segmentos burocráticos constituídos dentro destas agências poderia estar limitada quanto à satisfação dos seus interesses" (METRAN, 1992, p. 26).
294. BARAT, 1986, p. 24.
295. Em 1982, essa era a proposta de gestão da plataforma do governo empossado, seguindo a proposta de "abertura lenta, gradual e segura" do sistema político brasileiro.

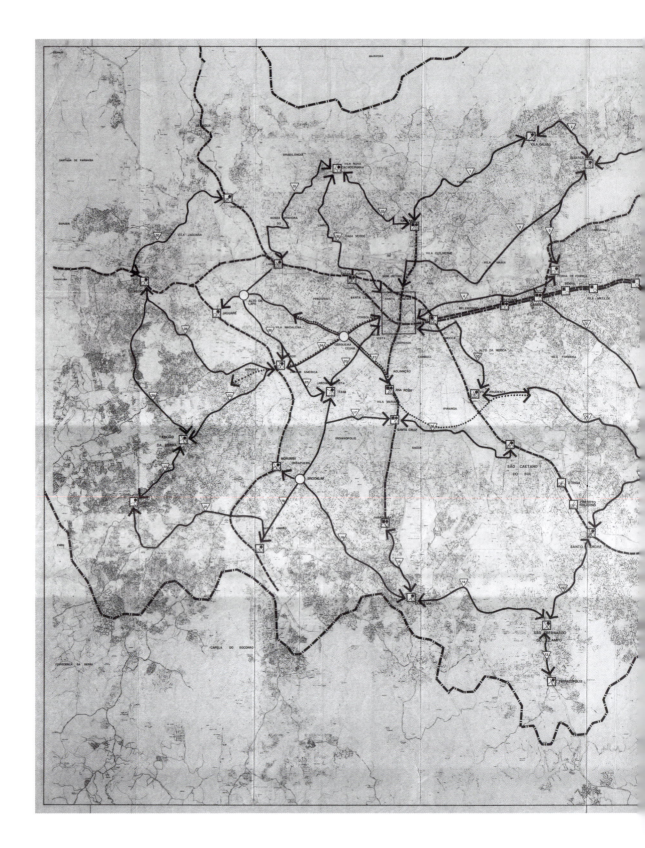

O Desenho de São Paulo por seus Caminhos

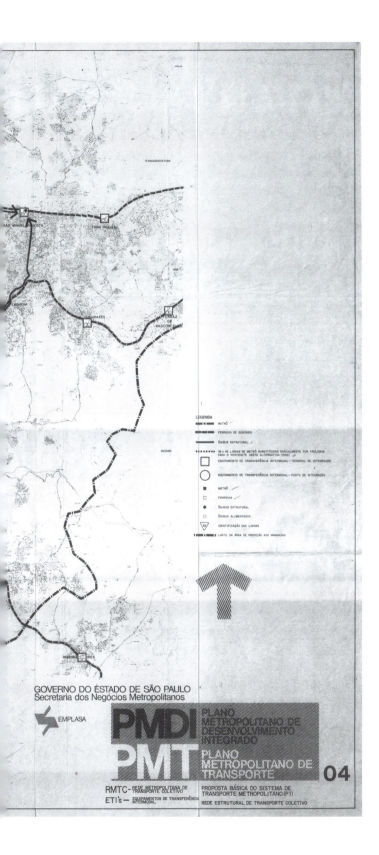

92. Plano Metropolitano de Transporte (PMT): Rede estrutural de transporte coletivo – 1983.
FONTE: SÃO PAULO (Estado). Empresa Paulista de Planejamento Metropolitano (1983). Reprodução de figura pertencente ao acervo técnico da extinta Emplasa, autorizada pela Secretaria de Desenvolvimento Regional do Estado de São Paulo.

Metrô e Automóveis 227

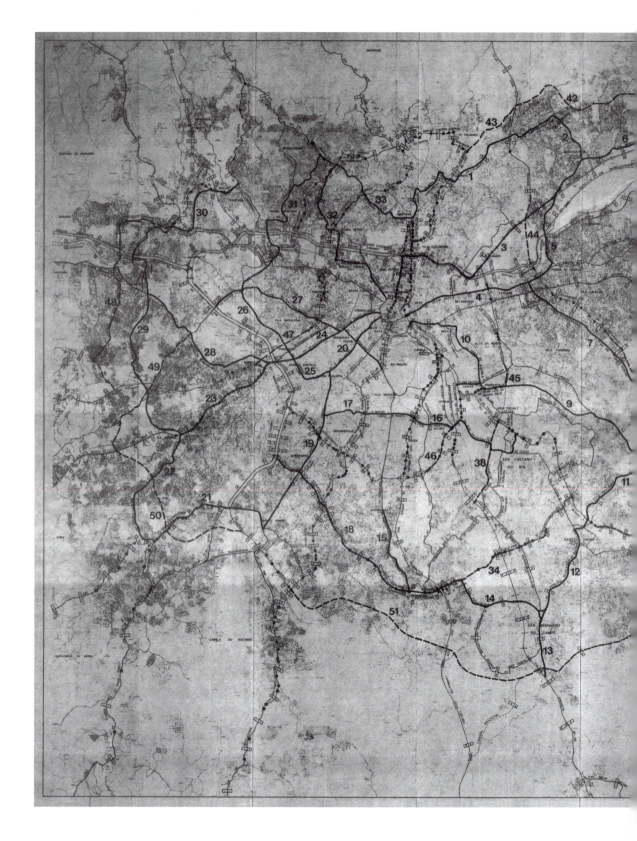

228 O Desenho de São Paulo por seus Caminhos

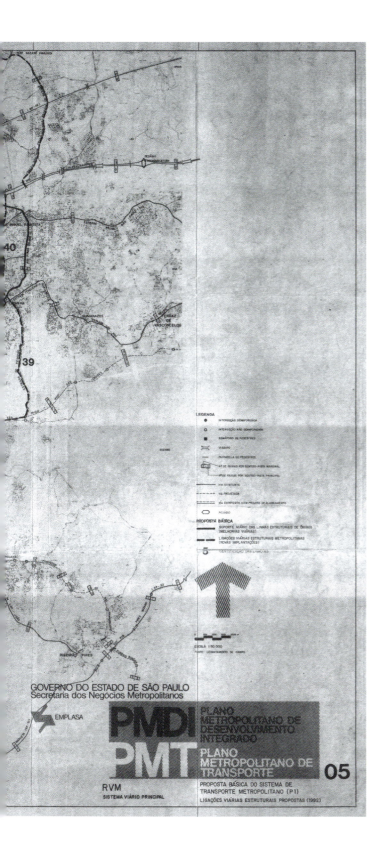

93. Plano Metropolitano de Transporte (PMT): Ligações viárias estruturais – 1983.
FONTE: SÃO PAULO (Estado). Empresa Paulista de Planejamento Metropolitano (1983). Reprodução de figura pertencente ao acervo técnico da extinta Emplasa, autorizada pela Secretaria de Desenvolvimento Regional do Estado de São Paulo.

Metrô e Automóveis

Metropolitano de Transporte (*PMT*) (Figuras 92 e 93), foram produzidas 4 *Apostilas Didáticas* (Figura 94), apresentadas e distribuídas, em encontros regionais, a grupos técnicos de trabalho, organizados nos municípios metropolitanos, envolvendo também a participação das comunidades locais. Os participantes desses grupos recebiam conhecimentos técnicos básicos em diversos temas: o transporte como um direito do cidadão e um dever do Estado; o conhecimento necessário para participar de discussões sobre planejamento de transporte; a necessidade da participação comunitária para promover a emergência das necessidades prementes da população em relação ao serviço de transporte; o processo de planejamento urbano; o processo de planejamento de transporte; a necessidade, para São Paulo, do processo de planejamento metropolitano e de transporte; os serviços metropolitanos previstos em lei; os diferentes níveis de planejamento e sua integração; a definição de tarifa; os sistemas de tarifação existentes na metrópole de São Paulo; como é calculada a tarifa; o que os usuários gastam em transporte; a fiscalização da operação do sistema de transporte coletivo pelos usuários; e instruções para o cálculo tarifário[296].

Na elaboração do PMT foram observadas diretrizes de desenvolvimento urbano estabelecidas pelo Conselho Nacional de Desenvolvimento Urbano (CNDU), ligado ao Ministério do Interior, políticas de transporte da EBTU, vinculada ao Ministério dos Transportes, e diretrizes do segundo Plano Metropolitano de Desenvolvimento Integrado (PMDI II). Concluído o PMT em 1983, entre suas diretrizes destacam-se: propor soluções para reduzir o consumo de combustíveis derivados do petróleo, com preferência para o uso de energia elétrica; prover uma infraestrutura de transporte de caráter metropolitano, atendendo as necessidades de crescimento urbano apontadas no PMDI; incorporar e compatibilizar o sistema de transporte de caráter metropolitano, a rede viária estrutural metropolitana, os planos de terminais de carga rodoviários e ferroviários, e os planos de terminais rodoviários, ferroviários e aeroviários de passageiros para a RMSP; racionalizar a operação dos transportes de modo a maximizar a utilização da infraestrutura e dos equipamentos existentes e integrados de forma física, operacional e tarifária; e prover instrumentação jurídico-institucional metropolitana para viabilizar a implementação do sistema de transporte, garantindo sua organização, operação e funcionalidade.

Para implementar a RMTC, o PMT estabelecia como ações de médio prazo, num horizonte de dez anos, finalizar os programas em andamento, ou seja, concluir a Linha Leste-Oeste do Metrô, remodelar as redes da Fepasa e da RFFSA e implantar rede de ônibus estrutural, integrada ao sistema de ônibus convencional. A RMTC a ser implementada a médio prazo priorizava o atendimento a polos regionais, com a criação de linhas estruturais periféricas; a integração física e tarifária intermodal; o uso de veículos de tração elétrica; e a implantação de linhas estruturais nos corredores viários, induzindo à ordenação e estruturação do espaço urbano.

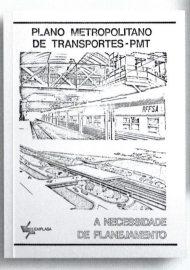

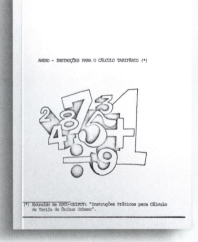

94. Apostilas didáticas do PMT.
FONTE: SÃO PAULO (Estado). Empresa Paulista de Planejamento Metropolitano [s.d.].
Reprodução de figura pertencente ao acervo técnico da extinta Emplasa, autorizada pela Secretaria de Desenvolvimento Regional do Estado de São Paulo.

Em 1983, André Franco Montoro, governador estadual eleito por voto direto (1983-1987), atribuiu à SNM, através do Decreto nº 20.876,

"[...] dispor sobre a execução e autorizar, disciplinar, supervisionar e fiscalizar os serviços de transporte coletivo de passageiros e também o sistema viário de interesse metropolitano, executados com finalidade comercial na Região Metropolitana da Grande São Paulo [...] promover a compatibilização dos serviços ali referidos, objetivando sua integração com os demais serviços de transporte coletivo de passageiros e sistema viário executados na Região Metropolitana, respeitada a competência de outras entidades da Administração Pública".

296. SÃO PAULO (Estado), Emplasa, [s.d.].

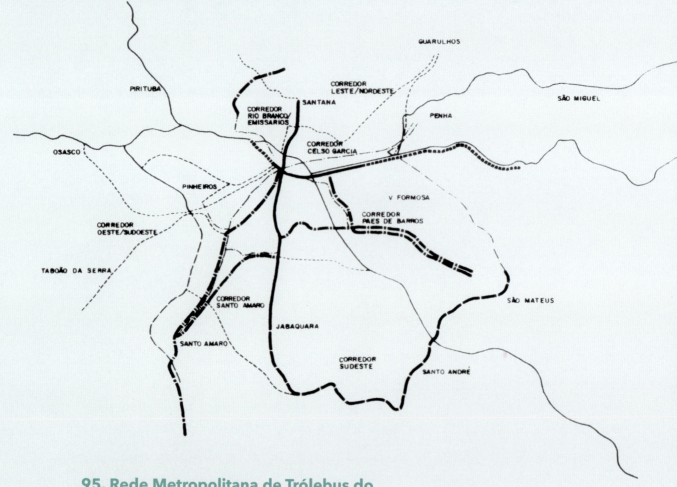

95. Rede Metropolitana de Trólebus do Programa de Ação Imediata (PAI) – 1983.

FONTE: METRAN, Jeanne (1992).
Reprodução de figura autorizada pela Companhia do Metropolitano de São Paulo.

LEGENDA
–– Linhas de Trólebus em Operação
━━ Programa de Ação Imediata – Município de São Paulo
■■ Programa de Ação Imediata – Intermunicipal
---- Programa de Médio Prazo
── Ferrovia em Operação
── Ferrovia Planejada
━ Metrô em Operação
---- Metrô Planejado ou em Construção

232 O Desenho de São Paulo por seus Caminhos

A SNM, em conjunto com a Emplasa, com a Eletricidade de São Paulo (Eletropaulo) e com a Secretaria Municipal de Transportes (SMT), desenvolveu proposta de uma rede metropolitana de trólebus, resultando no *Programa de Ação Imediata* (*PAI*) – 1983/84 (Figura 95), compatível com as recomendações do PMT. Com o acompanhamento da Câmara Metropolitana de Transporte (CMT), criada em 1984 pelo Codegram, a implantação do Programa de Trólebus na RMSP foi atribuída ao Metrô. Compunham a CMT representantes do Codegram, SNM, Emplasa, Metrô, Fepasa, DER, CMTC, Companhia de Engenharia de Tráfego (CET), Companhia Brasileira de Trens Urbanos (CBTU), DNER e Secretaria de Estado de Economia e Planejamento (SEP), além da comunidade e dos sindicatos dos trabalhadores do setor de transporte. A composição da CMT refletia a intenção do governador Franco Montoro em trocar o modelo anterior de gestão, concentrador de poderes, recursos e riquezas, por outro, de competências e recursos descentralizados, contando com a participação de diversos grupos sociais[297].

Um *processo de coordenação colegiada*, como resultado da articulação entre os órgãos envolvidos no Programa de Trólebus, "foi a grande conquista que atraiu o interesse e impulsionou a decisão dos organismos de financiamento"[298]. A aplicação de recursos num projeto comum a diversos órgãos – prática distinta da corriqueira, de associar recursos a determinado órgão, para realizar determinado projeto – viabilizou economicamente a implantação da primeira linha da *Rede Metropolitana de Trólebus* (*RMT*)

Também compunham esse processo de coordenação colegiada as articulações dos órgãos componentes da Câmara Metropolitana de Transporte com as administrações dos municípios que seriam servidos pela *Ligação São Mateus-Jabaquara* (*Corredor ABD*) (Figura 96), cujos prefeitos pertenciam a diferentes partidos políticos – São Paulo (PMDB), Santo André (PTB), São Bernardo do Campo (PMDB) e Diadema (PT). Diversos grupos técnicos de trabalho resultaram das articulações para tratar de soluções e prioridades referentes à implantação desse corredor intermunicipal de ônibus, cujo traçado perimetral, com 32 quilômetros de extensão, compunha o primeiro módulo do Programa de Ação Imediata 1983/84, da RMT[299].

Em paralelo, a falta de recursos fazia a implantação da rede de metrô *arrastar-se*. Em 1979 foi inaugurada a operação comercial no trecho Sé-Brás da Linha Leste-Oeste do Metrô, mas a operação completa, entre Barra Funda e Itaquera – novas extremidades adotadas para a linha –, só ocorreria em 1987. Em 1981 iniciou-se a extensão da Linha Norte-Sul até o Tucuruvi, com três novas estações, que seriam abertas à operação comercial apenas em 1997. Mas a lentidão que passou a caracterizar o ritmo de

297. METRAN, 1992, p. 78.
298. CARLETTO, 1984, p. 28.
299. METRAN, 1992, p. 88-100.

METRÔ E AUTOMÓVEIS   233

expansão do serviço metroviário em São Paulo deu espaço a um processo peculiar: o redesenho contínuo da rede, em estudos técnicos elaborados pela equipe de planejamento de transporte do Metrô, visando adequá-la aos resultados de novas Pequisas OD e à redução de recursos públicos destinados ao transporte. Assim, em 1982 atualizou-se a rede de metrô de 1975 (Figura 97), com uma proposta menor, totalmente contida no Município de São Paulo, reduzindo o traçado da linha Lapa-Vila Prudente para Vila Madalena-Vila Prudente; da linha Taboão-Delamare para Butantã-Luz. Mas resgataram-se dois ramais: Paraíso-Moema e Vila Bertioga, já presentes na rede do consórcio

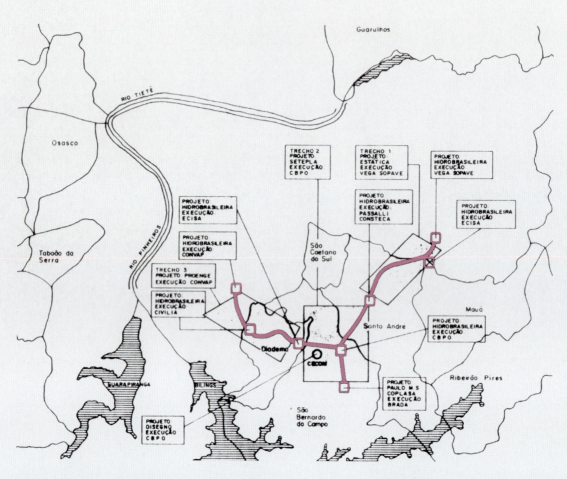

96. Ligação São Mateus-Jabaquara (Corredor ABD) – 1985.
FONTE: METRAN, Jeanne (1992).
Reprodução de figura autorizada pela Companhia do Metropolitano de São Paulo.

LEGENDA
Corredor de Trólebus
— Ligação São Mateus-Jabaquara
▢ Terminais
○ CECOM
— Divisa de município

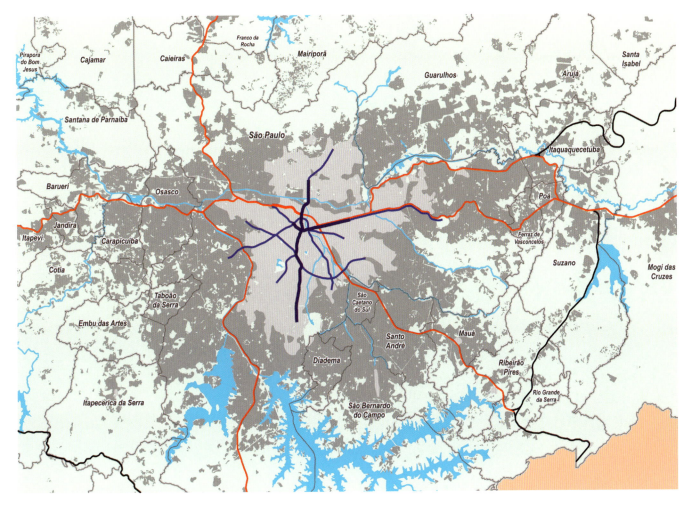

97. Rede de metrô – 1982.
FONTE: LISBOA, Leonardo Cleber Lima (2019). Reprodução de figura cedida por Leonardo Cleber Lima Lisboa.

LEGENDA
— Metrô (linhas em operação em 1982)
— Metrô (linhas propostas)
— Ferrovia (serviço urbano e carga)
— Ferrovia (carga)
  Área urbanizada (até 1949)
  Área urbanizada (de 1949 a 1985)
— Principais rios e represas (referência atual)

98. Rede Mínima de metrô – 1985.

FONTE: LISBOA, Leonardo Cleber Lima (2019). Reprodução de figura cedida por Leonardo Cleber Lima Lisboa.

LEGENDA
— Metrô (linhas em operação em 1985)
— Metrô (linhas propostas)
— Ferrovia (serviço urbano e carga)
— Ferrovia (carga)
 Área urbanizada (até 1949)
 Área urbanizada (de 1949 a 1985)
— Principais rios e represas (referência atual)

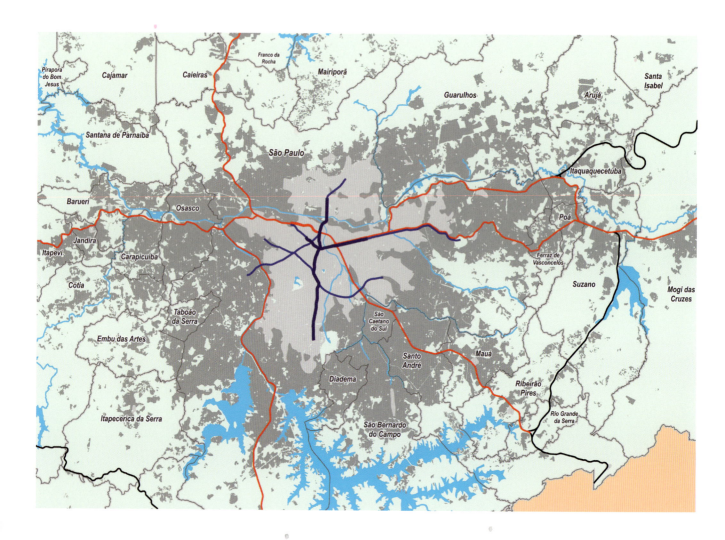

O Desenho de São Paulo por seus Caminhos

HMD. Em 1985, a rede de metrô sofreu nova redução, justificada pela escassez de recursos públicos para expandir o serviço, sendo chamada de *Rede Mínima* (Figura 98), com o seguinte conjunto de linhas: Norte-Sul, de Tucuruvi a Jabaquara; Leste-Oeste, de Barra Funda a Itaquera; Paulista, de Vila Madalena a Vila Prudente; e Sudoeste, de Caxingui ao Centro.[300]

• Investimentos no sistema viário

Nesse mesmo período, para garantir velocidade e reduzir conflitos de circulação, também foram realizados relevantes investimentos no sistema viário de São Paulo:

> "[...] nos anos 60 foi completada a segunda perimetral, com a Avenida Amaral Gurgel, a Praça Roosevelt, o Viaduto Júlio de Mesquita, a Radial Leste-Oeste e o conjunto de viadutos do Parque Dom Pedro II. Foi a época da construção de algumas das principais radiais, como a Avenida 23 de Maio, seguida pela Rubem Berta e pela Radial Leste"[301].

Porém,

> "[...] o congestionamento se tornou a cada ano mais grave. A solução, ainda que temporária, foi a construção das avenidas marginais dos rios Tietê e Pinheiros. O plano inicial (cujas origens remontam aos estudos de Ulhôa Cintra nos anos 1920) era a construção do chamado Pequeno Anel Rodoviário, com o qual se pretendia contornar a área urbanizada, facilitando as ligações entre as rodovias [...] Os terminais rodoviário e dos ônibus intermunicipais, oriundos dos polos externos da região metropolitana, foram instalados nas proximidades das marginais"[302].

Investimentos na rede viária regional de acesso a São Paulo foram outra característica do período. Em 1964 começou a construção da *Auto-Estrada do Oeste*, depois denominada *Rodovia Castelo Branco*, em direção ao Rio Paraná, cujo primeiro trecho foi inaugurado em 1967, ligando a cidade de São Paulo a Torre de Pedra, passando por São Roque e Sorocaba. A construção dessa rodovia acrescentaria à cidade algumas obras de arte em concreto protendido, como o *Cebolão*, obra do DER, e duas pontes sobre o Rio Tietê, em Osasco e Barueri[303].

300. NIGRIELLO, 1999, p. 13-14.
301. REIS, 2004, p. 215.
302. REIS, 2004, p. 216.
303. REIS, p. 113, [s.d.].

Mudanças na estrutura de gestão municipal e estadual da infraestrutura viária também marcaram o período. Na capital paulistana, o congestionamento viário foi inicialmente considerado uma questão técnica e policial a ser resolvida para garantir padrões de fluidez veicular e de segurança no trânsito, com ações embasadas em operação, fiscalização e educação. Após a publicação do Código Nacional de Trânsito (CNT) em 1966, foram criados em 1968 o Departamento de Desvio de Tráfego (DDT), de apoio às obras de implantação da rede de metrô, embrião do futuro Departamento de Operação do Sistema Viário (DSV); a STM, na gestão do Departamento de Transportes Públicos (DTP) e do DSV, estabelecidos em 1972; e a CET, vinculada ao DSV e composta, em 1976, por engenheiros provenientes da área de planejamento de transporte do Metrô.

No governo estadual, a Secretaria de Viação e Obras Públicas foi desdobrada, em 1963, em Secretaria do Estado dos Negócios dos Serviços e Obras Públicas e em Secretaria do Estado dos Negócios dos Transportes[304]. Em 1968, para promover a construção de estradas autofinanciáveis, foi constituída uma empresa de economia mista, de personalidade jurídica privada, a Dersa – Desenvolvimento Rodoviário S.A., com capital subscrito quase totalmente pelo DER. Dada a saturação da capacidade da Via Anchieta, a Dersa ocupou-se com a realização de uma nova ligação entre São Paulo e Santos, a Rodovia dos Imigrantes, cujo trecho do planalto foi inaugurado em 1974 e a pista ascendente da Serra do Mar e da Baixada Santista, em 1976. Entre 1976 e 1978, a Dersa construiu a *Via Norte* ou *Rodovia dos Bandeirantes*; e, entre 1980 e 1987, a *Via Leste* ou *Rodovia dos Trabalhadores*[305]. A construção das quatro super-rodovias, como foram chamadas a Castelo Branco, Imigrantes, Bandeirantes e Trabalhadores,

> "[...] aumentou extraordinariamente a mobilidade da população e das empresas, promovendo a formação de polos industriais mais afastados, que se transformaram em novas regiões metropolitanas ao redor de São Paulo, articuladas em suas rotinas cotidianas com a Região Metropolitana de São Paulo. Era o início da formação de um sistema integrado de regiões metropolitanas. Era o segundo estágio de descentralização; uma nova modalidade de entidade urbana, uma nova configuração da urbanização"[306].

• Distribuição espacial dos investimentos no sistema de transporte coletivo de maior capacidade e no sistema viário estrutural

As intervenções para a expansão do transporte coletivo de maior capacidade e do viário estrutural foram em grande parte destinadas ao Centro Expandido de São Paulo, consolidando a produção da cidade formal – com adensamento de empregos, geralmente em comércio e serviços, na área central e ao longo dos eixos de maior acessibilidade, quase sempre convergentes ao Centro. Ao contrário, na periferia, reduto da população de menor renda, a expansão subdimensionada e parcial do serviço de transporte coletivo de maior capacidade e do viário estrutural induziu à produção de uma cidade informal, espraiada e isolada, a *cidade dos excluídos*.

A disparidade entre a qualidade do espaço urbano produzido na área central e o espaço resultante das ocupações periféricas levanta a questão sobre o que teria comprometido a implementação de ações compatíveis com as diretrizes estabelecidas no planejamento metropolitano. Relatórios técnicos da época sobre carências na oferta de transporte, sem distinguir sua pertinência à área central ou à periferia, reconhecem o fato de os investimentos no setor de transporte não terem evoluído de acordo com a necessidade de aumento da oferta do serviço, deixando de acompanhar o crescimento da demanda, decorrente do aumento da população e de sua mobilidade; a inexistência de uma estrutura de integração intermodal que propiciasse o uso de cada modo de transporte em função de suas características próprias de capacidade e flexibilidade; a inexistência de prioridade no sistema viário para a circulação dos ônibus; e a inadequação dos ônibus – produzidos originalmente para o transporte de carga – ao serviço de transporte de passageiros.

Uma manifestação do que teria prejudicado a implementação de ações compatíveis com as diretrizes estabelecidas no planejamento metropolitano, nesse período, pode ser buscada no fechamento da EMTU/SP. O fato evidenciou o desinteresse político pela gestão centralizada do planejamento de ações com o objetivo de reduzir carências na oferta de transporte coletivo em escala regional. O desmonte da estrutura de gestão atrelada à EMTU/SP foi não apenas coerente com a renúncia a um espaço metropolitano provido de serviços urbanos fundamentais ao desenvolvimento dos processos de produção e reprodução de um estágio de desenvolvimento social e econômico mais avançado, mas também compatível com o padrão de organização do Estado na época:

> "É importante mais uma vez assinalar que todos os projetos, programas e investimentos que estavam sendo realizados na Região Metropolitana de São Paulo estavam segmentados em agências, não contando com fontes regulares de recursos, ficando assim na dependência do poder de negociação dos governantes das esferas responsáveis, ou mesmo ao nível de barganhas políticas e de outros interesses que envolviam grupos ligados às estruturas burocráticas formadas no interior dessas agências, resultando desta forma no fortalecimento de algumas e no esvaziamento político de outras"[307].

304. REIS, p. 147, [s.d.].
305. REIS, p. 148, [s.d.].
306. REIS, 2004, p. 215.
307. METRAN, 1992, p. 55.

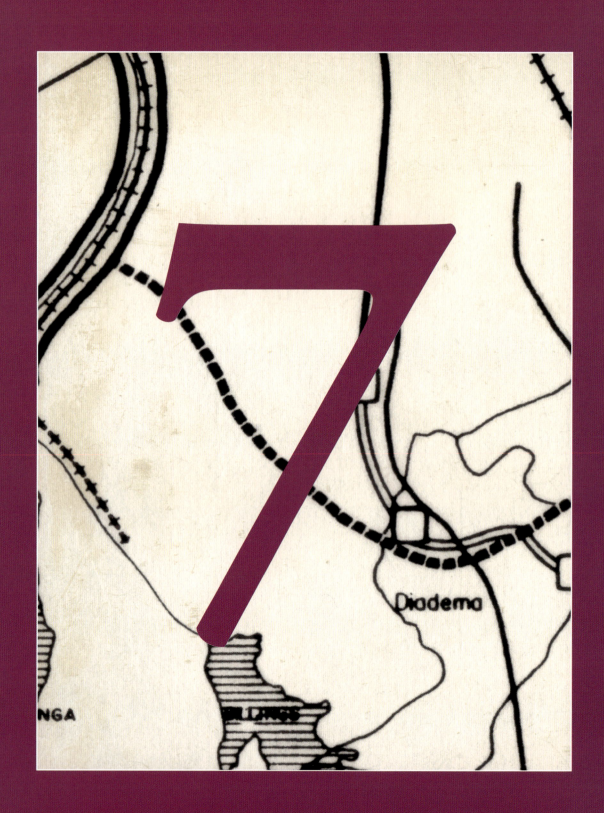

Corredores
de ônibus

O crescimento da população no anel periférico metropolitano – acompanhado por redução da população em alguns setores da área central – contribui para a formação de fluxos de viagens que demandam uma oferta de transporte compatível com linhas de metrô implantadas em áreas mais afastadas. Mas diversos planos são elaborados para fundamentar investimentos públicos em corredores de ônibus. Para justificar a opção pelo modo, a argumentação oficial, baseada na crônica falta de recursos, estabelece um equívoco: o serviço de duas ou mais linhas de ônibus, operando em viário exclusivo, é equiparável ao oferecido por uma linha de metrô, sendo mais rápido e de implantação mais econômica. Ao mesmo tempo, com o objetivo de reduzir o congestionamento viário, investimentos são realizados para a abertura de vias expressas em fundos de vale e no prolongamento das marginais aos rios Tietê e Pinheiros, abrindo novas frentes de ocupação do solo.

Âmbito externo

Ao término do governo militar, com a saída do general João Figueiredo da Presidência do Brasil, inaugura-se a Nova República, período que se inicia com a Presidência de José Sarney (1985-1990), marcado por grave crise inflacionária e pela elaboração de uma nova Constituição Brasileira, promulgada em 1988, em substituição à de 1967.

Apesar dos diversos planos de estabilização monetária adotados – *Cruzado* e *Cruzado II* em 1986; *Bresser* em 1987; e *Verão* em 1989 –, a inflação não foi controlada. Compunham o cenário, além da inflação monetária, a redução da capacidade de investimento do poder público, o aumento do desemprego e do subemprego, associados ao crescimento da economia informal e à redução da renda da população.

Na Assembleia Constituinte de 1987-1988, formada por maioria de políticos do Centro Democrático, entraram em conflito interesses neoliberais, contrários à participação do Estado na economia, com interesses socialistas, favoráveis à ampliação da atuação do Estado. Como princípios da ordem econômica, alguns limites às ideias neoliberais foram estabelecidos em itens do artigo 170 da nova Constituição: a soberania nacional; a função social da propriedade; a defesa do consumidor; a defesa do meio ambiente; a redução de desigualdades sociais e regionais; a busca do pleno emprego; e o tratamento favorecido às empresas de pequeno porte constituídas sob as leis brasileiras, com sede e administração no país.

No setor de transportes, o período foi marcado por crise no sistema rodoviário nacional, com a extinção do Fundo Rodoviário Nacional, criado em 1945[308] como uma das principais fontes de receita do DNER. A revogação do Fundo também decorreu da Constituição de 1988, que possibilitou a empresas privadas investir na prestação de serviços públicos por meio de licitação[309]. Nesse caso, a Constituição de 1988 apenas reafirmou o modelo neoliberal de captação de recursos, viabilizado, um ano antes de sua promulgação, pelo Decreto nº 94.002/87, que facultou ao DNER contratar a construção, conservação e exploração de rodovias no Brasil, mediante concessão.

Âmbito local

Na RMSP continuou o crescimento da população, mas em ritmo menos acelerado que o apresentado na década de 1970, e também de empregos formais e informais[310]. A variação na taxa de atividade[311], calculada com base nos resultados das pesquisas OD de 1977 e 1987, foi de 0,37 para 0,40 emprego por habitante, no período.

A população, estimada em 14,250 milhões de habitantes em 1987, apresentou crescimento de 39% sobre os 10,278 milhões de habitantes constatados na mesma Pesquisa OD, aplicada na metrópole em 1977. Novos domicílios foram se amontoando em áreas periféricas, ao longo de antigos caminhos, rodovias e ferrovias, expandindo a aglomeração urbana desde a Serra da Cantareira até ultrapassar os limites da Área de Proteção aos Mananciais[312]. "Depois de 1980, com a estagnação econômica, passaram a engrossar os contingentes de populações marginalizadas do anel metropolitano"[313].

No Município de São Paulo, em seu Centro Expandido[314], algumas zonas se adensaram em termos populacionais, especialmente Mooca, Água Rasa, Cambuci, Ipiranga, Vila Mariana, Saúde, Moema, Campo Belo e Santo Amaro. Áreas-dormitório se formaram ou se fortaleceram em zonas localizadas no extremo leste da capital, como em Vila Formosa, Aricanduva, Jardim Helena, Vila Curuçá, Itaim Paulista, Lajeado, Guaianases, Cidade Tiradentes, Sapopemba, Cangaíba, Ermelino Matarazzo, Cidade Líder, Parque do Carmo, Itaquera, José Bonifácio, Vila Jacuí, São Miguel Paulista; a sul, em Campo Grande, Cidade Ademar, Pedreira, Socorro, Cidade Dutra, Jardim São Luís, Capão Redondo e Jardim Ângela; a oeste, em Campo Limpo, Vila Andrade, Butantã, Morumbi, Vila Sônia, Jaguaré, Rio Pequeno, Raposo Tavares, Mutinga e Presidente Altino; e a norte, em Pirituba, Jaguara, São Domingos, Brasilândia, Mandaqui, Cachoeirinha, Santana, Casa Verde, Jaraguá, Perus e Anhanguera[315].

308. O Fundo Rodoviário Nacional, criado pelo Decreto-Lei n° 8.463/45, dava autonomia administrativa e financeira ao DNER.

309. Artigo 175 da CF de 1988: "Incumbe ao poder público, na forma da lei, diretamente ou sob regime de concessão ou permissão, sempre através de licitação, a prestação de serviços públicos". A nova Constituição viabilizou a possibilidade de o setor privado explorar a navegação aérea e a infraestrutura aeroportuária; os serviços de transporte ferroviário e aquaviário; e os serviços de transporte rodoviário interestadual e internacional de passageiros.

310. Nas pesquisas OD são considerados tanto os empregos formais quanto os informais.

311. Taxa de atividade é a relação entre o número de empregos e o número de habitantes.

312. Áreas de Proteção aos Mananciais ocupam, a norte e a sul, partes do território metropolitano. Os limites e restrições iniciais sobre o uso e ocupação do solo nas APMs foram estabelecidos nas leis estaduais n° 898/1975 e n° 1.172/1976 e no Decreto n° 9.714/1977.

313. REIS, 2004, p. 212.

314. O Centro Expandido é delimitado pelas avenidas marginais Tietê e Pinheiros, Salim Farah Maluf, Afonso D'Escragnolle Taunay, Bandeirantes, Juntas Provisórias, Presidente Tancredo Neves, Luís Inácio de Anhaia Melo e o Complexo Viário Maria Maluf.

315. MANGILLI, 2001, p. 58-64.

Nos demais municípios metropolitanos também houve grande aumento da população, principalmente em Taboão da Serra, Osasco, Carapicuíba, Guarulhos, Ferraz de Vasconcelos, Poá, Itaquaquecetuba, Suzano, Mauá, Mogi das Cruzes, Santo André, São Bernardo do Campo e Diadema[316].

Por outro lado, a comparação entre as duas pesquisas OD mostrou redução de habitantes em diversas zonas localizadas no Centro Expandido, como Liberdade, Bela Vista, Consolação, Perdizes, Itaim Bibi, Pinheiros, Alto de Pinheiros, Lapa, Vila Leopoldina; e em algumas zonas na borda externa ao Centro Expandido, como Brás, Pari, Belém, Vila Prudente e São Lucas, ou na área de influência da Linha 1-Azul do Metrô, como Jaçanã, Vila Medeiros, Vila Maria, Vila Guilherme e Jabaquara[317].

Com a Pesquisa OD de 1987 foram estimados 5,649 milhões de empregos formais e informais na metrópole paulista, indicando um aumento de 50% em comparação com os 3,759 milhões referentes à Pesquisa OD de 1977. Fato importante foi o crescimento dos empregos no setor de comércio e serviços (61,8%) maior do que na indústria (27,9%). A comparação entre as duas pesquisas OD revelou redução de empregos em algumas zonas como Sé, República, Brás, Pari, Belém, Vila Prudente, São Lucas, Grajaú, Parelheiros e Marsilac, provavelmente associada à saída de unidades de produção para áreas externas à metrópole[318].

A análise da distribuição espacial dos dados da Pesquisa OD de 1987 confirmou a concentração de empregos ao redor e no Centro Expandido do Município de São Paulo, mas também em zonas mais afastadas, como Campo Grande, Cidade Ademar, Pedreira, Jardim São Luís, Capão Redondo e Jardim Ângela. Concentrações de emprego foram detectadas nos demais municípios, com destaque para os de Guarulhos, Arujá, Ferraz de Vasconcelos, Poá, Itaquaquecetuba, Suzano, Santo André, São Bernardo, Barueri, Itapevi, Cotia e Jandira[319].

Outro importante reflexo da crise econômica nacional detectado na RMSP com as pesquisas OD de 1977 e 1987 foi a redução no índice de mobilidade da população, que caiu de 1,49 para 1,31 viagem motorizada por dia, por habitante. A queda na mobilidade da população não impediu, porém, a existência de fluxos significativos de viagens, que demandavam oferta de transporte compatível com a capacidade de novas linhas de metrô ou de trem.

Porém, os gestores das redes públicas de transporte da época argumentavam que o serviço de duas ou mais linhas de ônibus, usufruindo de viário exclusivo, era equiparável ao oferecido por uma linha de metrô[320]. Fundamentados numa falta de recursos crônica para implementar ações no setor de transporte público, compunham os discursos oficiais comparações entre custos e tempos de implantação associados aos dois modos de transporte, sempre menores no caso dos corredores de ônibus. Assim, em detrimento da expansão da rede metroferroviária, foram priorizados os investimentos destinados à implantação de corredores de ônibus.

Em 1985, ao término da gestão Mário Covas na Prefeitura de São Paulo (1983-1985), dois planos de transporte coletivo foram apresentados: o *Plano Municipal de Transportes Coletivos* (*PMTC*), que, dando continuidade à implementação do PAI, propunha linhas-tronco de trólebus nos principais corredores de transporte; e o *Plano Municipal de Transporte e Tráfego* (*PMTT*), de âmbito mais amplo, por conjugar propostas referentes à rede de transporte público ao transporte de carga, ao planejamento e à operação do sistema viário, bem como à segurança. Importantes corredores de ônibus, previstos nesses planos, foram ampliados ou implantados no período: o Corredor Santo Amaro-Nove de Julho-Centro, inaugurado em 1984; a extensão do Corredor Paes de Barros até a Rua da Mooca, em 1985; o Corredor Inajar-trecho Ordem e Progresso e o Corredor Inajar-Rio Branco-Centro, em 1991.

Durante o governo de André Franco Montoro (1983-1987), o ano de 1986 destaca-se na evolução da rede de transporte metropolitana, com as obras de implantação da Ligação São Mateus-Jabaquara[321], que se estenderam até 1990. Sob a gestão da EMTU/SP – empresa fechada em 1980, mas resgatada em 1987, apenas com a atribuição de gerir e operar o serviço intermunicipal de ônibus, o primeiro trecho da Ligação São Mateus-Jabaquara foi inaugurado em 1988, com a operação entre Ferrazópolis e São Mateus. Desde então, a empresa concessionária Metra – Sistema Metropolitano de Transportes realiza o transporte nesse corredor, utilizando ônibus a diesel, híbridos e trólebus.

Mesmo em ritmo lento, a expansão da rede de metrô continuou. Em 1987, na gestão do governador Orestes Quércia (1987-1991), foram lançadas as obras da Linha

---

316. MANGILLI, 2001, p. 58-64.
317. MANGILLI, 2001, p. 58-64.
318. MANGILLI, 2001, p. 80-81.
319. MANGILLI, 2001, p. 80-81.
320. Se forem considerados aspectos associados ao controle externo da operação, o serviço prestado por uma linha de metrô não é apenas a soma da capacidade de transporte de duas ou mais linhas de ônibus circulando em via exclusiva. No caso do metrô, a frequência constante das composições que chegam às plataformas a cada 90 segundos; o reduzido tempo de embarque/desembarque dos passageiros nos vagões; a velocidade de percurso programada; a segurança e a confiabilidade do serviço, e ainda o contínuo controle e rápida solução de interferências externas, invalidam a equivalência do serviço de uma linha de metrô ao de um corredor de ônibus.
321. O projeto e implantação do Corredor ABD valeu-se da experiência realizada no Corredor Paes de Barros, cuja primeira etapa foi inaugurada em 1980.

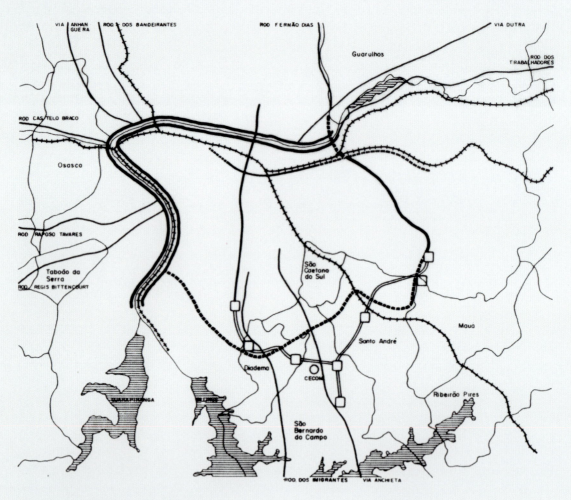

99. Elo Leste do Anel Viário Metropolitano – 1985.

FONTE: METRAN, Jeanne (1992). Reprodução de figura autorizada pela Companhia do Metropolitano de São Paulo.

LEGENDA

CORREDOR DE TRÓLEBUS
── Ligação São Mateus-Jabaquara

ANEL VIÁRIO METROPOLITANO
── Existente
--- Proposto

METRÔ
── Linhas existentes
···· Em implantação

TREM METROPOLITANO
+++ Linhas existentes
+++ Em implantação

── Rodovias
── Divisa de municípios

O Desenho de São Paulo por seus Caminhos

Vila Madalena-Vila Prudente, cujo procedimento construtivo adotado[322] minimizou os impactos da intervenção no espaço urbano, evitando desapropriações e desvios no tráfego de importantes vias – Doutor Arnaldo, Paulista, Bernardino de Campos e Vergueiro – sob as quais o túnel da linha iria passar. No mesmo ano, os trens de metrô passaram a correr entre Itaquera e Barra Funda, ou seja, ao longo de toda a Linha 3-Vermelha, como foi rebatizada a Linha Leste-Oeste. Em 1990 foram feitos os testes para o início da operação do serviço metroviário no trecho Paraíso-Consolação, da Linha Vila Madalena-Vila Prudente.

Em termos de sistema viário estrutural está associada ao período a proposta do *Elo Leste do Anel Viário Metropolitano* (Figura 99), obra complementar a trechos já implantados – as marginais dos rios Tietê e Pinheiros e a Avenida Aricanduva – para aumentar a conectividade do sistema viário estrutural e isolar o fluxo do transporte de carga produzido pelos demais veículos em circulação, especialmente na Ligação São Mateus-Jabaquara. Os estudos para o traçado do Elo Leste do Anel Viário Metropolitano foram empreendidos por grupo de trabalho interfederativo[323], no âmbito da CMT[324].

322. Para diminuir a camada de solo de recobrimento das estações e permitir sua construção acima do lençol freático, realizou-se nos trechos selecionados para a construção dos mezaninos das estações a *enfilagem* de uma estrutura de sustentação horizontal, instalada no sentido perpendicular ao fluxo do sistema viário a ser preservado.
323. O grupo de trabalho era formado por técnicos do DNER, DER, Dersa, Metrô, Sempla, SMT, DSV e Prefeitura Municipal de Guarulhos. Em reuniões do Grupo Técnico também participaram as prefeituras de Santo André, Mauá e São Bernardo do Campo.
324. METRAN, 1992, p. 131-134.

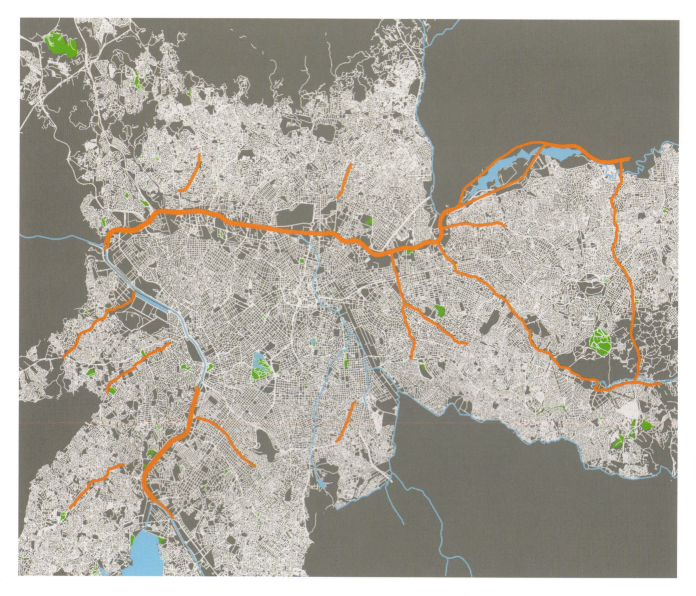

Figura 100. Principais vias de fundo de vale implantadas ou ampliadas entre 1980 e 2000.
FONTE: Desenho do acervo da autora, elaborado por Fernando Teixeira Santiago.

LEGENDA
— Via de fundo de vale
— Hidrografia
   Logradouro
■ Parque municipal
■ RMSP

Abrindo novas frentes para a ocupação urbana do solo, especialmente no Município de São Paulo, diversas vias foram prolongadas ou abertas em fundos de vale[325], no decorrer das décadas de 1980 e 1990. Implantadas em paralelo aos principais rios e seus afluentes, destacam-se as avenidas Água Espraiada, Jacu-Pêssego/Nova Trabalhadores, Aricanduva, Ragueb Chohfi, Luiz Dumont Villares, Salim Farah Maluf, Vereador Abel Ferreira, Presidente Tancredo Neves, Carlos Caldeira Filho, Eliseu de Almeida, Escola Politécnica, Governador Carvalho Pinto, Ministro Petrônio Portela, e também o prolongamento e o alargamento das marginais aos rios Tietê e Pinheiros (Figura 100).[326]

325. A implantação de vias expressas de fundo de vale foi impulsionada pelo Programa Nacional de Saneamento (Planasa), criado pelo Banco Nacional da Habitação (BNH) em 1968, de modo experimental, e de maneira formal em 1971; sendo extinto em 1986, junto com o BNH.
326. SANTOS, 2014, p. 117.

Monotrilhos

ortes contrastes econômicos e sociais agravam a fragmentação interna da Região Metropolitana de São Paulo. Aumenta a participação do transporte individual na realização das viagens com origem e destino fora da área central. Encadeamentos de fluxos de viagens com caráter perimetral configuram a presença de dinâmicas econômicas de âmbito sub-regional. Mas a rede metropolitana de transporte de São Paulo não apresenta um crescimento correspondente à demanda, apesar da expressiva quantidade de planos realizados a partir da última década do século XX. A prioridade de implantação de novas linhas de metrô visa adensar a rede no Centro Expandido, diretriz justificada com base na falta de recursos públicos, na necessidade de atenuar os efeitos do congestionamento viário e na pressuposta independência funcional da periferia em relação à área central. Linha de monotrilho, uma das poucas utilizadas como modo de transporte público de alta capacidade na experiência internacional, é construída para promover o acesso, à rede metroferroviária, de parte da periferia densamente habitada da Região Leste da cidade.

Âmbito externo

Apesar de o Brasil não ter passado pelo *estado de bem-estar social*[327], muito menos ter alcançado o *estágio intensivo de produção*, pressões relacionadas ao pagamento da dívida externa, com a superação da inflação monetária, com a redução do déficit fiscal e, principalmente, com a integração a um novo modelo de expansão do mercado, mais aberto e competitivo, levaram o país à adoção de políticas neoliberais – a exemplo do que estava ocorrendo há mais de uma década em países de desenvolvimento econômico avançado, onde a população já desfrutava de benefícios imanentes do *welfare state*, compatíveis com o estágio intensivo de produção em que se inseriam.

Globalização foi a denominação atribuída a processos de produção e financeiros decorrentes desse novo modelo de expansão do mercado. A globalização promoveu não só o aumento do comércio internacional, mas também a criação, o fortalecimento e a inserção de empresas transnacionais, estruturadas em redes e distribuídas em diversos países; a integração de mercados financeiros mundiais; a redução e a reestruturação do papel do Estado; a privatização de empresas estatais; a terceirização de serviços públicos; a queda de barreiras protecionistas a setores de produção em países de economia menos competitiva; e a fragmentação e dispersão espacial de cadeias produtivas em escala mundial, de modo a incorporar vantagens locacionais na redução dos custos, em cada etapa do processo produtivo. Assim, a proximidade territorial, atributo buscado no processo de produção anterior, foi substituída por eficiência e flexibilidade nas redes de comunicação.

Alguns centros metropolitanos – sedes de organizações de influência mundial de importantes instituições financeiras e de empresas transnacionais – foram elevados à categoria de *globais*[328]. Trata-se de cidades com grande população, que oferecem vantagens econômicas decorrentes de um alto padrão de urbanização – o que inclui um sistema avançado e eficiente de transporte –, da presença de quadros profissionais especializados, de serviços voltados a operações internacionais de mercado, com destaque para os financeiros e de telecomunicação, como também Bolsa de Valores de influência mundial, aeroportos internacionais, centros de pesquisa, universidades, museus e tudo mais que gera qualidade de vida.

Com a opção pelo modelo neoliberal, o Estado brasileiro deixou de promover e financiar programas de desenvolvimento econômico e social, para ampliar a capacidade de competição do país no mercado internacional. Centrado em diretrizes formuladas pelo FMI[329], pelo Banco Mundial e pelo Tesouro dos Estados Unidos – que visavam à delimitação das funções do Estado, com a redução de seu tamanho e de sua interferência na economia –, o Brasil passou a privatizar empresas estatais desde o governo de Fernando Collor de Mello (1990-1992), através do Programa Nacional de Desestatização (PND).

Especificamente no setor de transportes, no governo de Itamar Franco (1992-1994) foi privatizada a Empresa Brasileira de Aeronáutica S.A. (Embraer). Em nome de *impedir o agravamento da dívida pública*, as privatizações do governo de Fernando Henrique Cardoso (1995-2003)[330] envolveram a concessão da malha da RFFSA, extinguindo o transporte de passageiros de longa distância, exceto em duas linhas operadas pela Vale, entre Vitória e Belo Horizonte e entre Carajás e São Luís. A privatização da rede ferroviária resultou em desativação ou operação irregular de trechos que exigiam significativos investimentos em manutenção ou eram economicamente pouco competitivos, sendo substituídos por transporte rodoviário de carga. Nos mandatos de Luiz Inácio Lula da Silva (2003-2010) houve a concessão da Ferrovia Norte-Sul e de rodovias federais. No Programa de Parcerias Público-Privadas (PPPs) adotado pela presidenta Dilma Rousseff (2011-2016), as concessões no setor de transporte buscaram a construção de novas rodovias e ferrovias e a privatização do serviço prestado em aeroportos.

Após a opção pelo neoliberalismo, o fato mais importante, em termos econômicos, ocorreu em 1994, ainda no governo de Itamar Franco, quando foi instituído o Plano Real, com a Medida Provisória nº 434. Concebido por uma equipe de economistas convocados por Fernando Henrique Cardoso, então ministro da Fazenda, o plano promoveu a desindexação da economia, a estabilização da moeda brasileira, reduziu a inflação e, por decorrência, ampliou o poder de compra da população.

Outro marco dessa fase foi o *Plano Nacional de Logística e Transportes* (*PNLT*) (Figura 101), concluído em 2007 pelo Ministério dos Transportes (MT), em cooperação com o Ministério da Defesa (MD). Com *caráter indicativo* e retomando a fase de produção do *planejamento científico*, o plano recomenda prioridade à recuperação e expansão moderada da malha rodoviária federal, bem como aumento da participação das modalidades ferroviária, hidroviária e dutoviária na prestação do serviço de transporte. Um dos vetores de integração continental propostos – o que traz à lembrança o Caminho do Peabiru – liga o Brasil à Bolívia, ao Chile, ao Paraguai e ao Peru. Trata-se de rota com cerca de 3.300 quilômetros de extensão, entre os portos de Santos, Ari-

327. *Welfare state*.

328. Classificação de Saskia Sassen, em sua obra *A cidade global*, para as cidades de Londres, Nova York e Tóquio.

329. No Brasil adotou-se o receituário neoliberal de políticas do Consenso de Washington.

330. Para viabilizar a privatização dos serviços de transporte foram criados, no governo de Fernando Henrique Cardoso, o Departamento Nacional de Infraestrutura de Transportes (DNIT) e três agências reguladoras: a Agência Nacional de Transportes Terrestres (ANTT), a Agência Nacional do Transporte Aquaviário (Antaq) e a Agência Nacional da Aviação Civil (Anac).

ca e Iquique, interligando o Rio de Janeiro a São Paulo, Campinas, Campo Grande, Corumbá, Cuiabá, Assunção, Santa Cruz de la Sierra, La Paz-El Alto, Oruro, Tarija, Potosí, Moquegua, Tacna, Puerto Suárez e Cochabamba. Em relação ao território da metrópole paulista, o PNLT dá destaque à implantação do rodoanel e do ferroanel[331].

O planejamento de transporte em escala nacional também ganhou evidência com a aprovação da Lei nº 11.772/2008, que estabeleceu a nova malha ferroviária brasileira, incluindo proposta de uma linha de Trem de Alta Velocidade (TAV), cujo traçado deve cruzar o território de quatro Regiões Metropolitanas – Rio de Janeiro, Vale do Paraíba e Litoral Norte, São Paulo e Campinas –, e do Aglomerado Urbano de Jundiaí.

101. Plano Nacional de Logística e Transportes (PNLT): Vetor de integração continental da Bolívia – 2007.
FONTE: BRASIL. Ministério dos Transportes. Ministério da Defesa (2007).
Reprodução de figura autorizada pelo Ministério da Infraestrutura.

Âmbito local

• População, empregos e ocupação do território

Nesse último período, a expansão e o adensamento do território ocupado tornam mais evidentes os contrastes econômicos e sociais e a fragmentação interna da Região Metropolitana de São Paulo.

> "A especificidade da inserção desta região no contexto mundial, periférica com relação aos países industrialmente avançados, da mesma maneira que no passado, revela-se, por um lado, na elevada concentração de renda e no nível exacerbado de pobreza e, por outro, na incapacidade administrativa e financeira dos governos locais e estaduais de conter a degradação do ambiente urbano e o declínio da qualidade de vida quotidiana. Inadequação de uma rede pública de transporte urbano, trânsito intransponível, barulho e poluição visual estressantes, poluição do ar e das águas, insuficiência de coleta de lixo, vias urbanas e rodovias mal conservadas, enchentes constantes e altos níveis de violência são sinais da incapacidade do poder público tanto em prover bens e serviços como em criar regras coletivas. A ausência da participação do capital privado e de parcerias com o setor público para superar os problemas da região ratifica mais uma vez o caráter estritamente econômico, muitas vezes predatório, dos grupos empresariais locais e internacionais voltados apenas para a apropriação privada dos benefícios, sem considerar o bem-estar da coletividade. E, por outro lado, a ausência de níveis e conteúdos adequados de educação para a vida coletiva, o pequeno grau de organização social, os índices elevados de pobreza e de degradação humana, a criminalidade, a violência e a insegurança exacerbadas restringem o aprofundamento da consciência e da ação cidadã da maior parte da população"[332].

Em termos territoriais, o crescimento da população sustentou o processo de expansão da mancha urbana da metrópole. Novos recortes territoriais, arquétipos da *cidade dos excluídos*, resultaram de amontoados de habitações precárias, localizados na periferia, avançando em áreas de proteção aos mananciais e em áreas de risco, vulneráveis a desastres naturais, sem acesso a redes de infraestrutura, distantes de empregos e de equipamentos públicos. Com espaços de circulação exíguos, deixados entre os barracos, os amontoados de habitações precárias continuaram a se expandir em altura, quando circunscritos a limites intransponíveis, ou se espraiaram, aglutinando novas áreas periféricas.

331. BRASIL, 2007, p. 310.
332. CACCIAMALI, 1999, p. 2.

O aumento populacional também estimulou o adensamento de áreas com urbanização consolidada e a ocupação de alguns vazios urbanos, principalmente no Centro Expandido, na coroa pericentral e ao longo das redes viária e de transporte estruturais, assentando recortes territoriais da *cidade formal*. Completando as demais peças do intrincado quebra-cabeça que configura a ocupação do território metropolitano, alterações na estrutura de empregos, com o crescimento do setor terciário e a redução do secundário, promoveram a formação de um tecido urbano polinucleado, entremeado por extensas áreas degradadas.

Pelo Censo demográfico de 1991 havia na RMSP 15,369 milhões de habitantes. Em 1997, a quarta Pesquisa OD estimou um total de 16,794 milhões, variação de 17,8% em relação à população de 1977. Uma redução constatada na taxa de crescimento da população foi atribuída principalmente à inversão do saldo migratório, decorrência da interiorização de atividades, levando à abertura, fora da metrópole, de novas frentes de trabalho[333].

Como na Pesquisa OD de 1987, algumas zonas continuaram perdendo população em 1997, especialmente no Centro Expandido de São Paulo e em seus arredores: Sé, República, Liberdade, Bela Vista, Brás, Pari, Belém, Itaim Bibi, Jardim Paulista, Lapa, Leopoldina, Vila Maria e Vila Guilherme. Zonas do Centro Expandido ou pericentrais, que na pesquisa anterior haviam apresentado aumento de população, sofreram perda na década seguinte: Barra Funda, Bom Retiro, Santa Cecília, Mooca, Água Rasa, Cambuci, Ipiranga, Moema, Campo Belo, Santo Amaro, Santana, Casa Verde, Tremembé, Tucuruvi, Tatuapé, Carrão, Penha, Ponte Rasa, Socorro, Cidade Dutra, Butantã, Morumbi, Vila Sônia, São Caetano do Sul e Rudge Ramos. Na maioria dos municípios da Região Metropolitana de São Paulo houve importante aumento populacional, como ocorreu em Taboão da Serra, Osasco, Carapicuíba, Guarulhos, Ferraz de Vasconcelos, Poá, Itaquaquecetuba, Suzano, Santo André, Mauá, São Bernardo do Campo e Diadema. Na área central do município da capital, os destaques de crescimento populacional resumiram-se a Consolação e Perdizes. Aumentos de população ocorreram principalmente em zonas periféricas do município: Pirituba, Jaguara, São Domingos, Freguesia do Ó, Limão, Brasilândia, Mandaqui, Cachoeirinha, Jaçanã, Vila Medeiros, Vila Prudente, São Lucas, Sapopemba, Cangaíba, Ermelino Matarazzo, Vila Matilde, Artur Alvim, Cidade Líder, Parque do Carmo, São Mateus, Iguatemi, São Rafael, Itaquera, José Bonifácio, Jardim Helena, Vila Curuçá, Itaim Paulista, Lajeado, Guaianases, Cidade Tiradentes, Cursino, Sacomã, Jardim São Luís, Capão Redondo, Jardim Ângela, Jaguaré, Rio Pequeno, Raposo Tavares, Mutinga, Presidente Altino, Jaraguá, Perus e Anhanguera[334].

Em relação ao número absoluto de empregos formais e informais, estimados em 6,961 milhões, a Pesquisa OD de 1997 constatou um aumento de 23,2% em relação ao montante de 1987. Mesmo assim, considerando a distribuição espacial, houve perda de empregos em redutos tradicionais, como Sé, República, Liberdade, Bela Vista, Brás, Pari, Belém, Mooca, Água Rasa, Cambuci, Ipiranga, Saúde, Lapa, Leopoldina, Vila Maria, Vila Guilherme, Tatuapé e Carrão; ou em zonas mais afastadas do Centro, como Jabaquara, São Caetano do Sul, Vila Pires, Pedroso e Rudge Ramos. Em outras zonas houve aumento de empregos, especialmente no Centro Expandido, como Consolação, Perdizes, Barra Funda, Bom Retiro, Santa Cecília, Vila Mariana, Moema, Campo Belo, Itaim Bibi, Jardim Paulista, Pinheiros, Alto de Pinheiros; em polos da coroa pericentral, como Santo Amaro, Pirituba, Jaguara, São Domingos, Freguesia do Ó; em polos ainda incipientes, localizados na periferia, como Mandaqui, Cachoeirinha, Jaçanã, Vila Medeiros, Vila Formosa, Aricanduva, Vila Prudente, São Lucas, Sapopemba, Vila Matilde, Artur Alvim, Cidade Líder, Parque do Carmo, São Mateus, Iguatemi, São Rafael, Vila Jacuí, São Miguel Paulista, Itaquera, José Bonifácio, Jardim Helena, Vila Curuçá, Itaim Paulista, Lajeado, Guaianases, Cidade Tiradentes, Cursino, Sacomã, Jardim São Luís, Capão Redondo, Jardim Ângela, Campo Limpo, Vila Andrade, Taboão da Serra, Mutinga, Presidente Altino, Carapicuíba; ou polos consolidados de outros municípos, como as zonas centrais de Guarulhos, Santo André e São Bernardo do Campo[335].

Comparando com a situação de 1987, a Pesquisa OD de 1997 constatou maior evolução dos empregos formais e informais no setor terciário. De fato, em 1987 havia 3,701 milhões de empregos em comércio e serviços; e 1,588 milhões na indústria. Em 1997, os empregos em comércio e serviços evoluíram para 5,277 milhões (42,6%) e diminuíram para 1,116 milhão na indústria (-29,7%)[336].

Confirmando essa tendência, um estudo com dados da Pesquisa Nacional de Amostra de Domicílios (PNAD) para os anos de 1990, 1992 e 1995, isolando os empregos formais dos informais, apontou uma evolução dos empregos formais no setor terciário, com contração dos mesmos no setor secundário. A redução de empregos industriais formais traduziu-se em "diminuição do grau de assalariamento do mercado de trabalho local, bem como no estabelecimento de uma tendência ascendente do desemprego"[337].

333. "Até 1980, o peso do componente migratório no crescimento populacional da RMSP superava o componente vegetativo. No período seguinte, os papéis se invertem e o componente migratório passa a ter uma contribuição negativa no crescimento total [..] a RMSP inverteu a tendência de área de atração e passou a expulsar um volume de migrantes maior do que conseguia reter, de modo que os saldos migratórios registrados, entre 1980 e 1996, foram negativos". (WALDVOGEL, 1999, p. 14).

334. MANGILLI, 2001, p. 58-64.

335. MANGILLI, 2001, p. 80-81.

336. MANGILLI, 2001, p. 91-92.

337. DE DECCA, 1999, p. 2.

O desemprego decorrente da reorganização das atividades econômicas na metrópole paulista levou a uma progressiva informalidade da estrutura ocupacional, com aumento de subempregos, menos associados ao atendimento da produção (especialmente na indústria de transformação) e mais ao consumo pessoal, como serviços domésticos, de reparação e manutenção domiciliar, comércio ambulante e segurança.

> "Nota-se, portanto, que a demanda de trabalho não se realiza em segmentos ocupacionais que possam favorecer o processo de qualificação. Ao contrário, ela se realiza em segmentos em que predominam as ocupações mais instáveis, de menor renda e menor produtividade. [...] Mantida essa tendência, poucas são as perspectivas de se construir um mercado metropolitano de trabalho dominado por ocupações vinculadas às atividades de serviços de mais alta produtividade e renda [...] Esse resultado não pode ser considerado como inesperado, se considerado o perfil educacional da mão de obra presente na região metropolitana [...] aponta a existência de constrangimentos estruturais que tornam lentas as mudanças no perfil da mão de obra, dificultando, portanto, a disponibilidade para ocupações de maior qualificação"[338].

A Mini Pesquisa OD realizada em 2002 para apontar tendências quanto à evolução dos resultados da pesquisa de 1997 identificou pela primeira vez a ocorrência de inversão na *divisão modal*, ou seja, prevalência de viagens realizadas por transporte individual sobre o montante de deslocamentos atendidos pelos modos de transporte coletivo. Com base nessa evidência, o Estado investiu em medidas destinadas à integração tarifária, já iniciadas em 2000, aplicadas aos serviços do Metrô e da CPTM, nas estações Brás, Barra Funda e Luz. Assim, em 2004, o Projeto Integração Centro consolidou a integração física das redes do Metrô e da CPTM nas estações Luz e Brás. Em 2005, a integração tarifária foi ampliada com a implantação do Bilhete Único, permitindo a integração entre linhas de ônibus e possibilitando acesso ao serviço metroviário.

A quinta Pesquisa OD, realizada em 2007[339], e a Pesquisa de Mobilidade, de 2012[340], confirmaram a tendência de maior crescimento da população na periferia da metrópole.

> "Em 2007, no Centro Expandido de São Paulo, delimitado pelo minianel viário, densidades de população acima de 200 habitantes por hectare só se identificam na Bela Vista. Nesta mesma faixa de densidade populacional, destacam-se na periferia: Cidade Ademar, Capão Redondo, Brasilândia, Cachoerinha, Mandaqui, Vila Jacuí, Jardim Helena, Lajeado, Cidade Tiradentes e Sapopemba [...] Comparando com 1997, as maiores variações na

338. DE DECCA, 1999, p. 5.
339. SÃO PAULO (Estado), Metrô, 2008.
340. SÃO PAULO (Estado), Metrô, 2013.

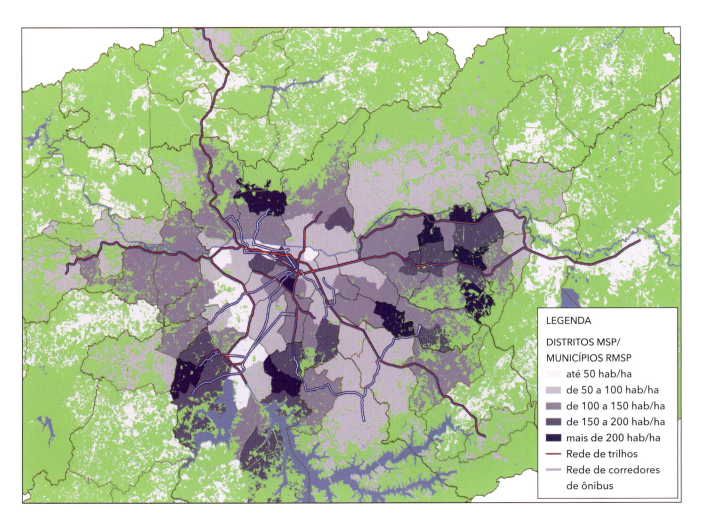

102. Densidade de população – 2007.
FONTE: NIGRIELLO, Andreina & OLIVEIRA, Rafael Henrique (2014). Desenho elaborado por Rafael Henrique de Oliveira.
ACERVO: Andreina Nigriello.

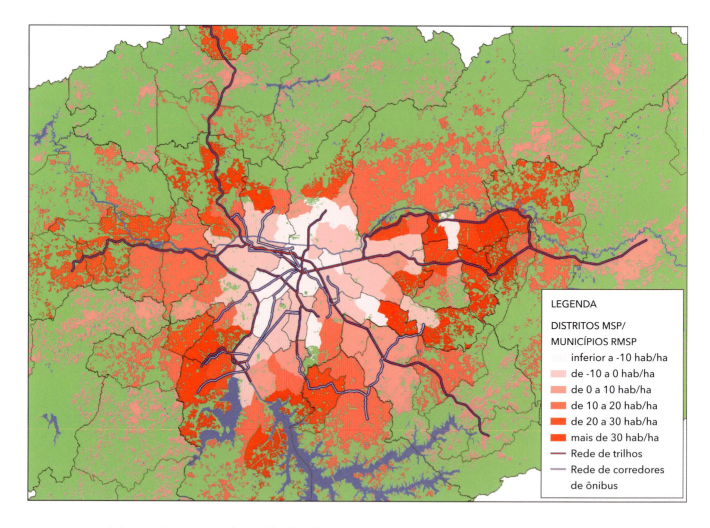

103. Variação na densidade de população – 1997 a 2007.
FONTE: NIGRIELLO, Andreina & OLIVEIRA, Rafael Henrique (2014).
Desenho elaborado por Rafael Henrique de Oliveira.
ACERVO: Andreina Nigriello.

densidade habitacional, acima de 30 habitantes por hectare, também ocorrem na periferia de São Paulo, em Pedreira, Grajaú, Jardim Ângela, Jardim São Luís, Capão Redondo, Campo Limpo, Vila Andrade, Francisco Morato, Anhanguera, Perus, Jaraguá, Brasilândia, Itaim Paulista, Lajeado, Cidade Líder, Cidade Tiradentes, Iguatemi, Sapopemba e São Rafael" (Figuras 102 e 103)[341].

A Pesquisa OD de 2007 confirmou que nas áreas de maior crescimento habitacional predominava população pertencente às faixas inferiores de renda familiar mensal.

"No município de São Paulo, com rendas mensais de até R$ 1.520,00, destacam-se os distritos de Vila Jacuí, Jardim Helena, Guaianases, Cidade Tiradentes, Iguatemi, Jardim Ângela e Jardim São Luís. Também estão incluídos nessa faixa de renda familiar mensal os municípios de Poá, Ferraz de Vasconcelos, Itapevi, Franco da Rocha, Francisco Morato e Rio Grande da Serra" (Figura 104)[342].

Uma vez mais se constatou que a dinâmica de crescimento da população em áreas periféricas continuava inalterada, fortalecendo a formação de extensas áreas-dormitório e alastrando sempre mais a mancha urbana para locais pouco providos de serviços públicos[343].

Um estudo que estabeleceu como perfil de áreas-dormitório a presença de até 0,25 emprego por habitante e mais de 100 habitantes por hectare classificou nesta categoria os seguintes conjuntos de zonas da Pesquisa OD de 2007 – na sub-região norte: Perus, Nova Jaraguá, Parada de Taipas, Jardim Damasceno, Jardim Peri, Vila Terezinha, Vila Morro Grande, Brasilândia, Mandaqui, Parque Palmas do Tremembé, Jardim Guapira, Cohab Jova Rural, Picanço, Vila Zatt, Itaberaba e Cachoeirinha; na sub-região nordeste: Jardim América e Vila Rosália; na sub-região leste: Rui Barbosa, Águia de Haia, Limoeiro, Saudade, Jardim Helena, Jardim Romano, Fazenda Itaim, Saudade, Jardim Robru, Vila Campanela, Santos Dumont, Artur Alvim, Lageado, Santa Marcelina, Ferraz de Vasconcelos, Juscelino Kubitschek, Cidade Tiradentes, Sapopemba, Vila Ema, Parque São Lucas, São Mateus, Iguatemi, Parque Santa Madalena, Rodolfo Pirani, Parque São Rafael e Alto da Boa Vista, Cangaíba, Ermelino Matarazzo, Vila Jacuí, Parada XV, Rio Verde, Vila Curuçá, Fábrica Bandeirantes, Jardim das Oliveiras, Vila Formosa, José Bonifácio e Guaianases; na sub-região leste: São João Clímaco, Jardim do Estádio,

341. NIGRIELLO & OLIVEIRA, 2014. Anais eletrônicos da 20ª Semana de Tecnologia Metroferroviária da Aeamesp.
342. NIGRIELLO & OLIVEIRA, 2014. Anais eletrônicos da 20ª Semana de Tecnologia Metroferroviária da Aeamesp.
343. BOGUS & PASTERNACK, 2015.

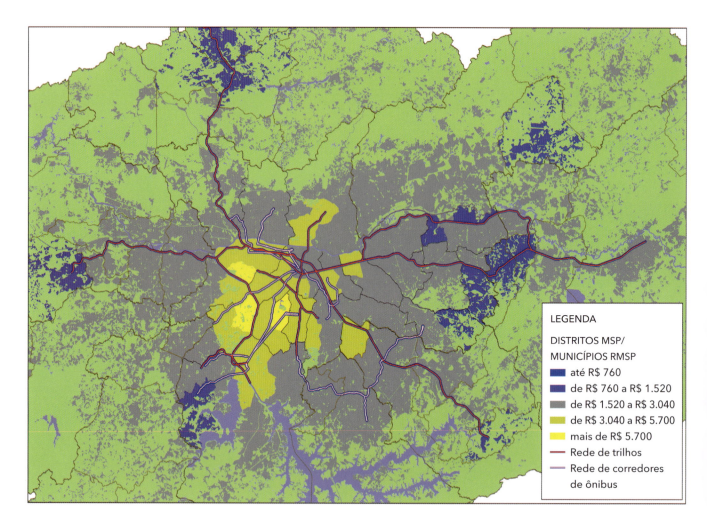

104. Renda média familiar mensal – 2007.
FONTE: NIGRIELLO, Andreina & OLIVEIRA, Rafael Henrique (2014). Desenho elaborado por Rafael Henrique de Oliveira.
ACERVO: Andreina Nigriello.

Demarchi, Parque do Pedroso, Jardim Colorado e Fazenda da Juta; na sub-região sul: Jardim Bom Clima, Vila Missionária, Mar Paulista, Pedreira, Eldorado, Sesc Interlagos, Jardim Presidente, Grajaú, Cocaia e Água Funda; na sub-região sudoeste: Paraisópolis, Jardim Umarizal, Parque Arariba, Centro Empresarial, Santo Eduardo, Capão Redondo, Jardim Ângela, M'Boi Mirim, Riviera, Jardim Capela, Adventista, Parque Fernanda, Jardim Mitsutani e Pirajuçara; e, na sub-região oeste: São Domingos, Munhoz Júnior, Mutinga, Quitaúna, Carapicuíba, Jardim Silveira, Vutopoca, Jandira, Jardim Veloso, Jardim Planalto, Jardim Adalgisa, Jardim Cambará e Jardim João XXIII[344].

Além da concentração de empregos no Centro Expandido, a Pesquisa OD de 2007 confirmou a propensão à formação de um tecido urbano polinucleado fora dos limites desse centro, em zonas com mais de 75 empregos por hectare e menos de 100 habitantes por hectare: Santana, Carandiru, Vila Cordeiro, Osasco, Santo Amaro, Tietê, Granja Julieta, Butantã, Santo André, Limão, Vila Socorro, Vila Miranda, São Bernardo do Campo, Tamboré, Coroa, Casa Verde, Vila Maria, Morumbi, Cumbica, Jurubatuba, Joaquim Nabuco, Parque São Jorge, Cidade Nitro Operária e Cidade Universitária. Outras zonas se apresentavam como polos com mais de 75 empregos por hectare e mais de 100 habitantes por hectare: Tatuapé, Alfredo Pujol, Gomes Cardim, Guarulhos, Boa Vista, Jabaquara, Vila Carioca, Cidade Vargas, Vila Santa Catarina, Vila São Pedro, Zaki Narchi e Novo Osasco. Polos de menor importância em relação aos anteriores, com 50 a 75 empregos por hectare e menos de 100 habitantes por hectare, foram identificados nas zonas: Chácara do Piqueri, Taboão da Serra, Penha, Jardim Aeroporto, Presidente Altino, Rudge Ramos, Parque Interlagos, São Caetano do Sul, Parque Novo Mundo, Vila Jaguara, Bussocaba, Raposo Tavares, Fazenda Morumbi, Chácara Flora, Ribeirão Itaqui, Parque do Estado, Jaguaré, Vila Carrão, Vila Guilherme, Parque Continental, Planalto, Jardim Caxingui e Jardim Jussara. A condição de 50 a 75 empregos por hectare e mais de 100 habitantes por hectare foi localizada nas zonas: Santa Terezinha, Jardim São Paulo, Freguesia do Ó, Vila Califórnia, Moinho Velho, Jaçanã, Jardim Bonfiglioli, Vila Isolina Mazzei, Vila Gerti, Piraporinha, Campo Grande, Rio Bonito, Aricanduva, Parada Inglesa, Jardim Japão, Cupecê, Ticoatira, Diadema e Cidade Antônio Estêvão de Carvalho (Figura 105)[345].

Apesar das medidas adotadas desde o ano 2000 para ampliar a integração tarifária entre os diferentes serviços de transporte coletivo, outro indício apontado pelas pesquisas de 2007 e 2012 foi o aumento da participação do transporte individual na

---

344. NIGRIELLO, OLIVEIRA & BRACERO, 2015. Anais eletrônicos da 21ª Semana de Tecnologia Metroferroviária da Aeamesp.
345. NIGRIELLO, OLIVEIRA & BRACERO, 2015. Anais eletrônicos da 21ª Semana de Tecnologia Metroferroviária da Aeamesp.

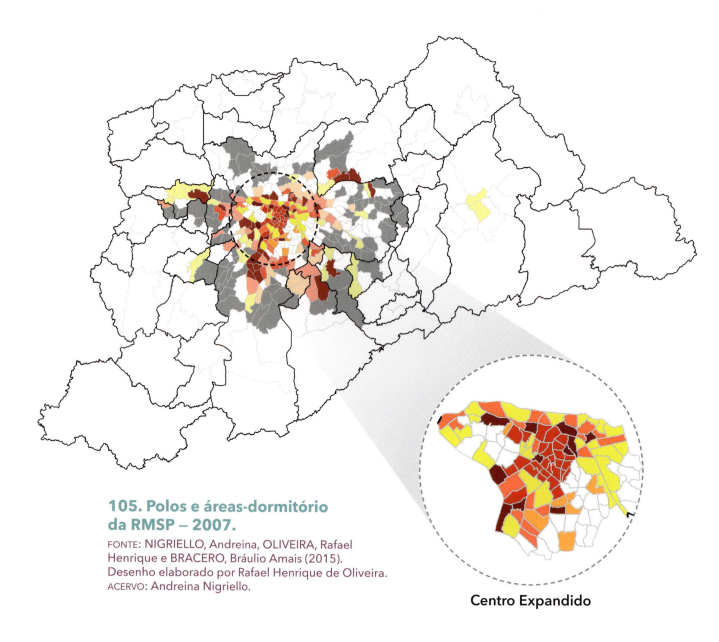

105. Polos e áreas-dormitório da RMSP – 2007.

FONTE: NIGRIELLO, Andreina, OLIVEIRA, Rafael Henrique e BRACERO, Bráulio Amais (2015). Desenho elaborado por Rafael Henrique de Oliveira.
ACERVO: Andreina Nigriello.

Centro Expandido

LEGENDA

PERIFERIA
- Polo de primeira categoria com pouca população
- Polo de primeira categoria com muita população
- Polo de segunda categoria com pouca população
- Polo de segunda categoria com muita população
- Polos potenciais
- Área dormitório

CENTRO EXPANDIDO
- Polo de primeira categoria com pouca população
- Polo de primeira categoria com muita população
- Polo de segunda categoria com pouca população
- Polo de segunda categoria com muita população
- Polos potenciais

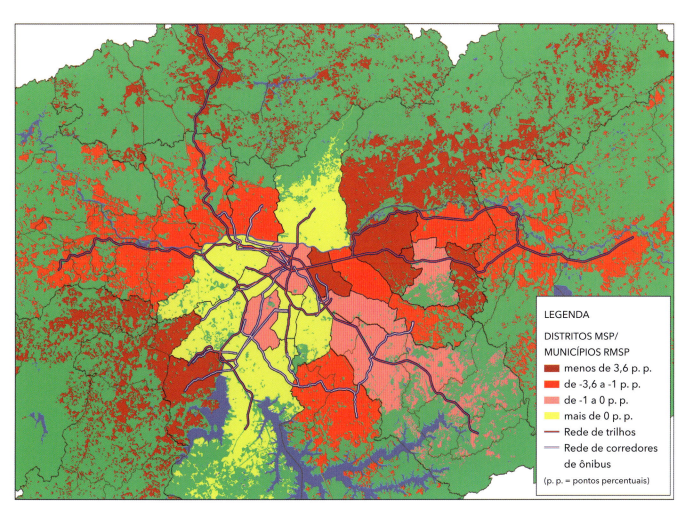

106. Variação da participação do transporte coletivo na divisão modal – 2007 a 2012.
FONTE: NIGRIELLO, Andreina & OLIVEIRA, Rafael Henrique (2014). Desenho elaborado por Rafael Henrique de Oliveira.
ACERVO: Andreina Nigriello.

realização das viagens da população de menor renda (Figura 106). A preponderância do uso do modo de transporte coletivo sobre o individual, concentrada nas viagens realizadas pela população com renda de até oito salários mínimos, reduziu-se de 55,3%, em 2007, para 54,3%, em 2012. Além disso, a pesquisa de 2012 confirmou a tendência de aumento da participação do transporte individual nas viagens realizadas pelos passageiros dessa mesma faixa de renda.

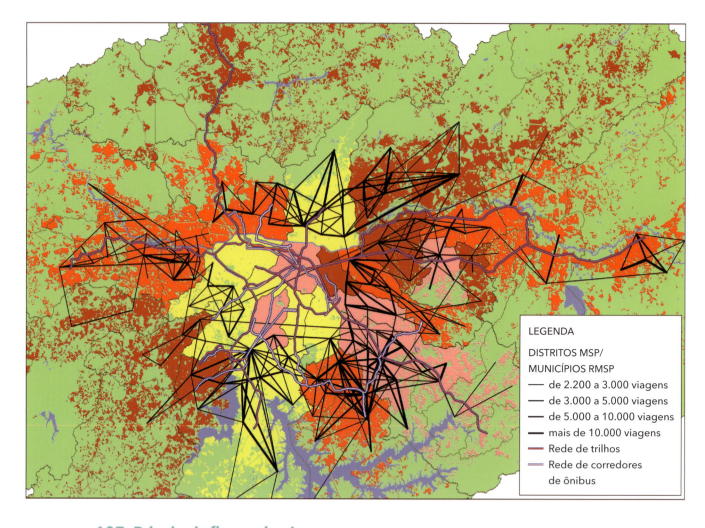

107. Principais fluxos de viagens por transporte individual com origem e destino na área externa ao Centro Expandido e variação da participação do transporte coletivo na divisão modal – 2007.
FONTE: NIGRIELLO, Andreina & OLIVEIRA, Rafael Henrique (2014). Desenho elaborado por Rafael Henrique de Oliveira.
ACERVO: Andreina Nigriello.

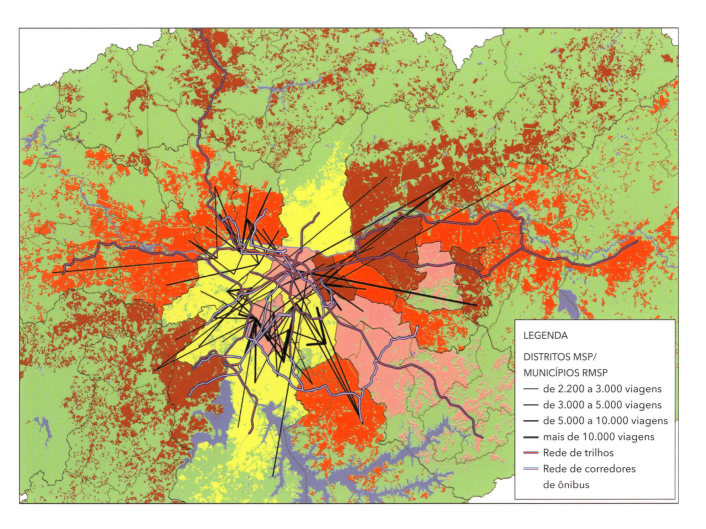

108. Principais fluxos de viagens por transporte individual entre a área externa ao Centro Expandido e o Centro Expandido e variação da participação do transporte coletivo na divisão modal – 2007.
FONTE: NIGRIELLO, Andreina & OLIVEIRA, Rafael Henrique (2014). Desenho elaborado por Rafael Henrique de Oliveira.
ACERVO: Andreina Nigriello.

"A espacialização das viagens de 2007, por transporte individual, foi representada em dois mapas, um deles contendo os principais fluxos de viagens que têm origem e destino na área externa ao Centro Expandido; no outro mapa estão representados os principais fluxos de viagens que ocorrem entre a área externa ao Centro Expandido e o Centro Expandido. Nos dois mapas foram considerados os fluxos acima de 2.200 viagens/dia por transporte individual (10% dos fluxos de viagens/dia, por transporte individual, com valores acima de 1), correspodendo a 7.265.879 viagens/dia por transporte individual, ou 64,56% do total de viagens/dia por transporte individual em 2007. Comparando os dois mapas, fica evidente que há mais fluxos de viagens por transporte individual com origem e destino na área externa ao Centro Expandido do que entre a área externa ao Centro Expandido e o Centro Expandido. Isso é comprovado também em termos numéricos: das 7.265.879 viagens/dia por transporte individual (soma de todos os fluxos acima de 2.200 viagens/dia) 5.139.574, ou seja, 70,74% têm origem e destino na área externa ao Centro Expandido" (Figuras 107 e 108)[346].

O estudo mostrou que, entre 1997 e 2007, os principais fluxos de viagens por transporte individual, com origem e destino na área externa ao Centro Expandido, interligavam distritos ou municípios em que se havia constatado queda da participação do transporte coletivo na divisão modal; aumento da densidade populacional; e menores níveis de renda média familiar (Figuras 109 e 110). O estudo também evidenciou encadeamentos de fluxos com caráter perimetral, configurando dinâmicas econômicas de âmbito sub-regional, independentes do Centro Expandido[347].

Diversos fatores podem ter promovido o crescimento das viagens por transporte individual nas áreas periféricas, como a facilidade de financiamento para a compra de automóveis pela população de menor renda, longos tempos de viagem por transporte coletivo, além da oferta inadequada de serviços de transporte coletivo na periferia[348].

346. NIGRIELLO & OLIVEIRA, 2014. Anais eletrônicos da 20ª Semana de Tecnologia Metroferroviária da Aeamesp.
347. NIGRIELLO & OLIVEIRA, 2014. Anais eletrônicos da 20ª Semana de Tecnologia Metroferroviária da Aeamesp.
348. Quando aplicada a Pesquisa de Mobilidade de 2012, a RMSP contava com apenas 74,3 km de metrô e 260,6 km de ferrovia. No atendimento das viagens motorizadas predominava o transporte por ônibus (cerca de 38%, sem incluir as viagens por ônibus fretados e escolar), depois o transporte por automóvel (cerca de 36%, sem incluir os deslocamentos realizados por táxi), e finalmente o transporte por metrô e ferrovia (cerca de 15%).

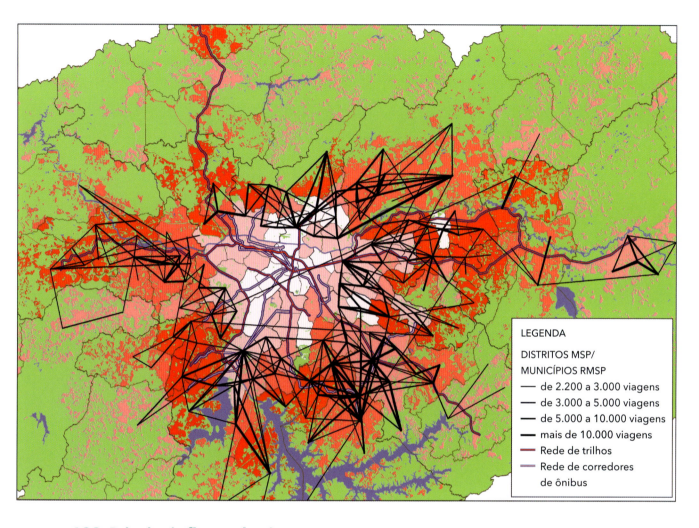

109. Principais fluxos de viagens por transporte individual, com origem e destino na área externa ao Centro Expandido, e variação da densidade populacional – 2007.
FONTE: NIGRIELLO, Andreina & OLIVEIRA, Rafael Henrique (2014). Desenho elaborado por Rafael Henrique de Oliveira.
ACERVO: Andreina Nigriello.

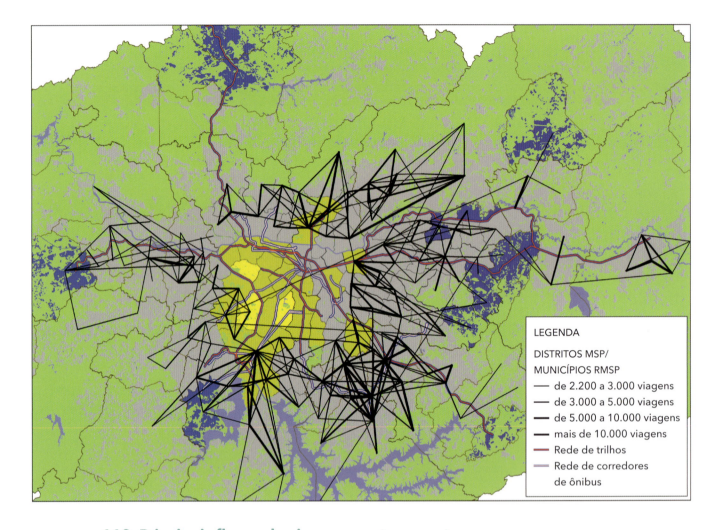

110. Principais fluxos de viagens por transporte individual, com origem e destino na área externa ao Centro Expandido, e renda média familiar mensal – 2007.
FONTE: NIGRIELLO, Andreina & OLIVEIRA, Rafael Henrique (2014). Desenho elaborado por Rafael Henrique de Oliveira.
ACERVO: Andreina Nigriello.

Na procura de mais uma explicação para o crescimento, nas áreas periféricas, das viagens por transporte individual, cabe destacar a inadequação do caráter radial da atual rede de transporte coletivo metroferroviária para atender o grande número de viagens perimetrais, entre distritos periféricos do município de São Paulo e demais municípios metropolitanos, sem passar pelo congestionado Centro Expandido.

Resultados oficiais da Pesquisa OD de 2017 foram divulgados apenas em fins de 2019, ao término deste relato. A população da RMSP associada à pesquisa foi de 20,8 milhões de habitantes, indicando um crescimento de 6,6% em relação ao montante apurado na Pesquisa OD de 2007, de 19,5 milhões. A renda média familiar mensal – de R$ 3.607,00[349] – apresentou uma diminuição de 11,5% em relação a 2007. Todas as sub-regiões da RMSP[350] sofreram queda na renda média familiar mensal, exceto a sub-região Oeste, reduto da população de maior renda, onde aumentou 6,8%. A maior queda desse indicador, de 18,3%, foi observada na sub-região Sudeste, de onde as montadoras de veículos automotores têm migrado para o interior do Estado de São Paulo ou para outros Estados, em busca de menores custos de produção. A frota de automóveis particulares em posse das famílias na RMSP aumentou 22,8%, atingindo 4,4 milhões em 2017. Apesar da crise econômica vigente no país, o número de empregos localizados na metrópole aumentou 3,3% durante a década, totalizando 9,367 milhões, considerando o total de empregos observado em 2007, de 9,066 milhões. A sub-região Centro continua concentrando a maior quantidade de empregos (64,1%), seguida das sub-regiões Sudeste (11,6%) e Oeste (8,8%). Novas áreas com densidade superior a 100 empregos/ha destacam-se em Barueri, Guarulhos, Santo André e Zona Sul do município de São Paulo. O setor terciário representa 82,5% do total de empregos, com um crescimento de 3,4% no período 2007-2017. O montante de viagens diárias totais foi de 42 milhões, 10,3% a mais em relação ao observado em 2007, de 38,1 milhões. Tais resultados apontam aumento do índice de mobilidade total, que resultou em 2,02

---

349. Valor da renda média familiar mensal em reais, referente a abril de 2018.

350. Sub-região Sudoeste: Embu das Artes, Embu-Guaçu, Itapecerica da Serra, Juquitiba, São Lourenço da Serra, Taboão da Serra; Sub-região Oeste: Barueri, Carapicuíba, Cotia, Itapevi, Jandira, Osasco, Pirapora do Bom Jesus, Santana de Parnaíba, Vargem Grande Paulista; Sub-região Norte: Cajamar, Caieiras, Franco da Rocha, Francisco Morato, Mairiporã; Sub-região Nordeste: Arujá, Guarulhos, Santa Isabel; Sub-região Leste: Biritiba-Mirim, Ferraz de Vasconcelos, Guararema, Itaquaquecetuba, Mogi das Cruzes, Poá, Salesópolis, Suzano; Sub-região Sudeste: Santo André, São Bernardo do Campo, São Caetano do Sul, Diadema, Mauá, Ribeirão Pires, Rio Grande da Serra; e Sub-região Centro: São Paulo.

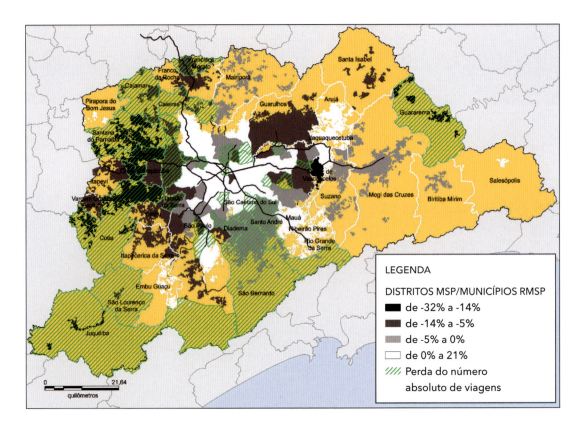

111. Transporte coletivo: perda de viagens e variação na divisão modal – 2007 a 2017.
FONTE: NIGRIELLO, Andreina.

viagens por habitante em 2017 (era 1,95 em 2007). As viagens motorizadas em 2017 somaram 28,280 milhões (12,4% a mais que os 25,167 milhões de viagens motorizadas observadas em 2007), sendo 15,295 milhões realizadas por transporte coletivo e 12,985 milhões por automóvel. Assim, a divisão modal das viagens motorizadas mostrou tendência de queda da participação do transporte coletivo no decênio 2007-2017: 54,1% dos deslocamentos atendidos por transporte coletivo (54,3% em 2007) e 45,9% por transporte individual (45,7% em 2007). A redução da participação do transporte coletivo na divisão modal predomina em distritos da Capital e em municípios metropolitanos que carecem de atendimento direto da rede sobre trilhos, principalmente em áreas onde se concentram as viagens da população de menor renda (Figura 111).

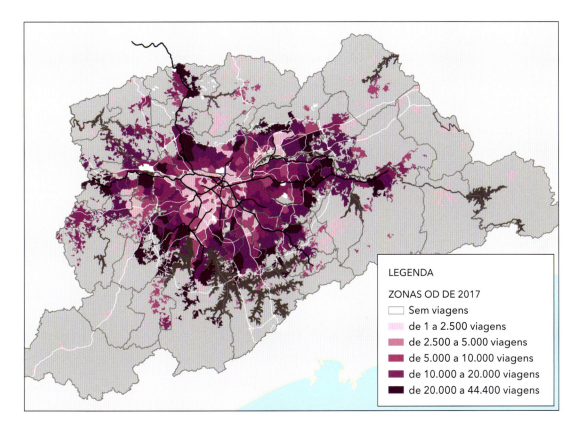

112. Viagens diárias por modo coletivo, motivo trabalho, da população com renda média familiar até R$ 7.632,00.
Desenho elaborado por Leonardo Cleber Lima Lisboa.
ACERVO: Andreina Nigriello

A distribuição das viagens motorizadas diárias por modo principal resultou em 40,1% realizadas por automóvel; 29,4% por ônibus; 12% por metrô; 7,4 % por modo escolar; 4,4% por trem metropolitano; 3,8% por moto; e 1,7% por táxi. Em abril de 2018, para atender essas viagens, a rede do metrô era de 89,8 quilômetros (61,4 quilômetros em 2007) e a rede da CPTM totalizava 267,5 quilômetros (251,1 quilômetros em 2007).

Os resultados da Pesquisa OD de 2017 indicam uma redução no tempo médio de viagem: 60 minutos para as viagens realizadas por transporte coletivo (eram 67 minutos em 2007) e 26 minutos para as viagens realizadas por transporte individual (eram 31 minutos em 2007). Mas essa pesquisa também revelou a ocorrência de 14,3 milhões de deslocamentos diários por transporte coletivo (93,5% do total das viagens por modo

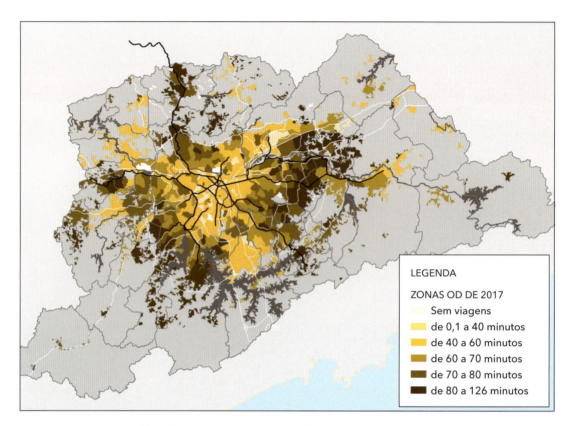

113. Tempo médio de viagem por modo coletivo, motivo trabalho, da população com renda média familiar até R$ 7.632,00.
Desenho elaborado por Leonardo Cleber Lima Lisboa.
ACERVO: Andreina Nigriello

coletivo) realizados por população com renda média familiar mensal até R$ 7.632,00 – que habita principalmente no espaço externo ao Centro Expandido – e demora até 126 minutos em seus deslocamentos diários por motivo de trabalho, utilizando transporte coletivo (Figuras 112 e 113). Isso explica o crescimento do uso de automóveis e motos nas viagens realizadas por essa população e a consequente tendência de queda da participação do transporte coletivo na divisão modal (Figura 114).

351. DEÁK, 1998, p. 1.

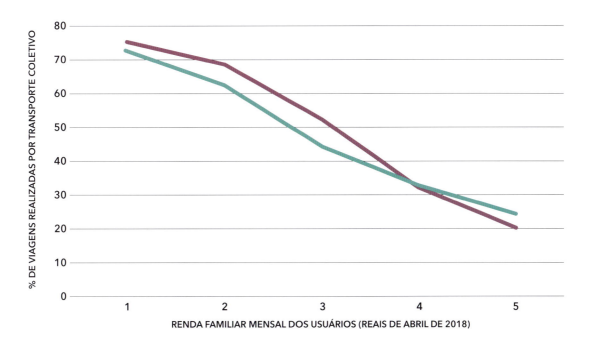

114. Variação da participação do transporte coletivo na divisão modal, entre 2007 e 2017.
FONTE: NIGRIELLO, Andreina.

LEGENDA
1. Até R$ 1.908,00
2. De R$ 1.908,00 a R$ 3.816,00
3. De R$ 3.816,00 a R$ 7.632,00
4. De R$ 7.632,00 a R$ 11.448,00
5. Mais de R$ 11.448,00

— % Viagens por TC 2007
— % Viagens por TC 2017

- **Planos e obras para a expansão da acessibilidade no território**

Às vésperas do novo século, quem indagasse sobre a possibilidade de São Paulo se transformar em cidade global iria se defrontar com a insuficiente acessibilidade que caracterizava seu território. Sanar tal carência justificava a prioridade atribuída à ampliação da infraestrutura de transporte:

> "[...] a acessibilidade futura na aglomeração metropolitana dependerá das estratégias de implantação de um sistema de transporte multimodal a patamares de capacidade e de nível de serviços inteiramente novos, condição necessária, ademais, para a concretização das potencialidades de São Paulo se firmar como cidade mundial, um polo econômico e cultural de primeira grandeza"[351].

Confirmando essa carência de acessibilidade, a Pesquisa OD de 1997 indicou um moderado aumento da renda da população[352] – tendência previsível com a estabilização da moeda a partir do Plano Real –, mas evidenciou também uma inesperada queda da mobilidade:

> "[...] no tocante à mobilidade da população e à acessibilidade na Região Metropolitana de São Paulo, o movimento principal da década de 1987-1997 foi um aumento modesto da renda, equivalente a um crescimento de 2-2,5% ao ano, que foi acompanhado de um esperado aumento da taxa de motorização, de 0,14 para 0,2 carro por habitante, mas não pôde se materializar em um aumento de mobilidade, quer pelo transporte coletivo, quer pelo individual, por falta de aumento correspondente da capacidade da infraestrutura de transportes coletivos ou da estrutura viária, resultando apenas em um aumento da demanda reprimida, e até em uma ligeira queda no índice de mobilidade, de 1,31 para 1,23"[353].

Em 1991 foi criada a Secretaria de Transportes Metropolitanos (STM) pela Lei estadual nº 7.450, respondendo pela organização do transporte urbano da RMSP. À gestão da STM foram inicialmente atreladas a EMTU/SP e o Metrô, que continuou a reelaborar a proposta de expansão de sua rede diante da falta crônica de recursos públicos para a expansão dos serviços: em 1990 foi proposta a *Rede Ano 2000*,[354] (Figura 115); em 1991, o mesmo ocorreu com rede semelhante à anterior, chamada *Rede Ano 2010* (Figura 116); em 1993 foi proposta a *Rede Integrada Ano 2010* (Figura 117), reeditada em 1998, com desenho totalmente distinto do anterior (Figura 118).

Desde o início de sua criação, a STM buscou estabelecer um plano integrado de transporte coletivo em escala metropolitana, para compatibilizar a expansão das redes do Metrô, da EMTU e da Companhia Paulista de Trens Metropolitanos (CPTM), esta última criada em 1992 pela Lei estadual nº 7.861 para cuidar do serviço de transporte de passageiros sobre trilhos, antes prestado pela CBTU e pela Fepasa. Com tal propósito, e também visando promover São Paulo a metrópole competitiva, saudável, equilibrada, responsável e cidadã, a STM elaborou, entre 1997 e 1999, sob a gestão do secretário dos Transportes Metropolitanos Cláudio de Senna Frederico, o *PITU 2020 – Plano Integrado de Transportes Urbanos para 2020* (Figuras 119, 120, 121, 122, 123, 124, 125). As propostas do plano buscavam principalmente o aumento da mobilidade da população, a redução do crescimento da participação do automóvel no atendimento das viagens motorizadas e a redução das desigualdades resultantes de décadas de privilégios espacialmente concentrados.

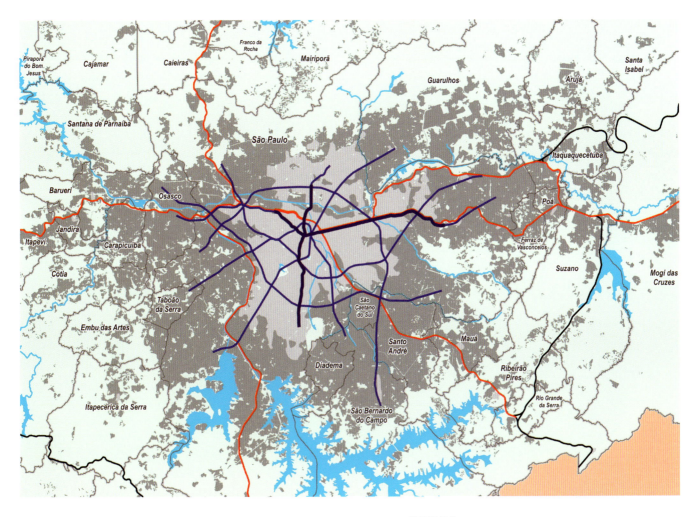

115. Rede ano 2000 (estudo de referência) – 1990.

FONTE: LISBOA, Leonardo Cleber Lima (2019). Reprodução de figura cedida por Leonardo Cleber Lima Lisboa.

LEGENDA
— Metrô (linhas em operação em 1990)
— Metrô (linhas propostas)
— Ferrovia (serviço urbano e carga)
— Ferrovia (carga)
▒ Área urbanizada (até 1949)
▓ Área urbanizada (de 1949 a 1992)
— Principais rios e represas (referência atual)

352. Em geral, aumento na renda da população reflete aumento no índice de mobilidade. Mas em 1997, na RMSP, foi constatado um paradoxo: aumento da renda e redução da mobilidade da população.
353. DEÁK, 1998.
354. Proposta de rede metroviária elaborada por Csaba Deák. DEÁK, 1990.

MONOTRILHOS   281

116. Rede ano 2010 – 1991.

FONTE: LISBOA, Leonardo Cleber Lima (2019). Reprodução de figura cedida por Leonardo Cleber Lima Lisboa.

LEGENDA
— Metrô (linhas em operação em 1991)
— Metrô (linhas propostas)
— Ferrovia (serviço urbano e carga)
— Ferrovia (carga)
▨ Área urbanizada (até 1949)
▨ Área urbanizada (de 1949 a 1992)
— Principais rios e represas (referência atual)

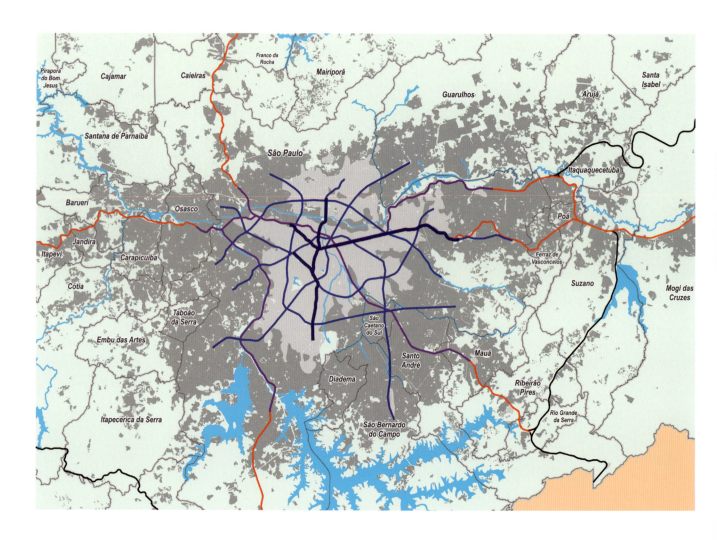

O Desenho de São Paulo por seus Caminhos

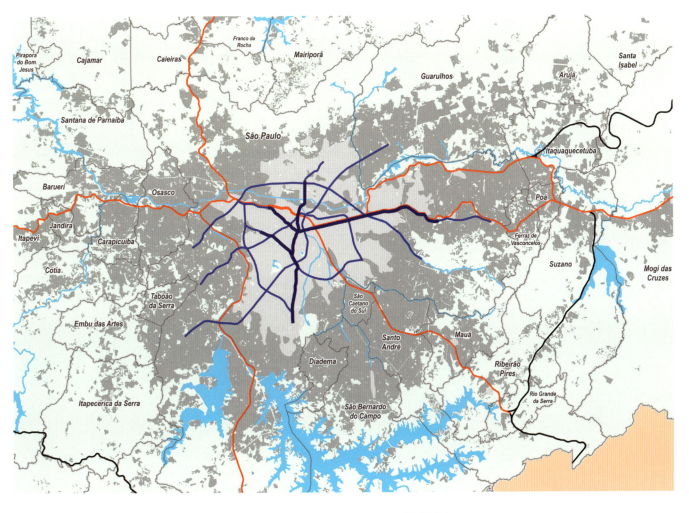

117. Rede Integrada ano 2010 – 1993.

FONTE: LISBOA, Leonardo Cleber Lima (2019). Reprodução de figura cedida por Leonardo Cleber Lima Lisboa.

LEGENDA
— Metrô (linhas em operação em 1993)
— Metrô (linhas propostas)
— Ferrovia (serviço urbano e carga)
— Ferrovia (carga)
▢ Área urbanizada (até 1949)
▓ Área urbanizada (de 1949 a 1992)
— Principais rios e represas (referência atual)

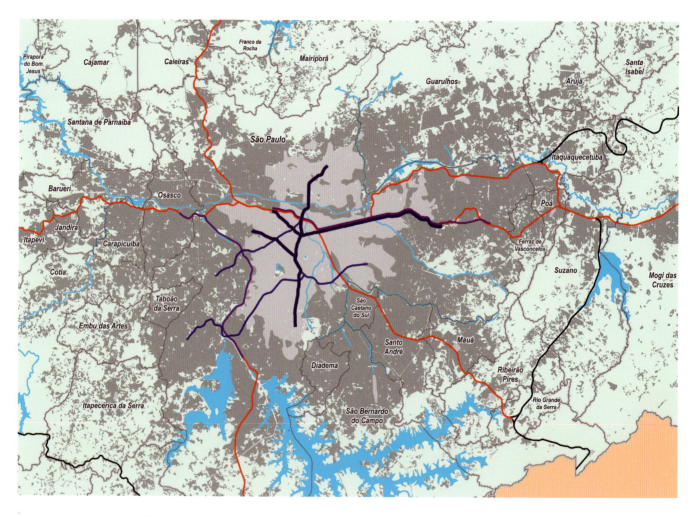

118. Rede Integrada ano 2010 – 1998.

FONTE: LISBOA, Leonardo Cleber Lima (2019). Reprodução de figura cedida por Leonardo Cleber Lima Lisboa.

LEGENDA
— Metrô (linhas em operação em 1998)
— Metrô (linhas propostas)
— Metrô em nível (linhas propostas)
— Trem metropolitano em operação
— Ferrovia (carga)
  Área urbanizada (até 1949)
  Área urbanizada (de 1949 a 2002)
— Principais rios e represas (referência atual)

O DESENHO DE SÃO PAULO POR SEUS CAMINHOS

119. Plano Integrado de Transportes Urbanos para 2020 (PITU 2020): Rede Aberta – 1999.

FONTE: SÃO PAULO (Estado). Secretaria de Estado dos Transportes Metropolitanos (1999). Reprodução de figura autorizada pela Secretaria de Estado dos Transportes Metropolitanos.

LEGENDA
— Metrô
— Metrô em nível
— Metrô leve
— Trem regional/aproximador
— Trem especial
● Estação/Ponto de conexão
— Divisa de município

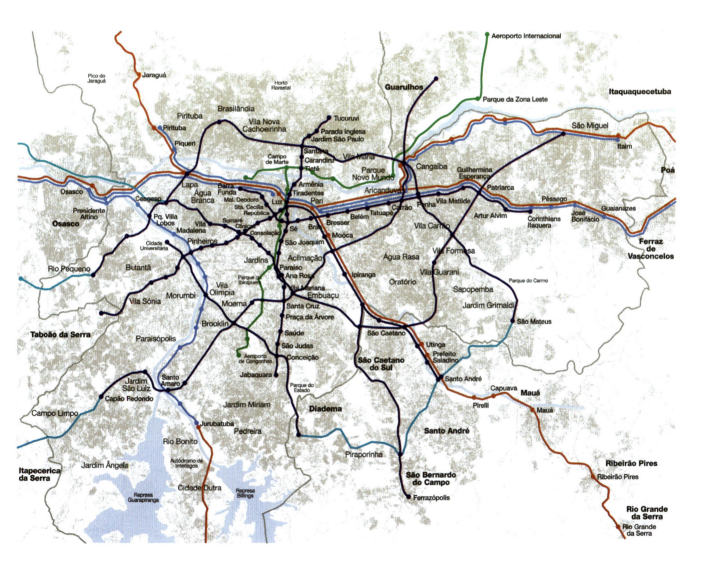

MONOTRILHOS

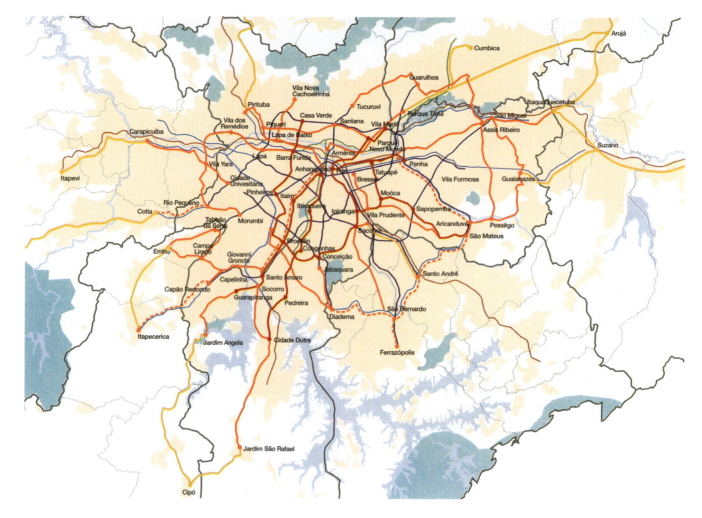

120. Plano Integrado de Transportes Urbanos para 2020 (PITU 2020): Sistema sobre pneus – 1999.

FONTE: SÃO PAULO (Estado). Secretaria de Estado dos Transportes Metropolitanos (1999). Reprodução de figura autorizada pela Secretaria de Estado dos Transportes Metropolitanos.

LEGENDA
- Limite de sub-região
- Limite de município
- Metrô
- Metrô em nível
- Metrô leve
- Trem regional/Aproximador
- Trem especial
- Veículo leve sobre pneus (VLP)
- Corredor de ônibus
- Corredor troncalizado
- --- Investimento substituído posteriormente
- • Ponto referencial de trecho de linha

121. Plano Integrado de Transportes Urbanos para 2020 (PITU 2020): Infraestrutura viária metropolitana – 1999.

FONTE: SÃO PAULO (Estado). Secretaria de Estado dos Transportes Metropolitanos (1999). Reprodução de figura autorizada pela Secretaria de Estado dos Transportes Metropolitanos.

LEGENDA
- Área urbanizada
- Limite de sub-região
- Limite de município
- Rodovia
- Viário principal
- Intervenção em rodovia
- Intervenção no viário metropolitano
- Intervenção no viário municipal de São Paulo
- Anel metropolitano
- Rodoanel

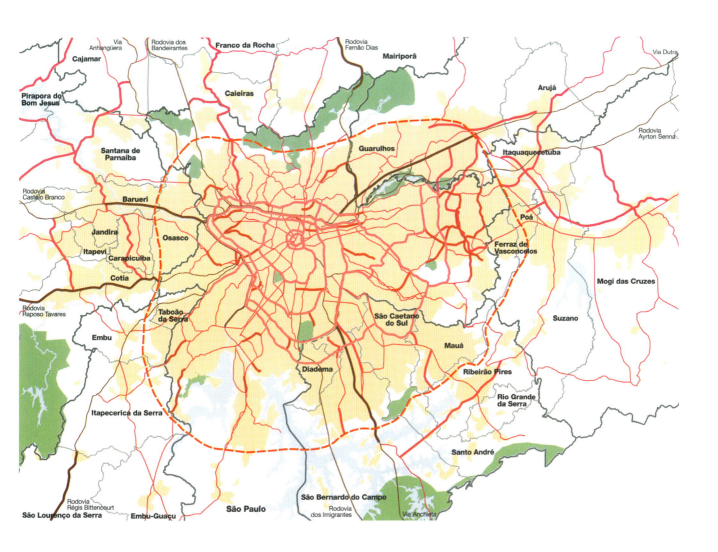

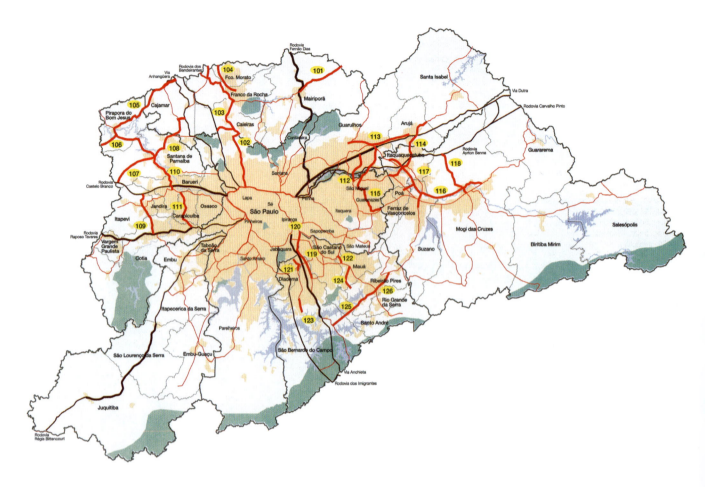

122. Plano Integrado de Transportes Urbanos para 2020 (PITU 2020): Viário essencial metropolitano – 1999.
FONTE: SÃO PAULO (Estado). Secretaria de Estado dos Transportes Metropolitanos (1999).
Reprodução de figura autorizada pela Secretaria de Estado dos Transportes Metropolitanos.

LEGENDA
- Limite de sub-região
- Limite de município
- Viário metropolitano
- Intervenção no viário metropolitano
- Rodovia
- Intervenção em rodovia
- 101 Nº da intervenção

123. Plano Integrado de Transportes Urbanos para 2020 (PITU 2020): Viário essencial do município de São Paulo – 1999.

FONTE: SÃO PAULO (Estado). Secretaria de Estado dos Transportes Metropolitanos (1999). Reprodução de figura autorizada pela Secretaria de Estado dos Transportes Metropolitanos.

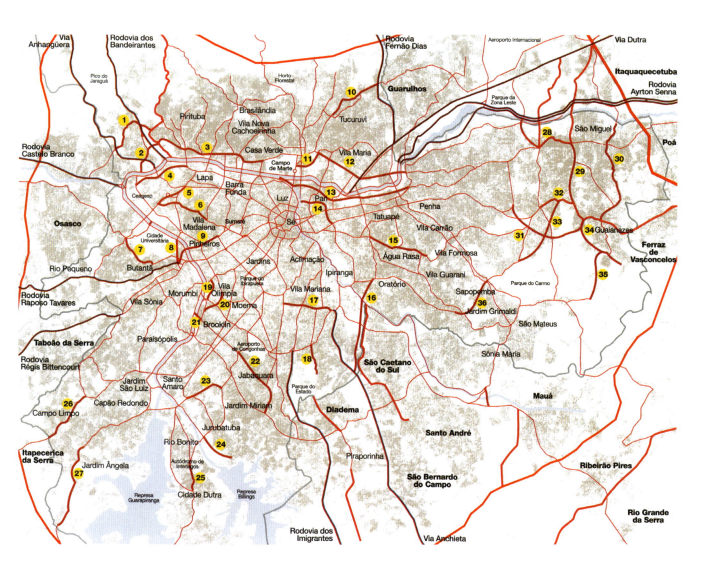

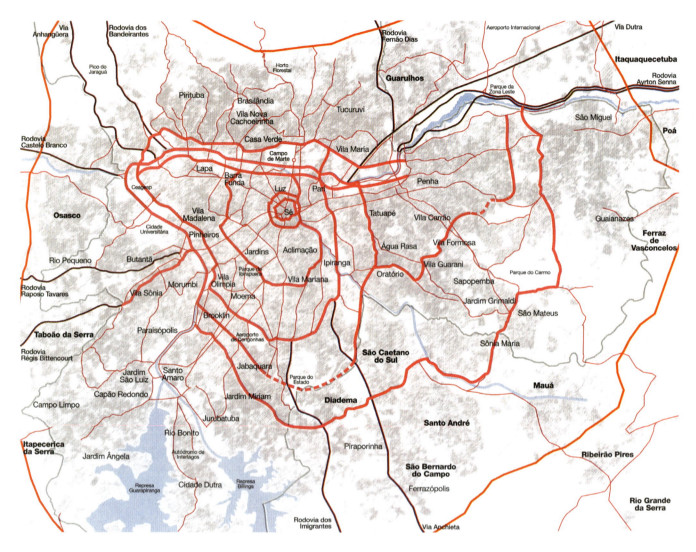

124. Plano Integrado de Transportes Urbanos para 2020 (PITU 2020): Anéis viários metropolitanos – 1999.

FONTE: SÃO PAULO (Estado). Secretaria de Estado dos Transportes Metropolitanos (1999).
Reprodução de figura autorizada pela Secretaria de Estado dos Transportes Metropolitanos.

LEGENDA
— Anel de trânsito prioritário
--- Construção do trecho do anel
— Rodoanel
— Rodovia
— Viário principal
— Limite de município

O Desenho de São Paulo por seus Caminhos

125. Plano Integrado de Transportes Urbanos para 2020 (PITU 2020): Trem Regional e Trem Aproximador – 1999.

FONTE: SÃO PAULO (Estado). Secretaria de Estado dos Transportes Metropolitanos (1999).
Reprodução de figura autorizada pela Secretaria de Estado dos Transportes Metropolitanos.

LEGENDA
— Trem regional
— Trem aproximador
— Metrô
— Metrô em nível (conexão trem-metrô)
— Trem de carga

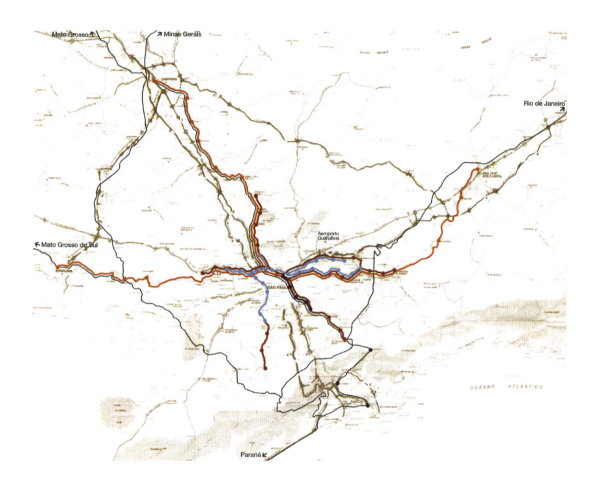

MONOTRILHOS

Três alternativas de rede de transporte – *Central, Aberta, Densa* – foram desenhadas, adotando como objetivos: aumento da acessibilidade geral; aumento da acessibilidade às regiões vizinhas; aumento da acessibilidade aos grupos de baixa renda; aumento da acessibilidade aos subcentros comerciais e de serviços e aos polos de emprego; aumento da acessibilidade ao centro metropolitano; redução dos congestionamentos; redução do número de acidentes; redução da poluição atmosférica; redução do nível de ruído; potencialização do caráter indutor e estruturador da rede de transporte; concepção e operação integrada do sistema de transporte; uso eficiente dos recursos; reversão da tendência de predomínio do transporte individual; melhoria da qualidade do serviço de transporte; e preservação e promoção do espaço urbano.

As três alternativas de rede de transporte foram confrontadas utilizando bateria de modelos de avaliação do Simulador Estratégico de Transportes – Start e aplicando um modelo baseado num conjunto de indicadores de desempenho. A alternativa selecionada foi a Rede Aberta, com as seguintes características: 284 km de rede de metrô; 4 km de trem especial entre aeroportos; 88 km de modernização das linhas de trem aproximador; 177 km de trem regional reformulado; 300 km de corredores de ônibus exclusivos intermunicipais; 286 km de corredores de ônibus segregados para linhas do sistema do município de São Paulo; 200 km de pista simples para linhas circulares de micro-ônibus operando na área pedagiada, de 233 km², demarcada no Centro Expandido; 29 estacionamentos periféricos junto à rede de trilhos; 24 garagens subterrâneas na área central; 534 km de melhorias na rede viária; 121 km de rodoanel; e 52 intersecções viárias em desnível.

Mas, em 2005, foi divulgado pela STM o *PITU 2025 – Plano Integrado de Transportes Urbanos para 2025* (Figuras 126, 127, 128 e 129), pelo então secretário dos Transportes Metropolitanos, Jurandir Fernando Ribeiro Fernandes. A realização do novo plano foi justificada pela necessidade de ajustar a Rede Aberta, proposta no PITU 2020, às tendências apontadas pelos resultados da Mini Pesquisa OD de 2002 e pela expectativa de ampliação da capacidade de transporte oferecida pelas linhas da rede da CPTM. A rede do PITU 2025 foi *inspirada* na proposta da *Rede Essencial* (Figura 130), elaborada no Metrô[355].

355. Na publicação referente à Rede Essencial há a seguinte citação: "A elaboração de propostas para uma futura rede do Metrô é uma atividade por excelência de sua Diretoria de Planejamento e Expansão dos Transportes Metropolitanos - DM". Metrô, 2006, p. 13.

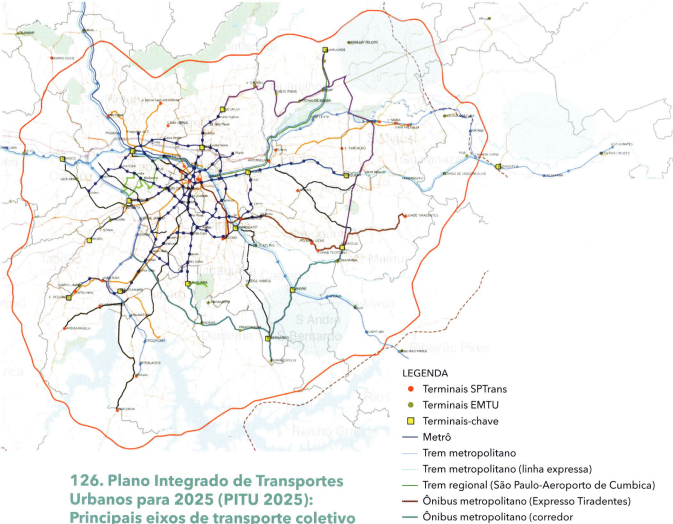

126. Plano Integrado de Transportes Urbanos para 2025 (PITU 2025): Principais eixos de transporte coletivo e projetos associados – 2005.
FONTE: SÃO PAULO (Estado). Secretaria de Estado dos Transportes Metropolitanos, [s.d.]. Reprodução de figura autorizada pela Secretaria de Estado dos Transportes Metropolitanos.

LEGENDA
- Terminais SPTrans
- Terminais EMTU
- Terminais-chave
- Metrô
- Trem metropolitano
- Trem metropolitano (linha expressa)
- Trem regional (São Paulo-Aeroporto de Cumbica)
- Ônibus metropolitano (Expresso Tiradentes)
- Ônibus metropolitano (corredor Jabaquara-São Mateus, Diadema-Brooklin)
- Corredores urbanísticos
- ORCA
- Expresso urbano (Guarulhos-Tucuruvi, São Mateus-CECAP)
- Ônibus municipal – São Paulo (Passa Rápido)
- Ônibus municipal – São Paulo
- Ônibus metropolitano
- Sistema Viário Estratégico (SVE)
- Sistema Viário de Interesse Metropolitano (SIVIM)
- Rodoanel
- Divisa de município
- Parques
- Trem regional São Paulo-Campinas
- Ferroanel
- Centros lojísticos integrados (CLI's)

MONOTRILHOS 293

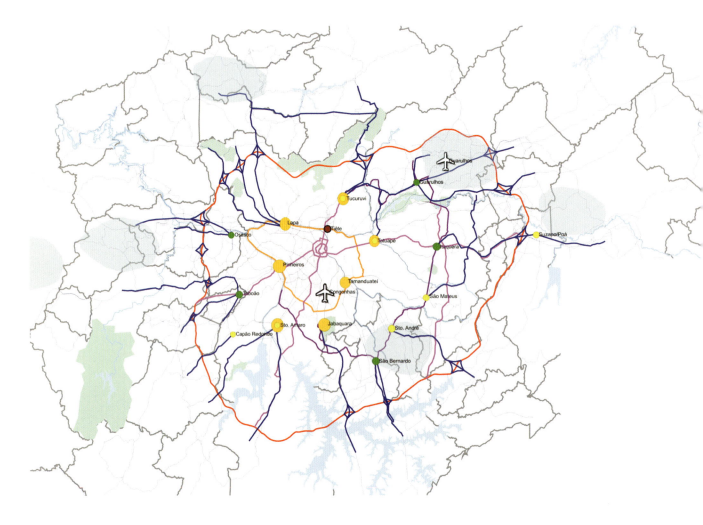

127. Plano Integrado de Transportes Urbanos para 2025 (PITU 2025): Articulação viária principal – 2005.

FONTE: SÃO PAULO (Estado). Secretaria de Estado dos Transportes Metropolitanos, [s.d.]. Reprodução de figura autorizada pela Secretaria de Estado dos Transportes Metropolitanos.

LEGENDA
- TC + EMTU + Piterp
- TC + EMTU
- TC + Fretamento
- TC + EMTU + Fretamento
- Aeroportos principais
- Sistema Viário de Interesse Metropolitano (SIVIM)
- Sistema Viário Estratégico (SVE) – principal
- Sistema Viário Estratégico (SVE)
- Mini anel
- Expresso urbano (Guarulhos-Tucuruvi, São Mateus-CECAP)
- Centros lojísticos integrados (CLI's)
- Divisa de município
- Parques
- Rodoanel

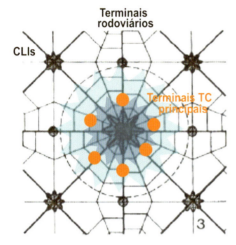

128. Plano Integrado de Transportes Urbanos para 2025 (PITU 2025): Esquema de localização de Terminais-Chave (TC) e Centros Logísticos Integrados (CLI) – 2005.
FONTE: SÃO PAULO (Estado). Secretaria de Estado dos Transportes Metropolitanos, [s.d.]. Reprodução de figura autorizada pela Secretaria de Estado dos Transportes Metropolitanos.

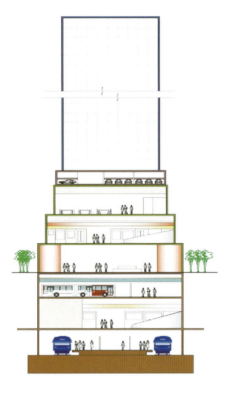

129. Plano Integrado de Transportes Urbanos para 2025 (PITU 2025): Detalhamento de Terminal-Chave (TC) – 2005.
FONTE: SÃO PAULO (Estado). Secretaria de Estado dos Transportes Metropolitanos, [s.d.]. Reprodução de figura autorizada pela Secretaria de Estado dos Transportes Metropolitanos.

No PITU 2025, à rede existente em 2005 foram acrescidos apenas 110 quilômetros de linhas de metrô e 28 quilômetros de linhas de trem (para o aeroporto). O plano fundamentou suas propostas na gestão dos recursos operacionais e na reorganização espacial das atividades, através de políticas públicas conjugadas, buscando o balanceamento dos empregos na periferia densamente habitada; a contenção da expansão da área urbana até aumentar em 20% a densidade da população; a realização de programas habitacionais e subsídios para grupos de baixa renda; a concatenação dos projetos de transporte com o uso do solo, de modo a ocorrer um *adensamento seletivo* no entorno das estações e eixos do sistema estrutural de transporte; a acessibilidade às operações

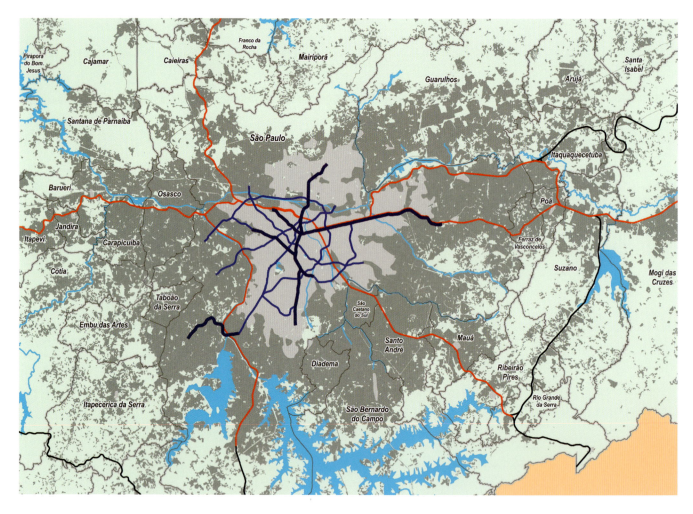

130. Rede Essencial – 2006.

FONTE: LISBOA, Leonardo Cleber Lima (2019). Reprodução de figura cedida por Leonardo Cleber Lima Lisboa.

LEGENDA
— Metrô (linhas em operação em 2006)
— Metrô (linhas propostas)
— Trem metropolitano em modernização
— Ferrovia (carga)
▒ Área urbanizada (até 1949)
▓ Área urbanizada (de 1949 a 2002)
— Principais rios e represas (referência atual)

urbanas consorciadas, às áreas de intervenção urbana, aos centros logísticos integrados e aos centros tradicionais de bairros ou polos históricos de atração ou geração de viagens; e a localização da infraestrutura de transportes nas regiões adensadas.

Conforme proposto no PITU 2025, a gestão dos recursos operacionais envolveria a articulação do sistema viário metropolitano com o sistema viário da capital, funcionando com uniformidade de padrões operacionais e identidade visual; a articulação entre os sistemas de transporte municipal, intermunicipal e de longa distância em *Terminais-Chave* (*TCs*); a racionalização da política tarifária, de modo que as tarifas fossem proporcionais à extensão das viagens[356]; a utilização de tecnologias não poluentes nos corredores de transporte; e a reestruturação da logística urbana de cargas, com a criação de *Centros Logísticos Integrados* (*CLIs*).

Em sua essência, a rede proposta no PITU 2025 atenderia o Centro Expandido com linhas de metrô. O restante da aglomeração urbana seria atendida por linhas estruturais de ônibus. Os TCs, imensos portais de passagem entre o Centro Expandido e o resto do espaço urbano metropolitano, articulariam as linhas de metrô a corredores de ônibus – do tipo convencional, expresso ou urbanístico –, estes últimos "um novo produto de transportes, com tecnologia moderna, veículos modulares para 350 a 400 passageiros, sobre pneus ou trilhos, tração elétrica e que se associam a projetos de revitalização urbana dos bairros situados em sua área de influência"[357].

A proposta do PITU 2025, de utilização desse *novo produto de transportes*, fundamentou a implantação de linhas de veículos leves sobre trilhos (VLT) ou pneus (VLP) e o aparecimento de um novo modo de transporte em São Paulo: o monotrilho, cujo desempenho é apropriado para transportar entre 4 mil e 20 mil passageiros/hora[358].

Em implantação desde 2012, para atender cerca de 550 mil passageiros/dia, a Linha 15-Prata é o primeiro monotrilho paulistano projetado para interligar a Estação Vila Prudente, da rede de transporte de alta capacidade, ao Hospital Cidade Tiradentes, localizado em área densamente habitada, no extremo leste do município de São Paulo. A linha, programada para transportar cerca de 40 mil passageiros/hora, não permite ampliação futura em sua capacidade, tendo uma oferta superior à da Linha 3, inaugurada em 2011 na cidade chinesa de Chongqing, o monotrilho de maior carregamento anteriormente implantado, destinado a servir 500 mil passageiros/dia[359].

356. Ou seja, pagam mais para se deslocar até a área central os usuários do transporte público que moram mais afastados (e que possuem, em geral, menor renda).
357. SÃO PAULO (Estado), STM, 2005, p. 146.
358. VUCHIC, 2007, p. 76.
359. GARCIA, 2014, p. 37.

131. Rede Distributiva – 2006.

FONTE: LISBOA, Leonardo Cleber Lima (2019). Reprodução de figura cedida por Leonardo Cleber Lima Lisboa.

LEGENDA
— Metrô (linhas em operação em 2006)
— Metrô (linhas propostas)
— Trem metropolitano em modernização
— Ferrovia (carga)
▒ Área urbanizada (até 1949)
▓ Área urbanizada (de 1949 a 2002)
— Principais rios e represas (referência atual)

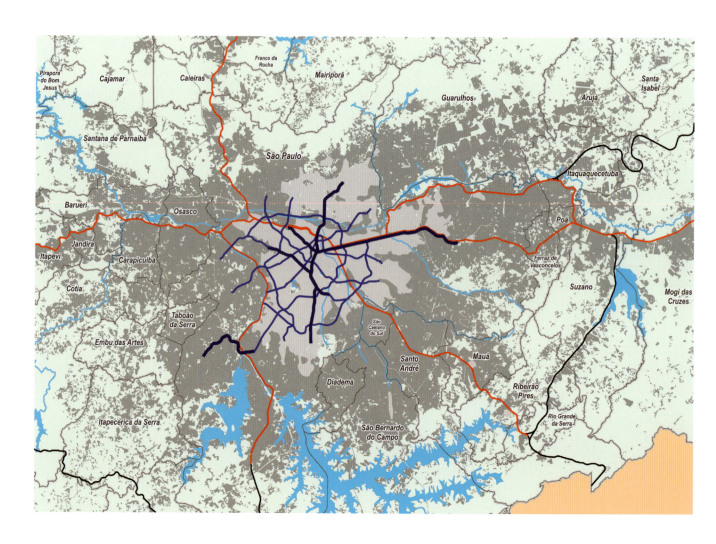

O Desenho de São Paulo por seus Caminhos

Mas construir o primeiro monotrilho paulistano para atender uma faixa de demanda que costuma ser servida por metrô tem ampliado o custo de implantação da Linha 15-Prata; elevado o custo, o tempo e as dificuldades de operação; e agravado o impacto da estrutura na paisagem urbana, com maior altura da via e maiores dimensões das estações, plataformas de embarque-desembarque e passarelas de emergência.

A proposta da Rede Essencial elaborada pelo Metrô foi uma evolução da *Rede Distributiva* (Figura 131) para atender as viagens produzidas no Centro e na periferia da metrópole, de modo a atenuar os efeitos do congestionamento viário. A concepção da Rede Distributiva foi baseada

> "[...] no princípio de complementaridade e hierarquização dos modos de transporte para servir toda a região metropolitana e no pressuposto de que as áreas periféricas têm vida própria, ou seja, de que não é mais válido o paradigma da dependência total entre centro e periferia. Estudos preliminares utilizando os dados das pesquisas de origem e destino têm demonstrado que a maioria das viagens nas periferias se realiza nelas mesmas ou entre periferias vizinhas, em seguida, para o centro regional ao qual se associam e, finalmente, para o centro do município de São Paulo e demais áreas metropolitanas. O fenômeno do ainda persistente congestionamento central se deve ao excesso de viagens produzidas pelas próprias atividades das áreas centrais, pela população de mais alta renda que nelas habita e pelo ainda significativo contingente populacional periférico que para elas se dirige, resultando na soma de múltiplas parcelas das viagens produzidas nas diversas áreas que constituem a periferia metropolitana. Ou seja, as periferias, atualmente, são funcionalmente independentes do centro de São Paulo, mas o volume de viagens produzido por elas em sua direção é suficiente, ainda, para contribuir para o congestionamento central"[360].

Para definir a Rede Essencial, totalizando 163,3 quilômetros de metrô (57,5% do comprimento das linhas de metrô da Rede Aberta), foi realizada uma seleção de linhas e trechos de linhas da Rede Distributiva, de modo a evitar a superlotação dos trechos críticos das linhas de metrô em operação e promover a distribuição da demanda na área central, "atenuando os efeitos do congestionamento viário e proporcionando ganho efetivo nos tempos de viagem"[361].

No entanto, há projetos de linhas da Rede Essencial com modificações que apontam para a necessidade de uma abrangência maior do território diretamente servido pelo metrô: a Linha 6-Laranja segue estendida até o bairro de Brasilândia; a Linha 2-Verde tem seu eixo deslocado do Tatuapé para a Penha e prolongado até a Rodovia Dutra, nas proximidades do acesso ao município de Guarulhos.

360. SÃO PAULO (Estado), Metrô, 2006, p. 41.
361. SÃO PAULO (Estado), Metrô, 2006, p. 63.

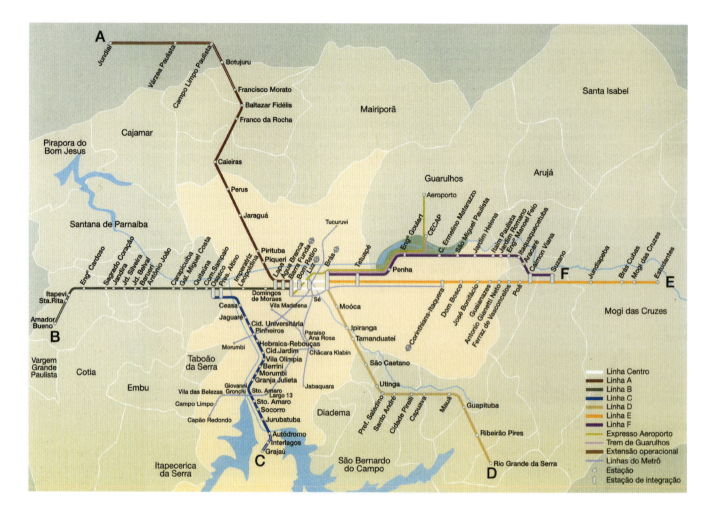

132. Projeto Funcional: Modernização da Malha da CPTM – 2002.

FONTE: SÃO PAULO (Estado). Companhia Paulista de Trens Metropolitanos (2002).
Reprodução de figura autorizada pela Companhia Paulista de Trens Metropolitanos.

Quanto à modernização e ampliação da capacidade de transporte das linhas da rede da CPTM, com 273 quilômetros de extensão, foi elaborado o *Projeto Funcional: Modernização da Malha da CPTM* (Figura 132) em 2002, para o horizonte de 2010, seguindo diretrizes do PITU 2020 sobre a implantação dos serviços de trem regional, trem aproximador e trem especial para a interligação dos aeroportos, bem como a flexibilização de rotas, a ampliação dos níveis de conforto e a introdução de novas tecnologias.

300 O DESENHO DE SÃO PAULO POR SEUS CAMINHOS

Apesar de implantadas apenas em parte, merecem destaque as propostas do Projeto Funcional referentes à integração física das linhas Rubi, Diamante, Turquesa e Esmeralda, nas estações centrais de Barra Funda, Luz e Brás (Projeto Integração Centro)[362]; à complementação das instalações da rede, incluindo novas estações, modernização das estações existentes e a implantação de um Centro de Controle Operacional (CCO); à complementação do material rodante; e à melhoria do serviço prestado na RMSP e na Aglomeração Urbana de Jundiaí, pelas linhas 7-Rubi (Luz-Francisco Morato-Jundiaí), 8-Diamante (Júlio Prestes-Itapevi-Amador Bueno), 9-Esmeralda (Osasco-Grajaú), 10-Turquesa (Brás-Rio Grande da Serra), 11-Coral (Expresso Leste) (Luz-Guaianazes--Estudantes), 12-Safira (Brás-Calmon Viana) e 13-Jade (Engenheiro Goulart-Aeroporto-Guarulhos)[363].

O Projeto Funcional da CPTM também previa a realização de Operações Urbanas (OUs)[364] – especialmente entre Lapa e Tamanduateí – para reinserir as linhas ferroviárias no espaço adjacente, recuperar áreas subutilizadas com o deslocamento de antigas indústrias e armazéns, ampliar a oferta de serviços, melhorar a acessibilidade de veículos e pedestres e implantar equipamentos de transferência intermodal.

As OUs apresentadas no Projeto Funcional de 2002 foram reconsideradas em 2010, no *Plano Diretor de Inserção Urbana da CPTM* (Figura 133), elaborado pela Fundação para Pesquisa Ambiental (Fupam). A nova proposta estabelecia o desvio da ferrovia para túnel subterrâneo, a ser construído entre a Lapa e o Brás, liberando a

362. O Projeto Integração Centro, parcialmente implantado, preconizava a readequação e modernização da Estação da Luz; a abertura de um túnel de 150 metros, interligando a Estação da Luz às estações das linhas 1-Azul e 4-Amarela do Metrô, dimensionado para um fluxo diário de até 500 mil usuários; a recuperação, modernização e unificação da antiga Estação Brás com a Estação Roosevelt; e a interpenetração de quatro linhas de trem, de modo a permitir deslocamentos diretos entre a Região Leste e a Barra Funda, e da Região Oeste até o Brás.
363. SÃO PAULO (Estado), CPTM, 2002.
364. Operação Urbana é um dos instrumentos de ordenamento e reestruturação urbana adotados pela Prefeitura de São Paulo para promover transformações estruturais em áreas subutilizadas e com potencial de transformação, visando a maior aproveitamento da terra urbana e ao consequente aumento nas densidades construtivas e demográficas; implantação de novas atividades econômicas e empregos; e atendimento às necessidades de habitação e de equipamentos sociais para a população.

superfície para a realização de *Empreendimentos Associados*[365] de uso misto, para a implantação de habitações de caráter social e áreas verdes, além de prover a acessibilidade local, com a abertura de alamedas e a acessibilidade regional, com a implantação de equipamentos de integração intermodal.

As linhas intermunicipais de ônibus também foram objeto de um plano elaborado pela EMTU/SP em 1999, na publicação *Transporte Metropolitano: Ações do Governo no Transporte Intermunicipal por Ônibus na Região Metropolitana de São Paulo*, propondo um conjunto de linhas associadas a terminais e corredores de circulação (Figura 134). O objetivo almejado era

> "[...] implantar uma rede de linhas troncais e alimentadoras conectadas em terminais e estações de transferência, localizados nos vários municípios, em pontos favoráveis à organização da rede de transporte, sem, porém, imputar em ônus de transferência para usuários com destinos próximos"[366].

133. Plano Diretor de Inserção Urbana da CPTM – 2010.
FONTE: SÃO PAULO (Estado). Companhia Paulista de Trens Metropolitanos. Fundação para Pesquisa Ambiental, [s.d.].
Reprodução de figura autorizada pela Companhia Paulista de Trens Metropolitanos.

365. Empreendimentos Associados é como são chamadas as intervenções destinadas ao aproveitamento de áreas remanescentes e do espaço aéreo de instalações da rede de transporte de massa, realizadas com o objetivo de organizar o espaço urbano adjacente a estações e terminais, mas também para a captação de parte da valorização imobiliária resultante do aumento de acessibilidade associado ao aumento da oferta de transporte.
366. SÃO PAULO (Estado), EMTU, 1999, p. 25.

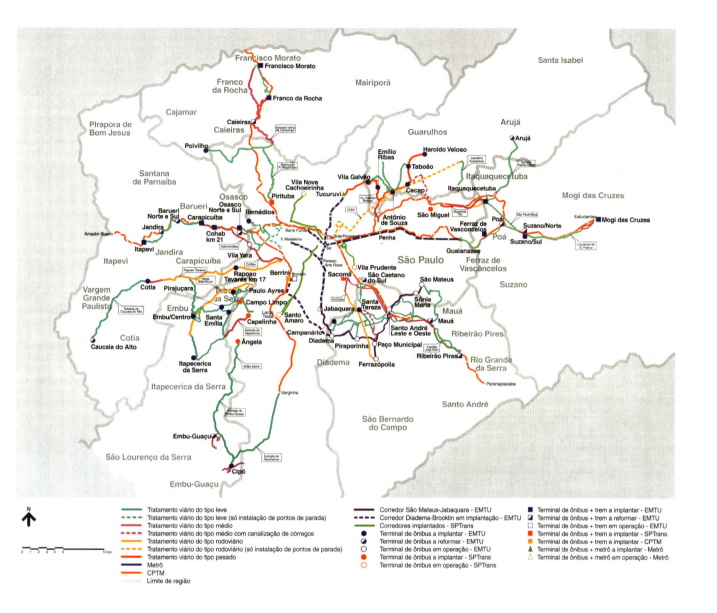

134. Transporte Metropolitano: Ações do Governo no Transporte Intermunicipal por Ônibus na Região Metropolitana de São Paulo – 1999.

FONTE: SÃO PAULO (Estado). Empresa Metropolitana de Transportes Urbanos de São Paulo (1999).
Reprodução de figura autorizada pela Empresa Metropolitana de Transportes Urbanos de São Paulo.

À circulação dos ônibus intermunicipais foi associado o *Sistema Viário de Interesse Metropolitano* (*Sivim*), criado pelo Decreto estadual nº 50.684/2006, composto dos Sistemas Viários Macrometropolitano, Metropolitano e Metropolitano Secundário, cabendo à EMTU/SP a atualização e formalização das vias constituintes do sistema (Figura 135). A origem do Sivim data de 1997, quando foi feito o levantamento das principais vias das três regiões metropolitanas[367] e seus pontos críticos, realizado pela Coordenadoria de Assistência aos Municípios da STM, no Programa Caminhos Metropolitanos, para orientar intervenções no sistema viário. No entanto, o sistema viário metropolitano nunca foi objeto de plano específico e ainda se confunde com o sistema rodoviário estadual e federal: há carência de vias com a função de transição entre o sistema rodoviário e o sistema viário urbano local; novos loteamentos continuam forçando a abertura de acessos diretos a rodovias, mesmo as de *classe zero*; rodovias atravessam áreas urbanas; e poucas vias têm traçado perimetral para desviar fluxos que sobrecarregam antigos caminhos radiais ao centro principal da metrópole. A falta dessas vias perimetrais – resultado do desinteresse pela conectividade viária quando loteadas as glebas progressivamente incorporadas ao tecido urbano – compromete a interligação das vias radiais e a eficiência do sistema viário:

"A estrutura morfológica (hídrica e topográfica) do sítio urbano paulistano é de natureza centrípeta. Esse fator, aliado ao histórico baixo nível de investimento em infraestrutura praticado no Brasil, privilegiou a construção de eixos radiais de circulação, pois esses demandam menor esforço. O aspecto radial da estrutura viária principal, sem amarrações suficientes entre seus tramos, impõe um sistema de poucas possibilidades de deslocamento e de baixíssimo nível de eficiência. Provoca um elevado diferencial de carregamento nos sentidos opostos, acarretando simultaneamente sobrecarregamento e ociosidade da rede.
A elevação do padrão de performance dos serviços passa, portanto, por uma melhor distribuição dos deslocamentos. Isso significa que, além de aumentar o nível de investimento em infraestrutura – muito acanhada para o volume e padrão de viagens da RMSP – é preciso colocar em pauta a abertura de novos eixos de circulação, transversais às vias de espigão e de fundo de vale consolidadas"[368]

Em 2010, uma atualização da rede da EMTU/SP resultou no *Programa de Corredores Metropolitanos de Transporte Coletivo de Média Capacidade da RMSP-PCM* (Figura 136), com a proposta de quatro novas importantes ligações perimetrais, ou seja, conexões entre municípios sem passar pela região central da capital: BRT Metropolitano

---

367. Região Metropolitana de São Paulo (RMSP), Região Metropolitana de Campinas (RMC) e Região Metropolitana da Baixada Santista (RMBS).
368. GARCIA, 2014, p. 44.

O Desenho de São Paulo por seus Caminhos

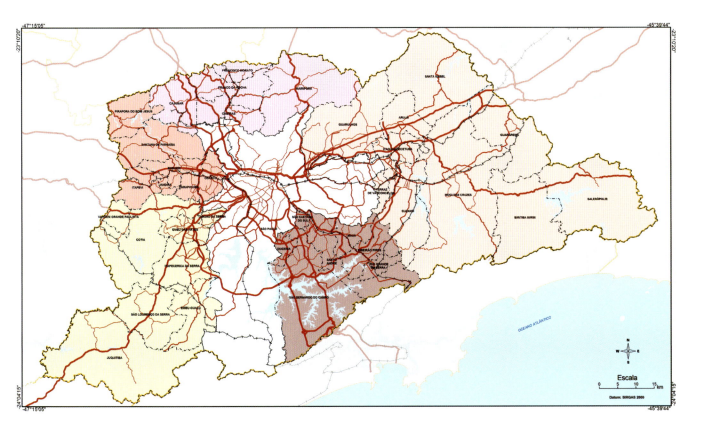

135. Sistema Viário de Interesse Metropolitano (Sivim) – 2006.

FONTE: SÃO PAULO (Estado). Empresa Paulista de Planejamento Metropolitano (2018).
Reprodução de figura cedida em cortesia pela Emplasa – do Plano de Desenvolvimento Urbano Integrado da Região Metropolitana de São Paulo –, elaborada com base em dados da Secretaria dos Transportes Metropolitanos. Todos os direitos reservados sobre os materiais desta.

LEGENDA

CENÁRIO 2012
— Metropolitana Secundária
— Metropolitana
— Macrometropolitana

SUB-REGIÕES
- São Paulo
- Sudoeste
- Sudeste
- Oeste
- Norte
- Leste

–·– Limite de municípios
+++ Ferrovia
— Limite RMSP
- Hidrografia

Alphaville, entre o Terminal Polvilho, em Cajamar, e o Terminal Antônio João, em Carapicuíba, passando por Santana de Parnaíba e Barueri; BRT Metropolitano Perimetral Alto Tietê, entre o Terminal Arujá e a Estação Monte Belo, em Itaquaquecetuba; BRT Metropolitano Itapevi-Cotia, ou Corredor Verde, entre o Terminal Rodoviário Engenheiro Cardoso (ou Santa Rita) e o Terminal Rodoviário de Cotia; e BRT Metropolitano Perimetral Leste-Jacu Pêssego, entre os terminais Cecap e São Mateus, fazendo a integração com os Corredores Guarulhos-SP e ABD[369].

Em 2009, a STM publicou o estudo *Montagem e avaliação de um cenário equilibrado para o desenvolvimento urbano de São Paulo através de uma estratégia combinada de transporte e uso do solo*, cumprindo objetivos de termo de cooperação firmado entre a STM e a Secretaria Municipal de Planejamento (Sempla). Buscava-se promover maior coerência entre uso do solo e transporte na RMSP e subsidiar a revisão do Plano Diretor Estratégico – PDE, instituído pela Lei nº 13.430/2002 e pela Lei Complementar nº 13.885/2004 do município de São Paulo, especialmente no que se referia à definição do potencial construtivo adicional ao básico, de modo a

> "[...] reverter o processo desequilibrador da metrópole paulistana: um congestionamento central seguido de seu esvaziamento populacional, com a manutenção de boa parte dos empregos, seguidos de uma extensão periférica demasiada da estrutura urbana e seus tecidos correspondentes. Em termos de transporte, essa periferização implica um encarecimento cada vez maior para o Poder Público, que se vê na impossibilidade social de cobrar tarifas em proporções com as distâncias cada vez maiores percorridas"[370].

O *cenário equilibrado* foi concebido como uma distribuição idealizada de empregos e habitações, com adensamento do espaço edificado ao longo da rede estrutural de transporte proposta no PITU 2025[371], Áreas de Intervenção Urbana (AIUs)[372] e Operações Urbanas Consorciadas (OUCs)[373], existentes ou a estabelecer; coerência com a capacidade de suporte da infraestrutura existente ou planejada[374]; balanceamento entre empregos e população; e aproximação espacial de diferentes classes de renda, instituindo políticas públicas de subvenção à localização de habitações para os mais pobres.

As simulações realizadas para reverter a tendência de esvaziamento da população no Centro Expandido[375] mostraram que, de 2005 a 2012, se aproveitadas as oportunidades de potencial construtivo adicional vendável estabelecidas pelo PDE, haveria na área envoltória à rede estrutural de transporte do PITU 2025 uma oferta de 5,28 milhões de metros quadrados de espaço edificável para uso residencial, concentrados em sua maior parte no Centro Expandido, montante muito superior à demanda de 3,81 milhões de metros quadrados estimados pela Sempla, em conjunto com a Empresa Municipal de Urbanização (Emurb), no período. Para o repovoamento da região central da cidade, o estudo previu que parte do contingente populacional seria de renda mais baixa, envolvendo a produção de habitações sociais localizadas em ZEIS-3[376], no Centro Histórico de São Paulo, realizadas com aporte do Estado, mas também observou que

> "[...] um fato a ser melhor avaliado é o de uma certa persistência dos preços imobiliários na região central, apesar do abandono e subutilização de inúmeros imóveis residenciais ou comerciais, que dificulta a sua reciclagem para novos usos, inclusive para o uso habitacional popular"[377].

369. BRT é a sigla de Bus Rapid Transit ou "linha de ônibus rápida", um modo de transporte de média capacidade, operado com ônibus articulado, circulando em faixa exclusiva e com baixo tempo de embarque/desembarque, devido à cobrança antecipada da tarifa, muitas portas para entrada e saída de passageiros e mesmo nível do piso do veículo e da plataforma do ponto de parada.

370. SÃO PAULO (Estado), STM, 2009, p. 185.

371. O artigo 200 do PDE de 2002 estabelecia a possibilidade de edificar um potencial construtivo adicional de área para uso residencial ou não residencial, concedido mediante o pagamento de outorga onerosa e após estudos sobre a capacidade de suporte das redes de infraestrutura urbana. Em seu artigo 122, o plano definia, como polígonos de adensamento do espaço edificado, envoltórias de 600 metros de raio ao redor das estações de metrô ou de trem, e de 300 metros de cada lado das linhas estruturais da rede de transporte.

372. Áreas de Intervenção Urbana, segundo o artigo 145 do PDE de 2014, são porções do território destinadas à reestruturação, transformação, recuperação e melhoria ambiental de setores urbanos, com efeitos positivos na qualidade de vida, no atendimento às necessidades sociais, na efetivação de direitos sociais e na promoção do desenvolvimento econômico. São porções de território definidas em lei, tais como: áreas urbanizadas que demandem recuperação, reabilitação ou requalificação para aplicação de programas de desenvolvimento econômico; áreas com existência de relevantes concentrações de imóveis não utilizados ou subutilizados; áreas com processos de expansão urbana e de mudanças nos padrões de uso e ocupação do solo em larga escala; áreas compatíveis com processos de remodelagem e reestruturação urbana, econômica, social e ambiental; áreas com relevantes conjuntos arquitetônicos e urbanísticos com valor histórico e cultural; perímetros de ZEIS 3, destinados a requalificação urbana com prioridade para a implantação de HIS; e qualificação de áreas de acordo com os objetivos da Rede Hídrica e Ambiental, incluindo os parques propostos e seus entornos.

373. Operação Urbana Consorciada, segundo os ar-

tigos 137 e 138 do PDE de 2014, é um instrumento para otimizar a ocupação de áreas subutilizadas, possibilitando implantar equipamentos estratégicos para o desenvolvimento urbano; ampliar e melhorar o sistema de transporte coletivo, as redes de infraestrutura e o sistema viário estrutural; promover a recuperação ambiental de áreas contaminadas e áreas passíveis de inundação; implantar equipamentos públicos sociais, espaços públicos e áreas verdes; promover Empreendimentos de Habitação de Interesse Social e urbanizar e regularizar assentamentos precários; proteger, recuperar e valorizar o patrimônio ambiental, histórico e cultural; promover o desenvolvimento econômico e a dinamização de áreas visando à geração de empregos. A lei específica que regulamenta cada Operação Urbana Consorciada pode prever, mediante contrapartida, a modificação de índices e características de parcelamento, uso e ocupação do solo e subsolo, bem como alterações das normas edilícias; e formas de regularização de edificações executadas em desacordo com a legislação vigente.

374. O estudo *Montagem e avaliação de um cenário equilibrado* identificou que a capacidade de suporte do sistema viário principal do município de São Paulo, em termos de volume/capacidade, não apresentava já em 2005 condições para acomodar maiores fluxos de tráfego sem aumentar o congestionamento. No caso das linhas de metrô, na hora-pico, havia, em 2005, grande sobrecarga nas linhas 1-Azul e 3-Vermelha; carga média na Linha 2-Verde; e reduzida na Linha 5-Lilás. Nas seções críticas dessas linhas, a densidade de passageiros em pé por metro quadrado era de 5,2 a 6,2 na Linha 1-Azul; 3,4 a 3,8 na Linha 2-Verde; e 6,7 a 7,9 na Linha 3-Vermelha. STM, 2009, p. 89-96.

375. Simulações realizadas utilizando o modelo Tranus.

376. Classificação de uso do solo para implantação de 40% de Habitações de Interesse Social (HIS) (famílias com até seis salários mínimos), 40% de Habitações de Mercado Popular (HMP) (famílias com seis a quinze salários mínimos) e 20% de edificações para uso misto.

377. SÃO PAULO (Estado), STM, 2009, p. 185.

MONOTRILHOS **307**

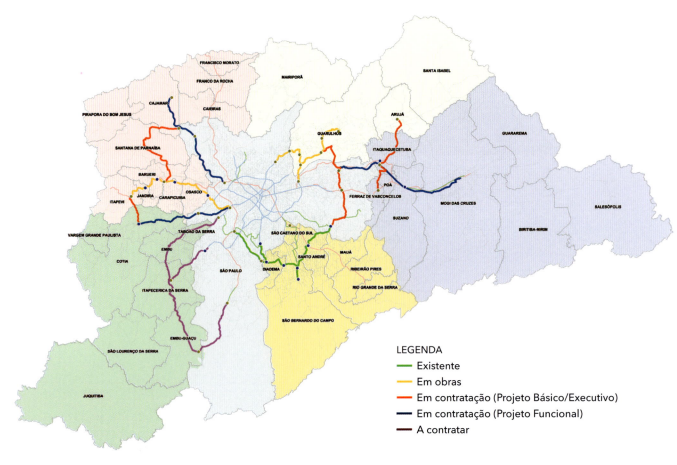

136. Programa de Corredores Metropolitanos de Transporte Coletivo de Média Capacidade da Região Metropolitana de São Paulo (PCM) – 2010.
FONTE: SÃO PAULO (Estado). Empresa Metropolitana de Transportes Urbanos de São Paulo (2010).
Reprodução de figura autorizada pela Empresa Metropolitana de Transportes Urbanos de São Paulo.

No caso das oportunidades de potencial construtivo adicional vendável para usos não residenciais, os 710 mil metros quadrados calculados pelo modelo de simulação foram inferiores à demanda histórica registrada pela Prefeitura, sendo quase metade do 1,38 milhão de metros quadrados previsto pela Sempla e Emurb entre 2005 e 2012. Para induzir a busca de empregos em outras centralidades, evitando sua concentração no Centro Expandido, e para induzir o adensamento urbano, o estudo recomendou diversas medidas, tais como: fixação de padrões de densidade máxima de tráfego[378]; fomento a modalidades de transporte não agressivas ao meio ambiente, como andar a pé ou de bicicleta; oferta de potencial construtivo em determinadas áreas; implantação de parques, praças, bairros jardins horizontais, centros de compras, centros esportivos culturais, *campi* universitários; incentivos tributários; cobrança de pedágio urbano.[379]

A simulação das alterações previstas até 2012 no uso e ocupação do solo apontou para a ocorrência de aumentos no carregamento dos sistemas viário e de transporte coletivo. Quanto à capacidade de suporte do sistema viário para os aumentos de viagens previstos para 2012, as simulações indicaram que o nível de serviço[380] seria superior a 1, ou seja, o sistema viário estaria mais congestionado que em 2005 (quando o nível de serviço era de 0,99), a não ser que fosse implantado o pedágio urbano, o que faria o indicador cair para 0,92. Já o aumento de deslocamentos no sistema de transporte coletivo poderia ser acomodado com a expansão da oferta de lugares de metrô e de trem prevista para 2012, promovendo um uso mais equilibrado nos dois sentidos da oferta instalada[381].

Constatar que o sistema viário continuaria congestionado, apesar da concentração de linhas de metrô no Centro Expandido, levou o estudo a uma conclusão desoladora:

> "Mantido o processo tendencial de produção de acessibilidades negativas a partir do Centro Histórico, que foi o que produziu, nos últimos 30 anos, o seu esvaziamento através do deslocamento de atividades de moradia, comércio e serviços para o que chamamos hoje de Centro Expandido, o esvaziamento acompanhará esse deslocamento de atividades, reproduzindo o esvaziamento agora no atual Centro Expandido, expandindo-o ainda mais"[382].

Porém, a tal estudo faltou concluir que a rede estrutural de transporte proposta no PITU 2025, concentrada no Centro Expandido, não conseguiu elevar o potencial de acessibilidade das demais áreas da metrópole, inviabilizando a atração de empregos para as centralidades nelas existentes ou em formação. Além disso, o estudo atribuiu apenas ao congestionamento viário o esvaziamento do Centro Histórico de São Paulo, apesar de o processo de saída da população ter sido mais complexo, envolvendo o ciclo de reprodução do capital imobiliário. De fato, num cenário de escassez de acessibilidade, uma das formas de favorecer a reprodução do capital imobiliário é concentrar a especulação nas poucas áreas do Centro Expandido valorizadas pelos investimentos

---

378. Em vias residenciais passariam até 250 veículos/hora, por sentido; em vias comerciais e de serviços, com calçadas amigáveis para o convívio comunitário, circulariam até 600 veículos/hora, por faixa, por sentido; nas demais vias transitariam tantos veículos quanto a capacidade máxima de cada via.

379. SÃO PAULO (Estado), STM, 2009, p. 205-206.

380. Nível de serviço = volume de tráfego/capacidade viária.

381. SÃO PAULO (Estado), STM, 2009, p. 140-141.

382. SÃO PAULO (Estado), STM, 2009, p. 185.

públicos em sistema viário e em linhas de metrô. Ademais, foi por não considerar que a oferta de acessibilidade, se espacialmente distribuída, reduz a escala de variação do preço do solo entre o Centro e a periferia que a *persistência dos preços imobiliários na região central* causou estranheza no estudo. De fato, a região central é a mais provida de acessibilidade por transporte de massa, característica acentuada pelas linhas de metrô concentradas no Centro Expandido, propostas no PITU 2025.

Diante dos resultados do estudo referente ao cenário equilibrado e das constantes mudanças planejadas para as futuras linhas, especialmente no Metrô, mas também na CPTM e na EMTU/SP, a STM decidiu, em 2013, realizar a *Atualização da Rede Metropolitana de Alta e Média Capacidade de Transportes da RMSP*, buscando uma proposta pactuada entre as três empresas, em substituição à rede adotada no PITU 2025. Para o desenho da nova rede, chamada de *Rede Futura* (Figura 137), que incluiu a rede já prevista para 2015, foram observados alguns critérios: superposição de linhas planejadas isoladamente pelas empresas, para expansão das redes de metrô, ferrovia e corredores de ônibus; adequação entre a capacidade de cada modo de transporte e as estimativas de demandas futuras, além de eficiência e equilíbrio da nova rede em face da cronologia de implantação dos serviços.

A Rede Futura foi avaliada por análise de multicritérios[383], utilizando visões e indicadores do PITU 2020 e PITU 2025, para cenários macroeconômicos projetados até 2030, quando estariam implementados 261 quilômetros de trilhos vinculados ao Metrô e 347 à CPTM; 85 quilômetros de monotrilhos associados ao Metrô, 122 à CPTM e 32 à São Paulo Transporte S.A. (SPTrans), empresa de transporte municipal; 337 quilômetros de corredores de ônibus relacionados à EMTU/SP e 371 à SPTrans. Em seu desenho foram incluídas algumas linhas perimetrais, com extensa cobertura espacial de áreas com maior incidência de população de baixa renda. Apesar de promoverem aumento no número de transferências gratuitas na rede, as linhas perimetrais poderiam evitar a formação de fluxos de viagens em direção ao Centro Histórico de São Paulo; reduzir os tempos de viagem; melhorar o nível de serviço; e fortalecer a formação de um espaço metropolitano polinucleado.

Em relação aos resultados de um *cenário tendencial*[384], se implantadas as linhas da Rede Futura previstas na data-horizonte, as simulações feitas para 2025[385] apontaram para: concentração maior de atividades relacionadas às AIUs e OUCs; redução de 1,5% nas distâncias e de 2% nos tempos das viagem entre domicílios e empregos (maior facilidade de acesso à rede metroferroviária); 1,3% de aumento no total de viagens (redução da demanda reprimida); cerca de 2% de redução na estimativa de emissões atmosféricas geradas pelo transporte coletivo; 2,1% de redução de trechos saturados do sistema sobre trilhos; e 0,4% de redução no custo generalizado médio das viagens. Mas, devido ao encurtamento das distâncias entre a origem e o destino das viagens, também ganhou evidência a possibilidade de aumento de 0,43% na participação do transporte individual, em decorrência de maior competitividade econômica desse modo de transporte sobre o coletivo.

A Rede Futura foi composta por 14 linhas (trilhos ou monotrilhos) do Metrô, 14 linhas (trilhos ou monotrilhos) da CPTM e 13 corredores de ônibus da EMTU/SP, além de monotrilhos e corredores de ônibus da SPtrans. Na nova rede corresponderam ao Metrô as linhas 1-Azul (Jabaquara-Tucuruvi), 2-Verde (Vila Madalena-Dutra), 3-Vermelha (Barra Funda-Itaquera), 4-Amarela (Taboão da Serra-Luz), 5-Lilás (Jardim Ângela-Chácara Klabin), 6-Laranja (Bandeirantes-Cidade Líder), 15-Prata (monotrilho Vila Prudente-Hospital Cidade Tiradentes), 16-Violeta (Ipiranga-Cachoeirinha), 17-Ouro (monotrilho Jabaquara-Morumbi-Granja Viana[386]), 18-Bronze (monotrilho Tamanduateí-Estrada dos Alvarengas), 19-Celeste (Campo Belo-Tancredo Neves), 20-Rosa (Lapa-Moema-Afonsina), 21-Grafite (Pari-Nordestina) e 23-Magenta (Lapa-Dutra); à CPTM, as linhas 7-Rubi, 8-Diamante (Amador Bueno-Júlio Prestes), 9-Esmeralda (Varginha-Osasco), 10-Turquesa serviço parador (Brás-Rio Grande da Serra), 10-Turquesa serviço expresso (Tamanduateí-Santo André), 11-Coral serviço parador (Estudantes-Suzano), 11-Coral serviço expresso (Suzano-Barra Funda), 12-Safira (Suzano-Brás), 13-Jade (Engenheiro Goulart-Aeroporto), Expresso ABC (Mauá-Luz), Expresso Oeste-Sul (Barueri-Pinheiros), Ligação Alphaville (Carapicuíba-Rui Barbosa), Guarulhos-ABC (João Paulo-Pirelli), Embu-Campo Limpo, Piqueri-Granja Viana, Cecap-Arujá e Arco Sul (Antônio João-Pirelli); e à EMTU/SP, os corredores ABD (São Mateus-Jabaquara e Brooklin-Diadema), Guarulhos-São Paulo, Itapevi-São Paulo (até Butantã), Alphaville (Carapicuíba-Cajamar), BRT Metropolitano Perimetral Leste (Jacu-Pêssego), Itapevi-Cotia, Arujá-Itaquaquecetuba, Embu Guaçu-São Paulo (até Varginha), Itapecerica da Serra-São Paulo (até Capão Redondo), Itapecerica da Serra-São Paulo (até Vila Sônia), Leste, Anhanguera e Raposo.

Na etapa inicial da implantação da Rede Futura – *Rede Mínima* (Figura 138) – foram consideradas, além da rede existente, as linhas do Metrô 2-Verde (Vila Madalena-Vila Prudente), 4-Amarela (Taboão da Serra-Luz), 5-Lilás (Capão Redondo-

383. Para a avaliação da nova rede foram utilizados os modelos de simulação EMME e TRANUS.

384. Cenário Tendencial é o que caracteriza uma evolução futura sem a implementação de políticas públicas destinadas a adensar a mancha urbana e evitar o afastamento da população de baixa renda para novas áreas periféricas.

385. As simulações foram realizadas alimentando o software TRANUS com os mesmos parâmetros adotados no estudo anterior "Montagem e avaliação de um cenário equilibrado".

386. A Linha 17-Ouro foi seccionada em Morumbi, originando a Linha 22-Bordô (Rebouças-Cotia).

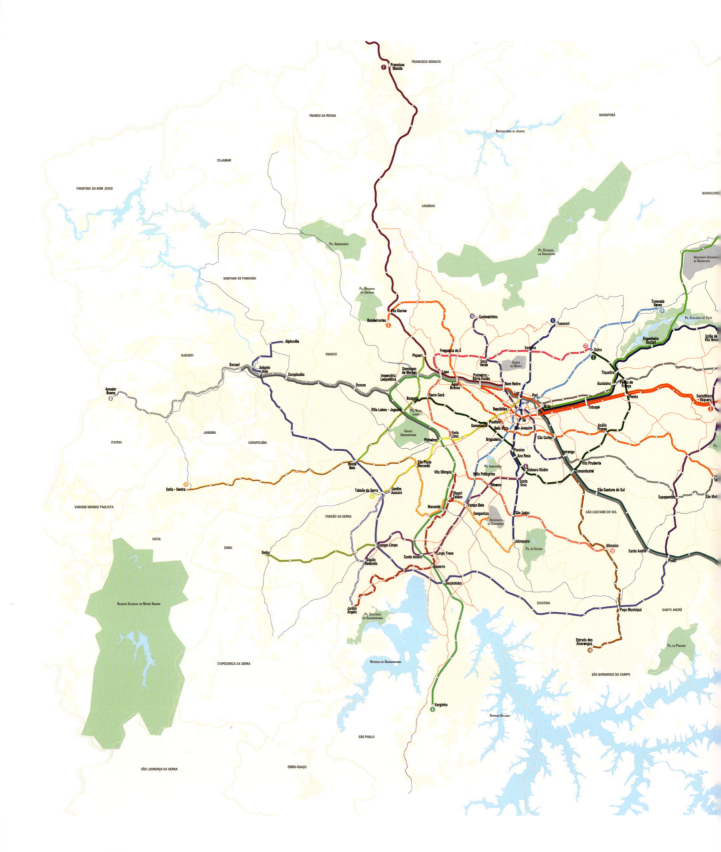

312 O Desenho de São Paulo por seus Caminhos

137. Rede Futura – 2013.

FONTE: SÃO PAULO (Estado). Secretaria de Estado dos Transportes Metropolitanos (2013). Reprodução de figura autorizada pela Secretaria de Estado dos Transportes Metropolitanos.

LEGENDA
— Linha 1 – Azul
— Linha 2 – Verde
— Linha 3 – Vermelha
— Linha 4 – Amarela
— Linha 5 – Lilás
— Linha 6 – Laranja
— Linha 7 – Rubi
— Linha 8 – Diamante
— Linha 9 – Esmeralda
— Linha 10 – Turquesa
— Linha 11 – Coral
— Linha 12 – Safira
— Linha 13 – Jade
— Linha 15 – Prata
— Linha 16 – Violeta
— Linha 17 – Ouro
— Linha 18 – Bronze
— Linha 19 – Celeste
— Linha 20 – Rosa
— Linha 21 – Grafite
— Linha 23 – Magenta
— Arco Sul
— Embu-Campo Limpo
— Grarulhos-ABC
— Piqueri-Monte Belo
— Expresso ABC
— Expresso Oeste-Sul
— Jardim Ângela-Jardim Jussara
— Jardim Ângela-Vila Olímpia
— Corredor EMTU
— Corredor SPTrans
  Área Urbanizada
  Área não Urbanizada
▦ Aeroporto
▪ Área Verde
▪ Hidrografia
— Limite de Município

MONOTRILHOS 313

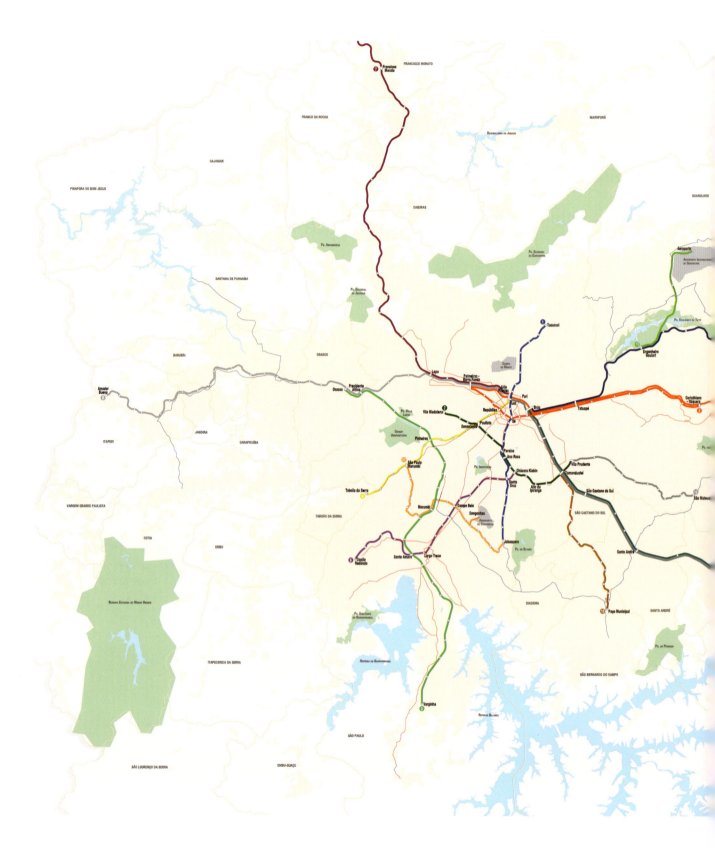

314 O Desenho de São Paulo por seus Caminhos

138. Etapa inicial da implantação da Rede Futura: Rede Mínima – 2013.

FONTE: SÃO PAULO (Estado). Secretaria de Estado dos Transportes Metropolitanos (2013). Reprodução de figura autorizada pela Secretaria de Estado dos Transportes Metropolitanos.

LEGENDA
— Linha 1 – Azul
— Linha 2 – Verde
— Linha 3 – Vermelha
— Linha 4 – Amarela
— Linha 5 – Lilás
— Linha 6 – Laranja
— Linha 7 – Rubi
— Linha 8 – Diamante
— Linha 9 – Esmeralda
— Linha 10 – Turquesa
— Linha 11 – Coral
— Linha 12 – Safira
— Linha 15 – Prata
— Linha 17 – Ouro
— Linha 18 – Bronze
— Expresso ABC
— Corredor EMTU
— Corredor SPTrans
   Área Urbanizada
   Área não Urbanizada
▓ Aeroporto
▓ Área Verde
▓ Hidrografia
   Limite de Município

MONOTRILHOS 315

-Chácara Klabin), 15-Prata (monotrilho Vila Prudente-São Mateus), 17-Ouro (monotrilho Jabaquara-Morumbi) e 18-Bronze (monotrilho Tamanduateí-Paço Municipal); da CPTM a extensão da 8-Diamante (Amador Bueno-Júlio Prestes), a extensão da 9-Esmeralda (Varginha-Osasco), a extensão da 11-Coral serviço parador (Estudantes-Suzano), a extensão da 12-Safira (Suzano-Brás), 13-Jade (Engenheiro Goulart-Aeroporto), e Expresso ABC (Mauá-Luz); da EMTU/SP, os corredores Guarulhos-São Paulo, Itapevi-São Paulo, Itapevi-Cotia, Alphaville (Carapicuíba-Cajamar), BRT Metropolitano Perimetral Leste (Jacu-Pêssego), Arujá-Itaquaquecetuba; e como corredores de ônibus da SPTrans, Capão Redondo-Campo Limpo-Vila Sônia, Radial Leste, Berrini, Itaquera, Inajar-Rio Branco-Centro, Central (Rótulas), Radial Leste-Aricanduva--Carrão, Binário Santo Amaro, 23 de Maio, Sabará e Miguel Yunes.

A proposta da Rede Futura incluiu um conjunto de intervenções no sistema viário: alargamento do Viaduto Moffarrej e da Avenida Gastão Vidigal; alargamento das avenidas dos Bandeirantes, Roberto Marinho/Águas Espraiadas – ligação com a Rodovia dos Imigrantes; Apoio Norte à Marginal do Tietê; Apoio Sul à Marginal do Tietê; Jacu Pêssego; Ligação Sena Madureira-Ricardo Jafet; Ligação Raposo Tavares-Marginal Pinheiros; Nova Marginal; Túnel Juscelino Kubitscheck; Rodoanel Trecho Leste; Túnel Cruzeiro do Sul-Caetano Álvares; Túnel Lineu de Paula Machado; e Rodoanel Trecho Norte.

Para acompanhar a análise dos resultados da avaliação da Rede Futura foi formado um grupo técnico, no âmbito do Comitê Diretor de Transporte Integrado, com representantes de todas as empresas responsáveis pela operação e gestão dos sistemas de transporte metropolitano, além da Emplasa, da Companhia de Desenvolvimento Habitacional e Urbano (CDHU) e da Secretaria de Logística e Transportes (SLT). Representando o município de São Paulo, participaram do grupo técnico a Secretaria Municipal de Desenvolvimento Urbano (SMDU), a CET e a SPTrans – empresa que, mesmo atuando apenas no município de São Paulo, diariamente transporta o maior número de passageiros na metrópole.

A SPTrans foi criada em março de 1995, com o fechamento da CMTC[387], para realizar o planejamento e o aperfeiçoamento do Sistema de Transporte Coletivo Urbano de Passageiros no município de São Paulo, bem como a programação, a licitação, a contratação e a fiscalização do serviço de transporte coletivo público de passageiros prestado por empresas terceirizadas.

---

387. Em abril de 1994, na gestão do prefeito Paulo Maluf, a CMTC já havia sido privatizada, sendo sua frota e linhas incorporadas às das concessionárias: Transbraçal, Eletrobus e Transporte Coletivo Imperial.

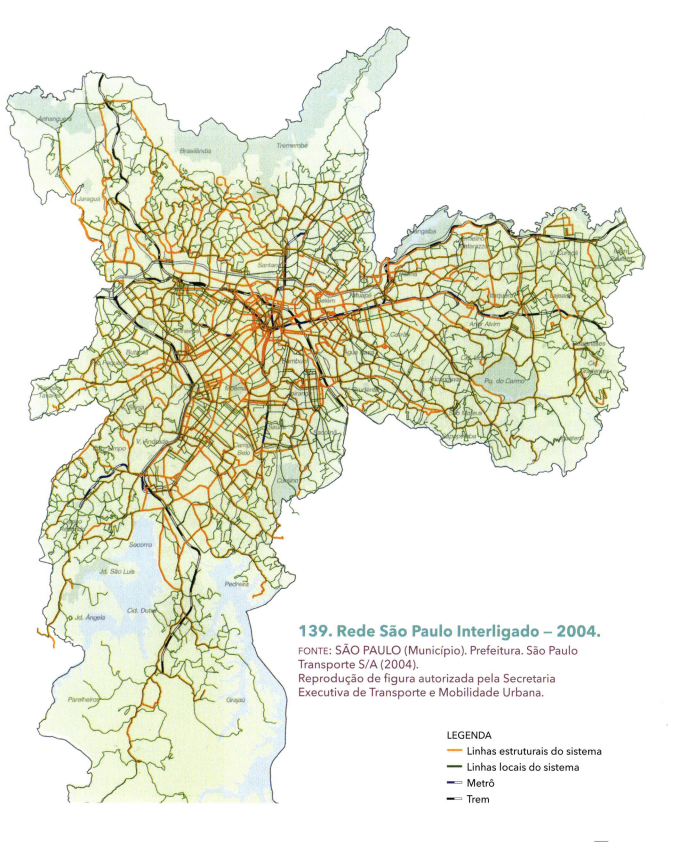

139. Rede São Paulo Interligado – 2004.
FONTE: SÃO PAULO (Município). Prefeitura. São Paulo Transporte S/A (2004).
Reprodução de figura autorizada pela Secretaria Executiva de Transporte e Mobilidade Urbana.

LEGENDA
— Linhas estruturais do sistema
— Linhas locais do sistema
— Metrô
— Trem

MONOTRILHOS 317

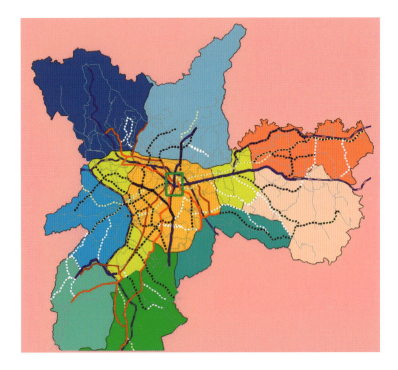
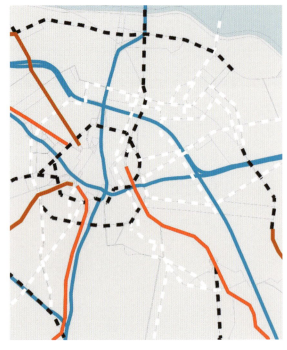

LEGENDA

- - - Área Central
— Trilhos (193 km)
— Corredor implantado (39 km)
— Corredor previsto (construção 40 km, projeto 35 km)
- - - Faixa à esquerda prevista (a implantar 193 km)
   Via livre (implantada 176 km, a implantar 135 km)
   Total viário tratado – aproximadamente 450 km

DETALHE DA ÁREA CENTRAL

140. Plano Municipal de Circulação Viária e de Transportes (PMCVT) – 2004.

FONTE: SÃO PAULO (Município). Prefeitura (2004).
Reprodução de figura autorizada pela Secretaria Executiva de Transporte e Mobilidade Urbana.

Com o objetivo de reduzir a sobreposição de linhas e se ajustar aos desejos de viagem da demanda, o plano *São Paulo Interligado* (Figura 139), elaborado pela SP-Trans na gestão da prefeita Marta Suplicy (2001-2004), propôs a reformulação da rede de ônibus, com implantação de linhas estruturais para integrar as diversas regiões do município, operando em corredores e faixas exclusivas; linhas locais, alimentadoras das estruturais, para atender as viagens internas de cada região; e a implantação de novos terminais de integração periféricos.

Para o desenho da nova rede, o território do município de São Paulo foi dividido em oito bacias geradoras de viagens[388] (Pirituba, Santana, São Miguel, Aricanduva, Vila Prudente, Grajaú, Jardim Ângela e Rio Pequeno), associadas aos principais eixos viários, e mais quatro grandes polos de atração de viagens (Centro/Pinheiros, Lapa, Penha e Santo Amaro). O estudo da origem e destino das viagens destacou o interesse por deslocamentos perimetrais: "Aproximadamente 60% das viagens ocorrem fora do grande anel do Centro Expandido e dão um caráter regional às viagens geradas"[389].

O plano São Paulo Interligado estabeleceu também a implantação do Bilhete Único, um cartão eletrônico para agilizar o pagamento da tarifa, permitindo aos usuários utilizar livremente o serviço durante duas horas, com uma só tarifa, além de viabilizar a implantação de sistemas de monitoramento e controle do serviço prestado.

Também na gestão da prefeita Marta Suplicy, o Plano Diretor Estratégico (PDE) de 2002, determinou a elaboração do Plano Municipal de Circulação Viária e de Transportes (PMCVT) (Figura 140).

O ano 2013 foi marcado por protestos sobre o aumento das tarifas de transporte público, ao expirarem os contratos assinados em 2003 pela Prefeitura de São Paulo com as empresas operadoras de ônibus[390]. As manifestações populares resultaram no adiamento, em cerca de dois anos, da renovação desses contratos, prazo considerado oportuno tanto para o estabelecimento de uma forma mais participativa da população no referido processo de renovação como para planejar melhorias na prestação do serviço de ônibus.

Promover maior racionalização na prestação do serviço foi a meta da *Nova Rede de Ônibus de São Paulo* (Figura 141) proposta pela SPTrans em 2015, no Plano de Mobilidade Urbana do município. Tratava-se de resgatar o plano São Paulo Interligado de 2004, com implantação de linhas mais adequadas à demanda de viagens, ampliação

---

388. Conforme dados da Pesquisa OD de 1997, 30% das viagens eram internas a cada bacia de transporte, 15% destinavam-se ao subcentro local mais próximo e 40% à região central.

389. SÃO PAULO (Estado), STM/SPTrans, 2004, p. 39.

390. Destacam-se as manifestações do Movimento Passe Livre (MPL).

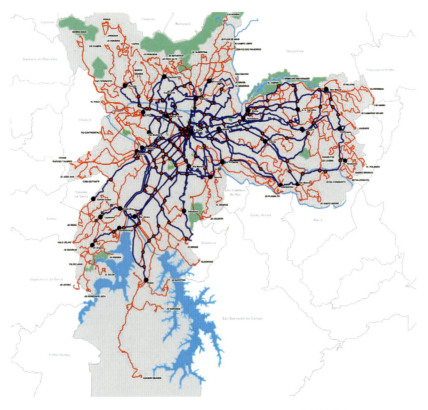

LEGENDA
— 50 Linhas Estruturais (intervalo de 15 minutos)
— 101 Linhas Locais (intervalo de 30 minutos)
● 34 Terminais
● 160 Conexões
◉ Estações de Metrô

141. Plano de Mobilidade Urbana do Município de São Paulo: Nova Rede de Ônibus – 2015.
FONTE: SÃO PAULO (Município). Prefeitura (2015).
Reprodução de figura autorizada pela Secretaria Executiva de Transporte e Mobilidade Urbana.

dos corredores de ônibus, secção de linhas com trechos semelhantes ou sobrepostos, criação de novas linhas com itinerários perimetrais para interligar os bairros entre si, sem passar pela área central da cidade, aumento da frequência dos ônibus nas linhas, além da redução da taxa de remuneração das empresas prestadoras do serviço.

A proposta da Nova Rede de Ônibus apresentou menos linhas para atender viagens entre os bairros e o centro principal, mas novas linhas para conectar, entre si, bairros, corredores radiais e centralidades urbanas. Para o desenho da rede de ônibus, o território municipal foi dividido em 21 setores, de modo que cada setor tivesse ao menos uma centralidade urbana; 20% ou mais das viagens internas por transporte coletivo; e limites coincidentes com distritos, barreiras naturais e viário estrutural. Para viabilizar os deslocamentos de grande amplitude e as ligações de maior demanda, a rede estrutural de ônibus – composta por linhas radiais centrais, linhas radiais regionais e linhas estruturais perimetrais – foi prevista para operar em corredores centrais ou faixas exclusivas à direita, com alta frequência de circulação de veículos, de tipo biarticulado, superarticulado ou articulado. Para atender ligações de média ou baixa demanda e com amplitude mediana, a rede local de ônibus foi composta por linhas de articulação regional e por linhas distribuidoras. As linhas de articulação regional destinavam-se à interligação de setores, ao atendimento das principais estações da rede metroferroviária e à ligação dos bairros com centralidades urbanas. As linhas distribuidoras, com trajetos mais sinuosos e capilares, internos aos bairros, serviam os terminais de integração de ônibus e estações metroferroviárias, as demandas de menor intensidade e ligavam os bairros a polos de comércio local, serviços de saúde e unidades de ensino.

Para implementar a Nova Rede de Ônibus proposta pela SPTrans foi aberto um processo licitatório pela Secretaria Municipal de Mobilidade e Transporte (SMT) de São Paulo[391], logo em seguida barrado pelo Tribunal de Contas (TCM) do Município de São Paulo. As principais contestações do TCM, que acabou por suspender a licitação por tempo indeterminado, focavam a conduta para a definição da nova distribuição das linhas de ônibus às empresas concessionárias, o prazo de 20 anos de concessão do serviço e os métodos de cálculo dos custos operacionais e de remuneração dos serviços licitados.

391. O edital inicial da licitação, de outubro de 2015, elaborado na gestão de Fernando Haddad, previa que das 1.339 linhas de ônibus municipais existentes, operadas por uma frota de 14.447 veículos, 176 seriam eliminadas, 319 teriam o traçado modificado e 79 seriam novas, totalizando 1.242 linhas na rede, operadas por 12.957 ônibus. No edital seguinte, de abril de 2018, elaborado na gestão de João Dória-Bruno Covas, a rede de ônibus proposta foi reduzida para 1.193 linhas e 12.864 ônibus.

• Obras da rede de transporte

A rede metropolitana de transporte de São Paulo não apresentou um crescimento correspondente à quantidade de planos realizados a partir dos anos 1990. Sua expansão decorreu apenas da implantação ou ampliação de linhas de média ou alta capacidade com traçado radial, a que foram integrados alguns poucos trechos de linhas não radiais, que formaram, finalmente, os primeiros elos da trama de circulação estrutural. Apresentam-se a seguir os principais feitos do Metrô, da CPTM e da EMTU/SP, no período.

No começo da década de 1990 entrou em operação comercial a linha de metrô Vila Madalena-Vila Prudente, implantada inicialmente entre as estações Paraíso e Consolação (1991) e, a seguir, entre Ana Rosa e Clínicas (1992). Em 1997 foram inauguradas as ampliações da Linha 1-Azul, com as estações Jardim São Paulo, Parada Inglesa e Tucuruvi; e da Linha 2-Verde[392], com as estações Sumaré e Vila Madalena. Nesse mesmo ano foram iniciadas, pela CPTM, as obras de trecho com 9,4 quilômetros de extensão da Linha 5-Lilás, para interligar Capão Redondo a Santo Amaro. O ano 2000 foi marcado pela integração tarifária dos serviços do Metrô e da CPTM, nas estações Brás, Barra Funda e Luz. Em 2002, a operação e a manutenção de estações da Linha 5-Lilás – integrada à Linha 9-Esmeralda, da CPTM, na Estação Santo Amaro – foram repassadas para o Metrô: Capão Redondo, Campo Limpo, Vila das Belezas, Giovanni Gronchi, Santo Amaro e Largo Treze. Em 2004 foi implantado parcialmente o Projeto Integração Centro, nas estações Luz e Brás, consolidando a integração física das redes do Metrô e da CPTM; além de terem sido retomadas as obras de expansão da Linha 2-Verde. A integração tarifária foi ampliada em 2005, quando o Bilhete Único, criado para permitir a integração entre linhas de ônibus, possibilitou o acesso ao serviço metroviário. Em 2006 foi assinado pelo Governo do Estado de São Paulo o primeiro contrato de Parceria Público-Privada (PPP), com a Companhia de Concessões Rodoviárias (CCR) – focada em gestão e manutenção de rodovias, administração de serviços de transporte urbano e aeroportos – destinado à operação e manutenção, por 30 anos, da Linha 4-Amarela do Metrô, envolvendo investimentos em sistemas, equipamentos e trens. As obras da Linha 4-Amarela começaram com a construção do Pátio Vila Sônia. Ainda em 2006, a integração tarifária foi estendida a todas as linhas da rede metroferroviária. No programa de expansão da Linha 2-Verde, em direção à Vila Prudente, foram inauguradas as estações Chácara Klabin e Santos-Imigrantes. No ano 2007 houve ocorrência de grave desabamento de solo[393] na obra da Estação Pinheiros, da Linha 4-Amarela, provocando a morte de sete pessoas. Nesse mesmo ano, a Região Sudeste foi beneficiada por mais uma estação de metrô, Alto do Ipiranga, da Linha 2-Verde; e pelo início da operação da linha de ônibus Expresso Tiradentes (no trecho Mercado-Sacomã), implantada em via exclusiva, em elevado localizado sobre o Rio Tamanduateí, com integração à rede de metrô na Estação Pedro II. Em 2010, com a inauguração das estações Sacomã, Vila Prudente e Tamaduateí, destacou-se a integração, na Estação Tamanduateí, da Linha 2-Verde do Metrô com a Linha 10-Turquesa, da CPTM. Na Linha 4-Amarela, operada pela empresa concessionária Via Quatro, contando inicialmente com as estações Faria Lima e Paulista, inauguradas em 2010, e com as estações Butantã, Pinheiros, Luz e República, inauguradas em 2011, foi viabilizada a integração com a Linha 9-Esmeralda, da CPTM, e com as linhas 2-Verde e 1-Azul do Metrô. Em 2014, a Linha 5-Lilás avançou até a Estação Adolfo Pinheiro. Na Linha 4-Amarela foi inaugurada a Estação Fradique Coutinho. Em 2017, a Linha 5-Lilás foi acrescida de mais três estações: Alto da Boa Vista, Borba Gato e Brooklin. Em janeiro de 2018, a Linha 5-Lilás foi privatizada em leilão também vencido pela CCR, sendo operada, a partir de agosto, pela Via Mobilidade, concessionária formada pela CCR e pela Ruas Invest Participações – de proprietário de empresas de transporte por ônibus – com participação no Banco Luso-Brasileiro (financiamento de ônibus); na indústria de carrocerias de ônibus; e em concessionárias para exploração de abrigos de ônibus e publicidade; e para operação de linhas de transporte público sobre trilhos. Após privatizada a Linha 5-Lilás, foram inauguradas as estações Eucaliptos, Moema, AACD-Servidor e Hospital São Paulo, sendo integrada à Linha 1-Azul na Estação Santa Cruz, e à Linha 2-Verde na Estação Chácara Klabin. Na Linha 4-Amarela entraram em operação as estações Higienópolis-Mackenzie, Oscar Freire e São Paulo-Morumbi. Em dezembro de 2018, a rede de metrô, ainda contida no Município de São Paulo, apresentava 96,1 quilômetros de extensão e 78 estações[394].

Em relação aos monotrilhos implantados pelo Metrô, consta de relatório oficial de 2012[395] a formação de parceria entre o Estado e a Prefeitura de São Paulo, para a implantação de uma linha em elevado, denominada Linha 15-Prata, entre a Estação Vila Prudente e o Hospital Cidade Tiradentes, em substituição ao ramal Oratório da Linha 2-Verde do Metrô e do trecho ainda não implantado do Expresso Tiradentes, a cargo da Prefeitura. Esta linha foi planejada para atender cerca de 550 mil passageiros/dia, com 26,7 quilômetros, incluindo 2,2 quilômetros de extensão entre Vila Prudente

392. Em 1993, as linhas do Metrô foram "rebatizadas": a Norte-Sul passou a se chamar 1-Azul; a Vila Madalena-Vila Prudente, 2-Verde; e a Leste-Oeste, 3-Vermelha.
393. O local do desabamento coincide com uma das curvas da margem direita do Rio Pinheiros, antes da retificação do leito do rio, o que poderia sugerir escorregamento de solo sedimentado.
394. A contagem das estações considerou as integrações apenas uma vez.
395. Relatório Administrativo da Companhia do Metropolitano de São Paulo de 2012.

e Ipiranga, 17 estações e dois pátios para manutenção e estacionamento de trens: Oratório e Ragheb Chohfi[396]. A Linha 15-Prata já estava em obras em 2012, no trecho Vila Prudente-São Mateus. Em 2013 havia sido implantada a via em elevado até o Pátio Oratório – onde aguardavam 20 trens, com operação totalmente automática, a 15 metros de altura – e estava em obras o trecho da linha até a Estação Iguatemi. Em 2014, entraram em teste operacional as estações Oratório e Vila Prudente. Em 2018, o monotrilho da Linha 15-Prata começou a operar com quatro novas estações: Camilo Haddad, São Lucas, Vila Tolstoi e Vila União. Também em 2012 foram iniciadas as obras do monotrilho da Linha 17-Ouro, no trecho entre as estações Vila Paulista-Congonhas-Estação Morumbi da Linha 9-Esmeralda, da CPTM. Projetada com 17,7 quilômetros de extensão e 18 estações, para transportar 511 mil passageiros/dia[397], com trajeto entre o Aeroporto de Congonhas e a Estação Jabaquara da Linha 1-Azul, num sentido, e a Estação São Paulo-Morumbi da Linha 4-Amarela, no outro sentido, a Linha 17-Ouro estabelece uma ligação perimetral entre as regiões sul e sudoeste. Em 2014 foram suspensas as obras da Linha 17-Ouro, trechos 2 e 3, por estarem vinculadas à realização de intervenções da Prefeitura. Em 2015, apesar do andamento regular, até outubro, das obras civis no pátio de manutenção e estacionamento de trens em Água Espraiada e nas estações Chucri Zaidan, Vila Cordeiro e Campo Belo, os consórcios construtores paralisaram as atividades também do trecho 1[398].

Na CPTM, os investimentos focaram principalmente a melhoria dos serviços prestados pelas linhas existentes, sendo canalizados para aumentar a segurança, o conforto e a velocidade dos trens, a modernização ou construção de novas estações e a compra de novos trens. Em 2000, além do início da operação Expresso Leste, foram inauguradas as estações Corinthians-Itaquera, Dom Bosco, José Bonifácio, Guaianases, Socorro, Granja Julieta, Hebraica-Rebouças, Berrini, Morumbi e Cidade Jardim. Em 2002 entrou em operação a nova Estação Vila Olímpia e foi realizada a modernização da Estação Luz, incluindo as obras de integração subterrânea com a Linha 1-Azul do Metrô e o acesso ao serviço Expresso Leste, que data de 2003. Em 2006 foi inaugurado o novo Centro de Controle Operacional na Estação Brás, como parte do Projeto Integração Centro. Em 2008 foram inauguradas as novas estações USP-Leste, Comendador Ermelino, Jardim Romano, Primavera-Interlagos e Grajaú. Em 2010 foram reconstruídas as estações Ceasa, Villa Lobos-Jaguaré, Cidade Universitária, Itapevi, Engenheiro Cardoso, Calmon Viana e Tamanduateí. O mesmo ocorreu com as estações Barueri e Carapicuíba em 2011. Em 2013 entraram em operação a nova Estação Vila Aurora e a Estação São Miguel Paulista, reconstruída. Em 2014 foi iniciada a operação na extensão de 6,3 quilômetros da Linha 8-Diamante e inauguradas as novas estações Amador Bueno e Santa Rita. Outras duas estações foram reformadas nesse mesmo ano: Franco da Rocha e Domingos de Moraes. Em 2015 foi inaugurada a nova Estação Ferraz de Vasconcelos. Em 2016 foi modernizada a Estação Poá e reconstruída a Estação

Suzano. Em 2017 foram integrados à operação da CPTM 30 novos trens e reformada a Estação Quitaúna. Para viabilizar a integração das linhas 12-Safira e 13-Jade foi reconstruída a Estação Engenheiro Goulart. Em 2018 foi inaugurada a Linha 13-Jade, com 8,9 quilômetros de extensão, e as estações Engenheiro Goulart, Guarulhos-Cecap e Aeroporto-Guarulhos, o que ofereceu duas alternativas de acesso ao Aeroporto Internacional de São Paulo, com os serviços Expresso Aeroporto realizando viagens diretas entre as estações Luz e Aeroporto-Guarulhos; e Connect, um serviço sem a necessidade de transferência entre trens na Estação Engenheiro Goulart, em deslocamento entre as estações Brás e Aeroporto-Guarulhos, mas com paradas em Tatuapé, Engenheiro Goulart e Guarulhos-Cecap. Em fins de 2018, a CPTM apresentava 245,9 quilômetros de rede e 90 estações, sem considerar os 21,6 quilômetros da Linha 8-Rubi entre Francisco Morato e Jundiaí, de caráter macrometropolitano.

Quanto às obras da EMTU, a Extensão Diadema-São Paulo (Morumbi) do Corredor Metropolitano ABD, com 12 quilômetros, foi inaugurada em 2010, interligando o Terminal Diadema e as estações Berrini e Morumbi da CPTM, com integração tarifária. Esse corredor também permite a integração com a Linha 5-Lilás do Metrô, na Estação Campo Belo. Dois trechos do corredor metropolitano Guarulhos-São Paulo (Tucuruvi) foram implantados: em 2013 foram entregues 3,7 quilômetros interligando os terminais metropolitanos Taboão e Cecap, além de três estações; em 2015 entrou em operação o segundo trecho, com 12,3 quilômetros, ligando o Terminal Cecap ao Terminal Vila Galvão, na divisa de Guarulhos com São Paulo. Como parte do Corredor Metropolitano Itapevi-São Paulo, que deverá passar também por Jandira, Barueri, Carapicuíba e Osasco, foi inaugurado em 2017 o Terminal Metropolitano Luiz Bortolosso e em 2018 foi posto em operação o trecho do corredor entre Itapevi e Jandira, com 5 quilômetros, contando com a Estação de Transferência Itapevi e mais sete estações.

O conjunto de obras acima relacionadas é inferior à expansão das redes do Metrô, CPTM e EMTU, inicialmente prevista para a implantação da Rede Futura até 2030, promovendo um atraso de mais de uma década em relação ao cronograma oficial estabelecido pela STM.

396. Relatório Administrativo da Companhia do Metropolitano de São Paulo de 2013.
397. Relatório Administrativo da Companhia do Metropolitano de São Paulo de 2015.
398. Relatório Administrativo da Companhia do Metropolitano de São Paulo de 2015.

• Planos e obras para aumentar a fluidez do fluxo de cargas e para o transporte de passageiros em escala macrometropolitana

A circulação de mercadorias tem sido objeto de estudos, em escala macrometropolitana, realizados pela Dersa, empresa vinculada à Secretaria Estadual de Logística e Transportes. Em 1999, esses estudos fundamentaram o *Plano Diretor de Desenvolvimento dos Transportes* (*PDDT – Vivo 2000/2020*), primeira peça de um ciclo permanente de planejamento do sistema de logística e cargas, que justificou a implementação do Rodoanel para interligar as rodovias na periferia da RMSP (Figura 142). O Rodoanel Mário Covas (SP-21) é uma rodovia de classe zero, com 176 quilômetros de extensão e acesso apenas nos trevos de conexão com as dez principais rodovias estaduais e federais que convergem para São Paulo. Começou a ser implantado em 1998, com previsão de término em 2019. Seu traçado envolve grande parte do aglomerado urbano, passando por áreas ambientalmente protegidas e conectando 17 municípios: Santana de Parnaíba, Barueri, Carapicuíba, Osasco, Cotia, Embu das Artes, Itapecerica da Serra, São Bernardo do Campo, Santo André, Mauá, Ribeirão Pires, Poá, Suzano, Itaquaquecetuba, Arujá, Guarulhos e São Paulo. Utilizado também nos deslocamentos entre municípios da macrometrópole, o Rodoanel é considerado "a grande obra de infraestrutura viária do período", pois "facilita a articulação com as outras regiões metropolitanas, isto é, com os polos periféricos que fazem parte do sistema metropolitano integrado e de urbanização difusa"[399].

Além do traçado do Rodoanel, para desviar o tráfego de carga que não se destina a São Paulo, o PDDT-Vivo 2000/2020 propõe um Ferroanel e Centros Logísticos Integrados, destinados à intermodalidade dos fluxos de cargas e à conexão da RMSP aos corredores de exportação. Em 2020, com a elaboração do Plano de Ação da Macrometrópole – Transporte e Logística, a atualização do PDDT será consolidada para o território ocupado pelas Regiões Metropolitanas de São Paulo, Baixada Santista, Campinas, Sorocaba, Vale do Paraíba e Litoral Norte; as Aglomerações Urbanas de Jundiaí e Piracicaba; e a Unidade Regional Bragantina.

Finalmente, um estudo sobre o traçado da rede de linhas de trens regionais para o transporte de passageiros (Trem Intercidades), também atribuído à Dersa, prevê a interligação de São Paulo com Campinas, Baixada Santista, Sorocaba e Vale do Paraíba.

399. REIS, 2004, p. 218.

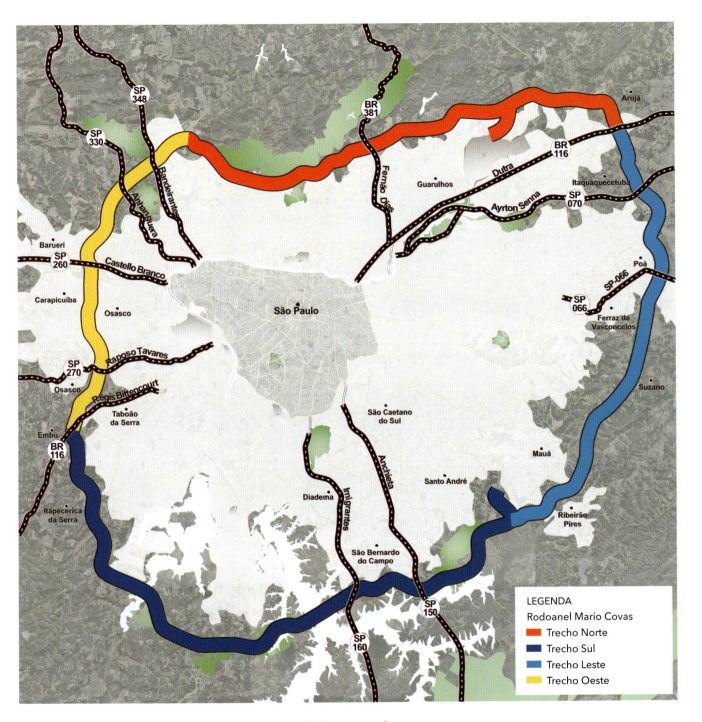

142. Plano Diretor de Desenvolvimento dos Transportes: Rodoanel – 1999.

FONTE: SÃO PAULO (Estado). Secretaria dos Transportes do Governo do Estado de São Paulo (1999).
Reprodução de figura autorizada pela Secretaria de Logística e Transporte.

Caminhos para organizar o território da Região Metropolitana de São Paulo

Nos capítulos anteriores, o relato da evolução dos caminhos de São Paulo buscou evidenciar a associação entre a acessibilidade e a ocupação do território. Sobre essa relação algumas teorias afirmam que as atividades se localizam em função dos custos de transporte. Uma das primeiras teorias econômicas a associar a localização das atividades aos custos de transporte, conhecida como *Teoria da Localização*, foi elaborada por Von Thünen, em 1826.

No começo do século XX, os economistas Christaller e Lösch elaboraram a *Teoria do Lugar Central*, segundo a qual as atividades econômicas, estando localizadas numa área regulada pelos custos de acesso dos consumidores aos fornecedores, distribuem-se espacialmente em função de sua influência sobre a demanda. Ou seja, a demanda por um tipo particular de produto diminui conforme aumenta a distância entre o mercado consumidor e a localização do fornecedor, em função dos custos de transporte; a partir de uma certa distância, a demanda cai a zero. A distância máxima que os consumidores estão dispostos a percorrer em busca de um produto chama-se *área de influência* ou *amplitude* do produto. É necessário haver um nível mínimo de demanda, *limiar do produto*, para que uma mercadoria se torne disponível num ponto de venda. Em qualquer mercado há muitos ofertantes de mercadorias com baixo limiar e baixa amplitude –

bens de *baixo nível* – e poucos ofertantes de bens de alto limiar e alta amplitude – bens de *alto nível*.

Entre os planejadores de transporte, o foco na relação entre o transporte e o uso do solo data de 1954, quando Mitchell e Rapkin afirmaram que diferentes tipos de uso do solo geram diferentes fluxos de transporte[400]. Outro avanço na compreensão deste fenômeno ocorre em 1961, com a constatação de Wingo e Perloff de que o transporte é causa e consequência do uso do solo[401].

Sem refletir o rebatimento de mudanças nos padrões de acessibilidade sobre o uso do solo, a maior parte dos modelos de transporte destina-se à simulação dos fluxos de viagem, calculados em função da distribuição espacial de empregos, população – em cada faixa de renda – e matrículas escolares. Mas já foram criados modelos de simulação que buscam representar a relação de interdependência entre o transporte e o uso do solo, compondo o instrumental técnico utilizado no planejamento de transporte, como o MUT[402] e o Tranus[403].

Em geral, modelos de uso de solo e transporte buscam simular concentrações de pessoas e atividades num território, refletindo dinâmicas presentes na organização coletiva de produção e na fruição de vantagens decorrentes de economias de aglomeração, equipamentos urbanos e redes de infraestrutura. As infraestruturas viária e de transporte público estabelecem padrões de acessibilidade, que se traduzem em tempos e custos de viagem gastos nos deslocamentos diários, para reduzir o efeito da distância física percorrida e agregar valor aos produtos transportados. A fruição dos padrões de acessibilidade é função da localização de cada pessoa e de cada atividade. Ao se expandirem os padrões de acessibilidade em determinadas localidades, nelas se promove o reassentamento de unidades de produção e de mercado, atraindo as que podem pagar pela redução em tempos e custos de viagem – com reflexo na demanda por espaço e no custo de localização.

---

400. MITCHELL & RAPKIN, 1954.
401. WINGO Jr., 1972.
402. BLIKSTEIN, 1982. Apresenta conteúdo de documentos de trabalho do Projeto MUT, elaborados pela equipe técnica da Gerência de Planejamento da CET, sob a supervisão dos engenheiros Francisco Moreno Neto e Paulo Sergio Custodio: Metodologia Preliminar do MUT – 1979. Definição de Área Urbanizada – 1979. Produção das Matrizes A (m,n) e $b_{ij}{}^{n}$ – 1979. Organização de Dados de Emprego no Setor Educação 1977/78. Dados sobre o Município de São Paulo – 1977/78. Introdução do Projeto MUT – 1979. Potencial do Uso do Modelo – 1979. Dados sobre outros municípios da Grande São Paulo 1977. Saídas do Modelo de Avaliação – 1979.
403. DE LA BARRA, 2005.

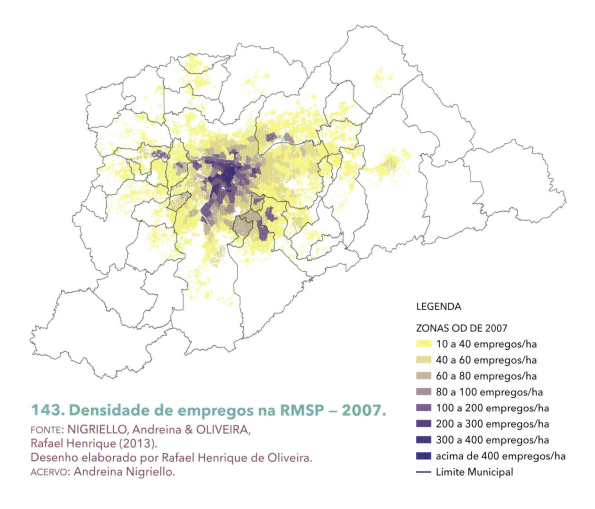

143. Densidade de empregos na RMSP – 2007.
FONTE: NIGRIELLO, Andreina & OLIVEIRA, Rafael Henrique (2013).
Desenho elaborado por Rafael Henrique de Oliveira.
ACERVO: Andreina Nigriello.

LEGENDA

ZONAS OD DE 2007
- 10 a 40 empregos/ha
- 40 a 60 empregos/ha
- 60 a 80 empregos/ha
- 80 a 100 empregos/ha
- 100 a 200 empregos/ha
- 200 a 300 empregos/ha
- 300 a 400 empregos/ha
- acima de 400 empregos/ha
— Limite Municipal

O equilíbrio entre demanda e oferta é a lei que rege o funcionamento interno de todos os modelos de transporte, inclusive os que relacionam o uso do solo com o transporte. Os modelos simulam a demanda por transporte de pessoas e mercadorias de modo a ser atendida por uma oferta física – redes viária e de transporte público – e uma oferta operacional – linhas e veículos. O equilíbrio entre a demanda e a oferta de transporte se alcança com base nos preços e tempos de viagem. Se a demanda de transporte ultrapassa a capacidade de serviço oferecida, os preços e os tempos de viagem aumentam. O resultado desse equilíbrio representa a acessibilidade existente no território, que regula a interação entre as atividades. A demanda e oferta de solo e de espaço edificado é regulada pelo preço dos imóveis. Se em alguma localidade a demanda fica acima da oferta, o preço dos imóveis aumenta até reduzir a demanda e alcançar um novo equilíbrio, no patamar da oferta.

A distribuição das atividades na RMSP confirma sua relação com a oferta de transporte, como mostram os resultados de estudo estatístico elaborado com dados da Pesquisa OD de 2007, que correlacionou a densidade de empregos com a média dos custos generalizados de viagem, por zona de destino, utilizando o transporte coletivo (Figuras 143, 144 e 145)[404]. A curva de regressão da correlação estudada mostra que a densidade de empregos varia inversamente a uma potência da média dos custos generalizados de viagem, por zona de destino, utilizando o transporte coletivo. Essa equação é compatível com as teorias econômicas que afirmam que as atividades se localizam em função dos custos de transporte que incidem na produção e na distribuição das mercadorias.

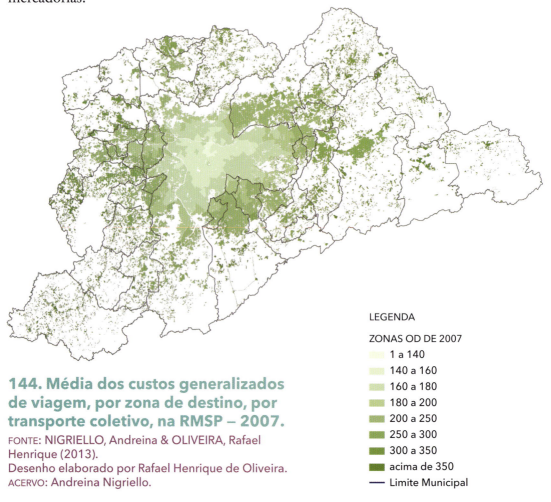

144. Média dos custos generalizados de viagem, por zona de destino, por transporte coletivo, na RMSP – 2007.
FONTE: NIGRIELLO, Andreina & OLIVEIRA, Rafael Henrique (2013).
Desenho elaborado por Rafael Henrique de Oliveira.
ACERVO: Andreina Nigriello.

LEGENDA
ZONAS OD DE 2007
- 1 a 140
- 140 a 160
- 160 a 180
- 180 a 200
- 200 a 250
- 250 a 300
- 300 a 350
- acima de 350
— Limite Municipal

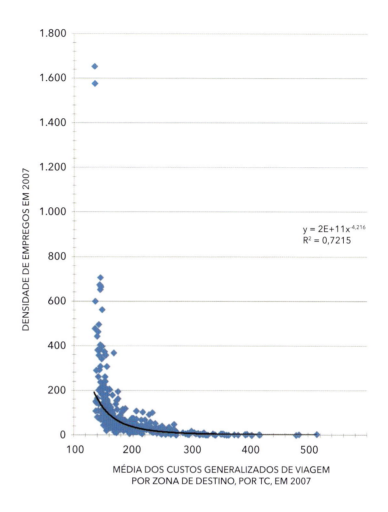

145. Gráfico da variação da densidade de empregos em função da média dos custos generalizados de viagem, por zona de destino, utilizando transporte coletivo, na RMSP – 2007.
FONTE: NIGRIELLO, Andreina & OLIVEIRA, Rafael Henrique (2013).
Desenho elaborado por Rafael Henrique de Oliveira.
ACERVO: Andreina Nigriello.

Considerando a relação entre a oferta de transporte e o uso do solo, o planejamento de transporte pode ser também um instrumento para ordenar a ocupação do espaço de uma aglomeração: quanto maior o grau de acessibilidade de um local, maior é seu potencial para atração de atividades[405]; e quanto mais espacialmente distribuída a oferta de acessibilidade, menor é o efeito de melhorias no sistema de transporte sobre os custos de moradia e de localização de atividades, o que reduz o afastamento, para a periferia, de população de menor poder aquisitivo e de atividades menos rentáveis[406].

404. NIGRIELLO & OLIVEIRA, 2013, p. 104.
405. LÖSCH, 1954.
406. DEÁK, 2001. Cap. 5.

Estudo estatístico exploratório, utilizando dados do Censo Demográfico de 2000 e das Pesquisas OD de 1997 e de 2007, elaborado para identificar a necessidade de ordenamento das atividades no território da RMSP, evidenciou dois tipos de áreas, espacialmente intercaladas, compondo um anel ao redor do Centro Expandido, no qual predomina população com renda familiar mensal entre dois e oito salários mínimos[407]: as que apresentam crescimento tanto de população como de empregos; e as que se expandem como áreas-dormitório (Figura 147)[408].

Áreas com crescimento de população e empregos, que apresentam um processo de adensamento dos espaços residenciais e de concentração de atividades, mas também carência de serviços públicos, merecendo prioridade na aplicação de políticas setoriais em escala regional, localizam-se em Água Rasa, Aricanduva, Belém, Cangaíba, Capão Redondo, Carrão, Casa Verde, Cidade Dutra, Cidade Líder, Cursino, Ermelino Matarazzo, Freguesia do Ó, Ipiranga, Itaquera, Jabaquara, Jaçanã, Jaguara, Jaguaré, Jaraguá, Limão, Mandaqui, Pari, Penha, Pirituba, Ponte Rasa, Raposo Tavares, Rio Pequeno, Sacomã, São Domingos, São Lucas, São Mateus, São Miguel, Socorro, Tucuruvi, Vila Formosa, Vila Guilherme, Vila Maria, Vila Matilde, Vila Medeiros, Vila Prudente, Vila Sônia, Barueri, Itaquaquecetuba, Jandira, Mauá, Poá, Santo André, São Bernardo do Campo, São Caetano do Sul e Taboão da Serra.

A prioridade na aplicação de políticas setoriais em escala regional torna-se mais evidente em áreas-dormitório, desprovidas de empregos e de serviços públicos, onde o crescimento populacional também se dá acima do índice médio metropolitano, acirrando os padrões de carência tanto por empregos como por serviços públicos. Trata-se de áreas que se caracterizam por elevada densidade demográfica, baixa densidade de empregos, baixa renda média *per capita*, significativa quantidade de domicílios tipo cômodo, muitos domicílios sem rede de esgoto, diversos também carentes de rede de água e de coleta de lixo, como Jardim Ângela, Grajaú, Pedreira, São Rafael, Jardim Helena, Brasilândia, Cachoeirinha, Tremembé, Vila Jacuí, Artur Alvim, Sapopemba, Parque do Carmo, José Bonifácio, Iguatemi, Cidade Tiradentes, Guaianases, Lajeado, Vila Curuçá, Itaim Paulista, Cidade Ademar, Jardim São Luís, Capão Redondo, Campo Limpo, Vila Andrade, Ferraz de Vasconcelos, Embu, Osasco e Carapicuíba.

Os deslocamentos diários da população que se localiza no anel envoltório ao Centro Expandido foram analisados através dos dados da Pesquisa OD de 2007. Segundo essa pesquisa, a população com faixa de renda familiar mensal entre dois e oito salários mínimos responde por cerca de 70% das viagens diárias por transporte coletivo e demora, em média, 67 minutos para chegar ao destino. O tempo de viagem gasto

407. Renda média familiar em 2007, entre R$ 760,00 e R$ 3.040,00.
408. NIGRIELLO & OLIVEIRA, 2013, p. 111.

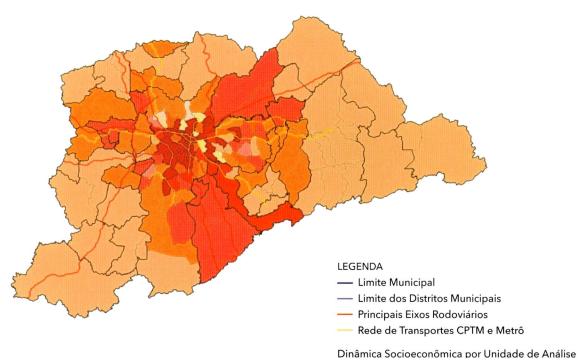

146. Dinâmicas socioeconômicas na Região Metropolitana de São Paulo – 2007.
FONTE: NIGRIELLO, Andreina & OLIVEIRA, Rafael Henrique (2013).
Desenho elaborado por Ricardo Pereira da Silva.
ACERVO: Andreina Nigriello.

por essa população corresponde a 71% do tempo total de viagem despendido diariamente nos deslocamentos realizados por transporte coletivo em toda a metrópole. Tais valores destacam a importância da expansão da rede de transporte coletivo com linhas que facilitem os deslocamentos relacionados a esse anel, onde são gerados e atraídos diariamente tanto fluxos radiais ao Centro Expandido, quanto perimetrais ao mesmo.

Os fluxos perimetrais, das viagens realizadas por transporte individual, que se destacam (Figura 107, Capítulo 8) – interligando áreas que, entre 1997 e 2007, apresentaram aumento na densidade de população, aumento na taxa de motorização e queda da participação do transporte coletivo na divisão modal – são a seguir descritos:

– na direção noroeste-norte-nordeste: São Domingos, Pirituba e Freguesia do Ó; Limão, Casa Verde, Santana, Vila Guilherme, Vila Maria e Guarulhos; Brasilândia, Cachoeirinha, Mandaqui, Tucuruvi, Jaçanã e Guarulhos;

– na direção norte-leste-sudeste: Tremembé, Jaçanã, Vila Medeiros, Vila Maria, Tatuapé, Água Rasa, Vila Prudente, São Caetano do Sul, Santo André e São Bernardo; Cangaíba, Penha, Vila Matilde, Vila Formosa, Aricanduva, Sapopemba, Santo André e São Bernardo;

– na direção sudeste-sul-oeste: Mauá, São Bernardo, Diadema, Cidade Ademar, Campo Grande, Jardim São Luís, Capão Redondo e Itapecerica da Serra; Santo André, São Caetano do Sul, Sacomã, Campo Belo, Santo Amaro, Capão Redondo, Campo Limpo e Taboão; e

– na direção sul-oeste: Grajaú, Cidade Dutra, Socorro, Santo Amaro, Vila Andrade, Vila Sônia ou Morumbi, Butantã, Rio Pequeno, Jaguaré, Osasco, Carapicuíba e Barueri.

Há também importantes fluxos contidos no próprio município, como em Guarulhos, ou entre municípios próximos, configurando a necessidade de estruturas de transporte intrarregionais, com destaque para: São Domingos, Jaraguá, Pirituba, Freguesia do Ó, Brasilândia, Cachoeirinha, Limão, Casa Verde, Mandaqui, Santana, Tucuruvi, Tremembé, Jaçanã, Vila Medeiros, Vila Guilherme e Vila Maria; Santo André, São Bernardo, São Caetano do Sul, Diadema e Mauá; e Osasco, Carapicuíba, Jandira, Itapevi, Barueri e Santana de Parnaíba.

No entanto, considerando a evolução da rede de transporte estrutural descrita nos capítulos anteriores, a implantação de linhas para atender diretamente os deslocamentos perimetrais presentes na RMSP tem sido prejudicada por prioridade dada à implantação de linhas que atendem viagens dirigidas ao Centro Expandido ou internas a ele. Assim, as viagens por transporte coletivo entre dois pontos do anel periférico ainda são em geral realizadas utilizando linhas radiais que passam ou se integram a outras linhas no Centro Expandido.

Além de aumentar o tempo de viagem, a falta de linhas perimetrais na rede de transporte de média e alta capacidade inibe a formação ou a expansão de polos periféricos. A implantação de linhas estruturais perimetrais fortaleceria polos existentes e criaria novos polos periféricos, de modo a minorar a atual atração de viagens exercida pelo Centro Expandido, favorecendo as condições gerais de mobilidade na metrópole e promovendo redução nos custos de transporte.

A necessidade de prover o território metropolitano com linhas perimetrais, para consolidar a polinucleação e redistribuir espacialmente os fluxos de viagens, não diminui a importância da implantação de novas linhas radiais de transporte de alta capaci-

O DESENHO DE SÃO PAULO POR SEUS CAMINHOS

dade para atender as viagens com origem ou destino ao Centro Expandido, que correspondem a cerca de um terço das viagens motorizadas diárias realizadas na metrópole.

A prioridade à implantação de linhas de transporte de massa com traçado perimetral poderia ser uma diretriz adotada em planos destinados à organização do espaço no Planalto Paulistano. A opção por essa diretriz transformaria o planejamento urbano e de transporte em poderoso instrumento indutor da formação de centralidades em áreas densamente habitadas, desprovidas de empregos, externas ao Centro Expandido. Mas a viabilidade dessa diretriz apoia-se, antes de tudo, na integração entre o planejamento do espaço territorial e o planejamento das redes de transporte – condição perseguida no planejamento paulista, em algumas instâncias técnicas e políticas.

A necessidade de maior sintonia entre o planejamento de transporte e o planejamento urbano ficou evidente em 1968, com os estudos da Rede Básica do Metrô e do PUB. O estudo do Consórcio HMD justificou a implantação da Linha Norte-Sul de metrô (atual Linha 1-Azul), apesar de o plano municipal recomendar a ocupação do território na direção leste-oeste.

Posteriormente, para evitar divergências, planos destinados à organização do território, tanto em escala metropolitana como municipal, incorporaram propostas oficiais sobre redes de transporte público para São Paulo, que sempre deram prioridade à implantação de linhas destinadas a atender os principais fluxos de viagem radiais. Assim, ignorada a possibilidade de inserção de linhas favoráveis a uma distribuição territorial mais equilibrada das atividades, a dinâmica original de concentração de empregos na região central passou a ser reforçada pelos investimentos no setor de transporte, sem sofrer qualquer restrição por parte do planejamento territorial quanto ao desenho e, principalmente, quanto à prioridade de implantação das linhas da rede.

É o que se observa, por exemplo, no *Plano Metropolitano da Grande São Paulo* (*PMGSP*), 1993-2010 (Figura 147), elaborado pela Emplasa, e no PDE, instituído pela Lei Municipal nº 13.430, de 2002 e atualizado em 2014 (Figuras 148, 149, 150 e 151).

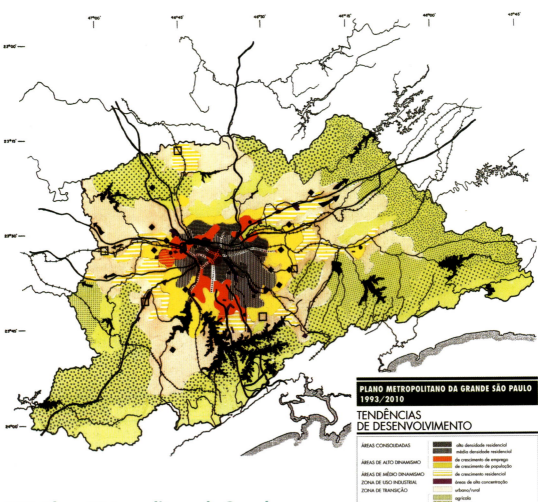

147. Plano Metropolitano da Grande São Paulo de 1993 a 2010 – 1994.

FONTE: SÃO PAULO (Estado). Empresa Paulista de Planejamento Metropolitano (1994). Reprodução de figura pertencente ao acervo técnico da extinta Emplasa, autorizada pela Secretaria de Desenvolvimento Regional do Estado de São Paulo.

148. Rede Estrutural de Transporte Público – 2014. (PÁGINA À DIREITA)

FONTE: SÃO PAULO (Município). Prefeitura (2014). Reprodução de figura autorizada pela Secretaria Municipal de Urbanismo e Licenciamento.

O Desenho de São Paulo por seus Caminhos

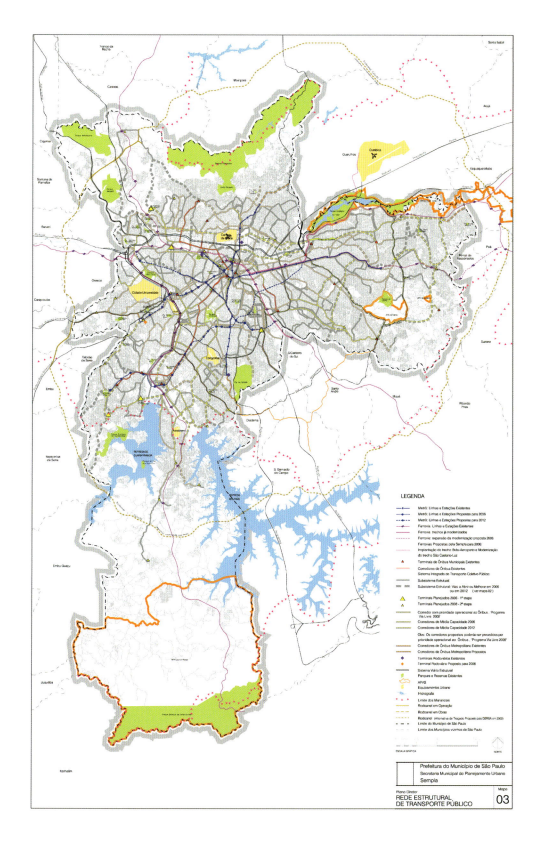

CAMINHOS PARA ORGANIZAR O TERRITÓRIO DA REGIÃO METROPOLITANA DE SÃO PAULO

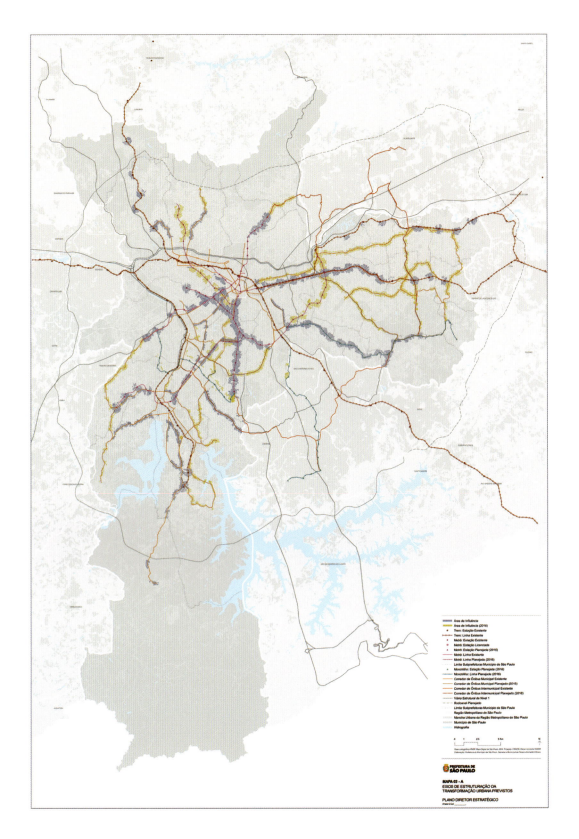

150. Política de transporte e uso do solo: Operações Urbanas Consorciadas, Áreas de Intervenção Urbana e a rede de trilhos – 2014.
FONTE: SÃO PAULO (Município). Prefeitura (2014). Reprodução de figura autorizada pela Secretaria Municipal de Urbanismo e Licenciamento.

149. Eixos de estruturação da transformação urbana previstos – 2014. (PÁGINA À ESQUERDA)
FONTE: SÃO PAULO (Município). Prefeitura (2014). Reprodução de figura autorizada pela Secretaria Municipal de Urbanismo e Licenciamento.

LEGENDA

OUCs e AIUs – Horizontes
— Rede de Trilhos até 2030
▬ AIU – Horizonte 2015
▬ AIU – Horizonte 2020
▬ AIU – Horizonte 2025
▬ OUC – Horizonte 2015

Área Urbanizada
RMSP
Município de São Paulo

Área Não Urbanizada
RMSP
Município de São Paulo

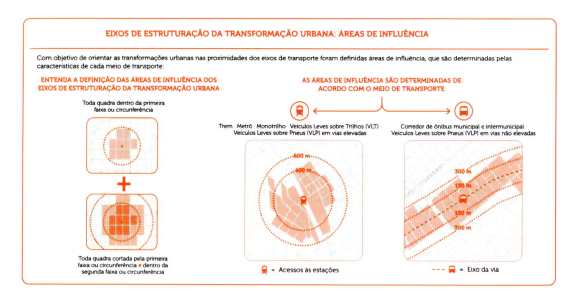

Figura 151. Delimitação dos eixos de estruturação da transformação urbana.
FONTE: SÃO PAULO (Município). Prefeitura (2014). Reprodução de figura autorizada pela Secretaria Municipal de Urbanismo e Licenciamento.

O relatório do PMGSP apontou inicialmente a dissociação entre o planejamento do território e a oferta de acessibilidade, ou seja, a separação entre o planejamento global da região e o planejamento de transporte.

O PMGSP também evidenciou que a malha viária regional era desprovida de um sistema de gestão própria e de planejamento de ações voltadas para o *Sistema Rodoviário Regional Urbano*, carecendo as intervenções nela realizadas de um esquema global planejado, legitimado por processo de discussão pública e aprovação legislativa. O plano indicou a falta de gestão do viário metropolitano, que repercutia nas altas taxas de poluição do ar e em rodovias com congestionamento crescente em vários trechos próximos à Grande São Paulo.

No âmbito da rede ferroviária, o PMGSP diagnosticou a presença de pátios ineficientes e ultrapassados, mostrando a necessidade de implantar melhorias e consolidar o sistema ferroviário de cargas e o de passageiros, de modo a segregar completamente os dois serviços. Além disso, o Plano incluiu entre suas diretrizes implantar terminais intermodais de carga, junto a troncos rodoferroviários, em áreas periféricas às de maior adensamento urbano; implantar o Ferroanel, interligando as linhas da RFFSA e da Fepasa na Estação Evangelista de Souza; e habilitar o trecho metropolitano do Rio Tietê à navegação contínua.

Mas, apesar de todas essas constatações, o PMGSP não estabeleceu prioridades que estivessem associadas à implantação dos programas de transporte de alta e média capacidade, destinadas à ordenação do espaço planejado. O Plano apenas recomendou que tais programas prosseguissem sob orientação e coordenação da STM.

No ano 2000 surgiu uma oportunidade de integração do planejamento territorial com o planejamento de transporte quando foi criado um grupo de trabalho formado por técnicos do Metrô, da Sempla e da Emurb. Mas o enfoque ficou restrito às *Operações Urbanas Metrô*[409], perímetros de cerca de 500 metros de cada lado do traçado das linhas (Figura 152). Não era uma ideia nova para os técnicos do Metrô, que vinham há tempo estudando formas de aproveitamento do poder indutor de transformação do espaço e da valorização dos imóveis, efeitos intrínsecos à implantação das linhas, seja para orientar esse desenvolvimento de modo adequado, seja como forma de captação de recursos do setor privado para expansão da rede metroviária. Os instrumentos de política urbana sugeridos na proposta, aplicáveis aos imóveis internos aos perímetros das Operações Urbanas Metrô eram a *Desapropriação de Utilidade Pública*, mediante prévia e justa indenização, em dinheiro, dos imóveis necessários à implantação das linhas de metrô; o *Consórcio Imobiliário*, que evitaria a desapropriação e permitiria a execução de transformações urbanísticas no perímetro urbano, contando com a parceria de proprietários e investidores; e a *Transformação do Valor de Terreno Doado*, referente à transferência de potencial construtivo não utilizado, que dava aos proprietários dos imóveis afetados o direito de escolha pela aplicação em cotas de futuros empreendimentos na área ou pela transformação do valor do terreno doado em potencial construtivo não utilizado, a ser transferido para outro imóvel contido no perímetro da Operação Urbana Metrô. Outros instrumentos de politica urbana também poderiam ser aplicados, tais como *Outorga Onerosa do Direito de Construção Adicional, Cessão Onerosa de Áreas Públicas, Transferência de Potencial Construtivo, Incentivo ao Remembramento de Lotes*.

A proposta sobre Operações Urbanas Metrô foi também objeto de tramitações da STM na Câmara Municipal e na Assembléia Legislativa do Estado de São Paulo, para instituir tratamento legal específico a áreas envoltórias à rede de transporte de maior capacidade. Assim, no PDE de 2002 foram incluídos os artigos 121 e 122, referentes a *Áreas de Intervenção Urbana* (*AIUs*) criadas ao longo da rede estrutural de transporte coletivo público.

---

409. NIGRIELLO, HIRSCH, AZEVEDO NETTO, AMBROSIS, ANTENOR & FRÓES, 2000.

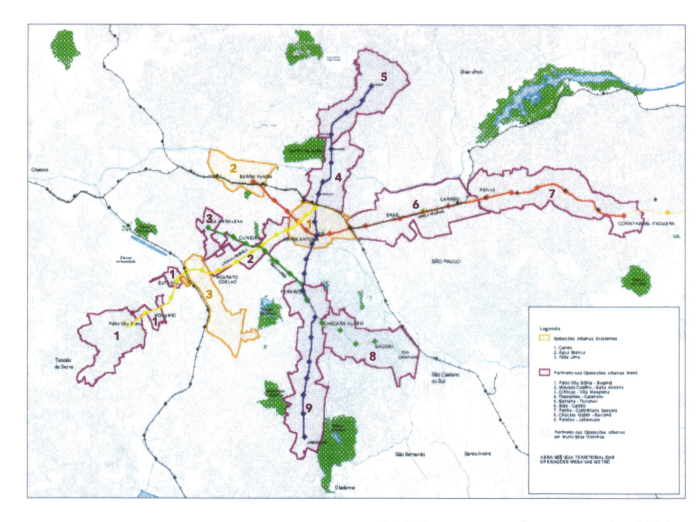

152. Operações Urbanas Metrô – 2000.
FONTE: NIGRIELLO, HIRSCH, AZEVEDO NETTO, AMBROSIS, ANTENOR & FRÓES, 2000.
Reprodução de figura autorizada pela Companhia do Metropolitano de São Paulo.

LEGENDA

Perímetro Operações Urbanas Existentes
1. Centro
2. Água Branca
3. Faria Lima

Perímetro Operações Urbanas Metrô
1. Pátio Vila Sônia-Butantã
2. Mourato Coelho-Maria Antônia
3. Clínicas-Vila Madalena
4. Tiradentes-Carandiru
5. Santana-Tucuruvi
6. Brás-Carrão
7. Penha-Corinthians-Itaquera
8. Chácara Klabin-Sacomã
9. Paraíso-Jabaquara

410. O artigo 121 do PDE de 2002 estabeleceu as AIUs relacionadas à infraestrutura de transporte nos itens: V – áreas para a implantação de rede viária estrutural; VI – áreas para implantação de rede estrutural de transporte público coletivo; VII - áreas envoltórias do Rodoanel Metropolitano Mário Covas.

411. Cenário Equilibrado – assume aumento do coeficiente de aproveitamento máximo para áreas de adensamento estabelecidas por lei, incluindo novas OUCs e as AIUs-Trilhos; projeção otimista de desenvolvimento socioeconômico, com espacialização de variáveis de acordo com metas de população e empregos onde se propôs intervenção; rede de trilhos adotada pela STM, para 2025.

412. A rede considerada no estudo Cenários de *Desenvolvimento Urbano* era constituída pelas linhas 1 a 13, 15, 17 a 20, prolongamento da Linha 2-Verde até Cidade Tiradentes e Linha Guarulhos-Pirelli.

O DESENHO DE SÃO PAULO POR SEUS CAMINHOS

O artigo 121 do Plano estipulou que "ao longo da Rede Estrutural de Transporte Coletivo Público deve-se estimular o adensamento populacional, a intensificação e diversificação do uso do solo e o fortalecimento e formação de polos terciários". O § 4º desse mesmo artigo determinou que nas AIUs[410] definidas no entorno das estações do sistema de transporte coletivo público metroviário e ferroviário, nos termos do inciso II do artigo 122 desta lei,

> "[...] os Coeficientes de Aproveitamento Máximo e os estoques de potencial construtivo por uso deverão ser estabelecidos com base em estudos da capacidade de suporte do sistema infraestrutural de circulação, para os níveis metropolitano e municipal, por bacia de tráfego intermunicipal e local".

O artigo 122 da lei definiu AIUs ao longo dos eixos das linhas de transporte público coletivo

> "[...] com o objetivo de qualificar estas áreas e seu entorno e obter recursos para aplicação na implantação e melhoria das linhas de transporte público por meio da outorga onerosa do potencial construtivo adicional".

No artigo 122, itens I e II, as AIUs foram delimitadas

> "[...] por faixas de até 300 (trezentos) metros de cada lado dos alinhamentos do sistema de transporte público coletivo de massa; e por círculos com raio de até 600 (seiscentos) metros, tendo como centro as estações do transporte metroviário ou ferroviário".

No entanto, em 2004, a aplicação do artigo 122 foi dificultada por exigência do artigo 30 da Lei nº 13.885 – instituindo norma complementar ao PDE de 2002 –, que atrelou o aumento nos índices de aproveitamento do solo em AIUs à realização de *Projetos Urbanísticos Específicos* (*PUEs*). Mesmo assim, o PDE de 2002 estabeleceu importante condição para integrar o planejamento urbano ao planejamento de transporte.

Em 2012, a STM apresentou o estudo *Cenários de Desenvolvimento Urbano*, realizado em conjunto com a SMDU, com o objetivo de encontrar um novo Cenário Equilibrado[411] para a RMSP, resultado de investimentos previstos em linhas de transporte de alta capacidade – numa rede com configuração mais distribuída no território que a proposta no PITU 2025[412] –, mas também resultado de dois instrumentos incluídos para maximizar o aproveitamento do solo, com aplicação planejada para novas áreas até 2015: as OUCs Amador Bueno, Carandiru-Vila Maria, Celso Garcia, Diagonal Norte, Lapa-Brás, Mooca-Vila Carioca, Polo Sul, Rio Verde-Jacu, Santo Amaro, Vila Leopoldina-Jaguaré e Vila Sônia; e as AIUs-Trilhos, perímetros de adensamento de até 600 metros ao redor das estações e com 300 metros ao longo do eixo das linhas metroferroviárias a serem implantadas até 2025, de acordo com o horizonte planejado para cada linha. O estudo fundamentava-se nos seguintes termos:

> "[...] questões relativas à acessibilidade dadas pela oferta de transporte coletivo e de sistema viário, tanto em quantidade ofertada, como pelas características e qualidade, também são de extrema relevância nas alternativas locacionais das diferentes atividades urbanas. A organização dessa infraestrutura proporciona diferentes atrativos regionais"[413].

Segundo a projeção de um Cenário Tendencial[414] para 2025, o estudo concluiu que a sub-região do centro da Capital perderia 5% de sua população e aumentaria em 17% a quantidade de empregos. No Cenário Equilibrado, para essa mesma data-horizonte, haveria um aumento populacional de 14%, acompanhado de uma diminuição na atratividade de empregos nessa sub-região. Os distritos mais adensados no Cenário Equilibrado 2025, em relação ao Cenário Tendencial, seriam: Barra Funda, com acréscimo de 115 habitantes por hectare; República, com acréscimo de 101 habitantes por hectare; e Pari, com um acréscimo de 81 habitantes por hectare. Em relação à RMSP, haveria em São Caetano do Sul um acréscimo de 13 habitantes por hectare.

Os resultados do estudo mostraram a importância dos instrumentos urbanísticos considerados na simulação, promovendo maior adensamento populacional na região central da metrópole, onde se localizam as OUCs Água Branca, Centro, Lapa-Brás, Mooca-Vila Carioca e Vila Leopoldina-Jaguaré, mas também nas OUCs Santo Amaro e Água Espraiada; e nas AIUs-Trilhos, com um aumento médio de 14 habitantes por hectare em distritos onde haveria adensamento. Da mesma forma, em relação ao Cenário Tendencial, haveria no Cenário Equilibrado um aumento na relação do número de empregos por habitante nos distritos de Moema, Vila Andrade e Jabaquara, onde estão as OUCs Faria Lima e Água Espraiada.

O PDE atualizado em 2014, com a Lei Municipal nº 16.050, manteve-se aderente às propostas de redes de transporte público estabelecidas setorialmente. Em seu artigo 75, a nova lei definiu *Eixos de Estruturação da Transformação Urbana* como elementos estruturais dos sistemas de transporte coletivo de média e alta capacidade, existentes e planejados, que "determinam áreas de influência potencialmente aptas ao

413. SÃO PAULO (Estado), STM, 2012, p. 37.
414. Cenário Tendencial – assume aumento do coeficiente de aproveitamento máximo para áreas de adensamento estabelecidas por lei, mas só inclui OUCs vigentes; projeção otimista de desenvolvimento socioeconômico sem alterações; rede de trilhos adotada pela STM, para 2025.
415. SÃO PAULO (Município), Prefeitura, 2014, p. 67.

adensamento construtivo e populacional e ao uso misto entre usos residenciais e não residenciais". Conforme o artigo 76 da lei do Plano, as áreas de influência são compostas por quadras inteiras, determinadas segundo as capacidades e características dos modos de transporte:

"I – nas linhas de trem, metrô, monotrilho, Veículos Leves sobre Trilhos (VLT) e Veículos Leves sobre Pneus (VLP) elevadas, contêm: a) quadras internas às circunferências com raio de 400m (quatrocentos metros) centradas nas estações; e b) quadras alcançadas pelas circunferências citadas na alínea anterior e internas às circunferências, centradas nos mesmos pontos, com raio de 600m (seiscentos metros); II – nas linhas de Veículos Leves sobre Pneus (VLP) não elevadas e nas linhas de corredores de ônibus municipais e intermunicipais com operação em faixa exclusiva à esquerda do tráfego geral, contêm as quadras internas às linhas paralelas ao eixo das vias distanciadas 150m (cento e cinquenta metros) do eixo e as quadras alcançadas por estas linhas e inteiramente contidas entre linhas paralelas ao eixo das vias distanciadas 300m (trezentos metros) do eixo.[415]"

Mas no PDE de 2014 apenas 30% da captação de recursos por meio da outorga onerosa do potencial construtivo adicional, proveniente da viabilização de investimentos imobiliários localizados nos Eixos de Estruturação da Transformação Urbana, ficou destinada à implantação e melhoria das linhas de transporte público.

Porém, ao contrário da Lei nº 13.885, que, com a obrigatoriedade da realização de PUEs, travou o adensamento e a correspondente captação de recursos nas AIUs – o artigo 23, parágrafo único, do PDE de 2014, tornou facultativa a produção de *Projeto de Intervenção Urbana* (*PIU*) para obras envolvendo maiores coeficientes de aproveitamento do solo, localizadas em Eixos de Estruturação da Transformação Urbana. Essa nova condição incentivou, no entorno dos Eixos, o cumprimento de objetivos urbanísticos estratégicos previstos no Plano, nas proximidades do sistema de transporte estrutural: aumentar a densidade construtiva, demográfica, habitacional e de atividades urbanas; qualificar as centralidades existentes e criar novas centralidades; ampliar a oferta de habitações de caráter social; promover a qualificação urbanística e ambiental; garantir espaço para a ampliação da oferta de equipamentos e serviços públicos; desestimular o uso do transporte individual motorizado; orientar a produção imobiliária da iniciativa privada; e prever a implantação de mercados populares.

Em 2016, o artigo sexto da Lei nº 16.402 – instituída para disciplinar o parcelamento, o uso e a ocupação do solo no Município de São Paulo, de acordo com PDE de 2014 – criou os *Territórios de Transformação*, áreas em que se objetiva a promoção do adensamento construtivo, populacional, atividades econômicas e serviços públicos, a diversificação de atividades e a qualificação paisagística dos espaços públicos, de forma a adequar o uso do solo à oferta de transporte público coletivo. Diversos tipos de zonas compõem os Territórios de Transformação, como a *Zona Eixo de Estruturação da*

Transformação Urbana (ZEU) e a *Zona Eixo de Estruturação da Transformação Urbana Previsto (ZEUP)*. O artigo sétimo dessa lei estabelece

> "I – Zonas Eixo de Estruturação da Transformação Urbana (ZEU): porções do território destinadas a promover usos residenciais e não residenciais com densidades demográfica e construtiva altas e promover a qualificação paisagística e dos espaços públicos de modo articulado com o sistema de transporte público coletivo;"

> "III – Zona Eixo de Estruturação da Transformação Urbana Previsto (ZEUP): zonas inseridas na Macrozona de Estruturação e Qualificação Urbana, com parâmetros de parcelamento, uso e ocupação do solo compatíveis com as diretrizes da referida macrozona e com a perspectiva de ampliação da infraestrutura de transporte público coletivo;"

Apesar da aproximação entre o planejamento urbano e o planejamento de transporte promovida com os PDEs do Município de São Paulo, o que ressalta nesses planos é a inversão na delegação de decisões sobre a organização territorial em escala mais ampla. De fato, a definição do desenho da ocupação do território, ou seja, da cidade que se quer construir no futuro, deveria ser incumbência do planejamento urbano, tanto em escala metropolitana como municipal – concepção destinada a orientar os planos de expansão das diversas redes que compõem o sistema de transporte –, não o contrário. Ou seja, as propostas de planejamento urbano não têm imposto ao planejamento de transporte o desenho da organização do espaço planejado. Submissas às decisões adotadas no setor de transporte metropolitano, as propostas de planejamento urbano passaram a se adequar aos planos de expansão das redes de transporte de massa, sem discussão prévia sobre a aderência do desenho destas redes à ordenação planejada do

416. Conforme artigo primeiro da proposta de lei, §1°: "O PDUI é um instrumento de planejamento e gestão nos termos do §1° do artigo 12 do Estatuto da Metrópole, composto por princípios, objetivos, diretrizes e políticas para o desenvolvimento urbano e regional sustentável da RMSP".

417. Função Pública de Interesse Comum (FPIC), definida de acordo com os campos funcionais estabelecidos no artigo 12 da Lei Complementar estadual n° 1.139/2011, é política pública ou ação nela inserida, cuja realização por parte de um município, isoladamente, seja inviável ou cause impacto em municípios limítrofes.

418. Para reduzir o desequilíbrio na distribuição espacial das atividades econômicas e da infraestrutura no território, o PDUI propõe uma rede de centralidades, potencializando o desenvolvimento econômico e social na metrópole.

espaço urbano, como, por exemplo, prioridade a incentivos geradores da formação de novas centralidades em áreas carentes de empregos, mas com alta densidade populacional e baixo nível de renda. Perde-se, assim, a oportunidade de utilizar o planejamento de transporte como instrumento indutor da organização espacial planejada das atividades no território.

É temerária a política atual de atrelar a expansão ou a formação de novas centralidades à rede de transporte estrutural metropolitana – sem prévia e ampla discussão do desenho das linhas e, principalmente, da prioridade de sua implantação. A falta crônica de recursos necessários à expansão da oferta de transporte público tem justificado a opção neoliberal do Estado em delegar ao capital privado a inversão de recursos no setor, incluindo assim o potencial para viabilizar Parcerias Público-Privadas entre os objetivos que orientam o projeto de novas linhas. Mas a falta de recursos públicos para a construção de linhas de transporte planejadas é parte da mesma política de Estado que nunca deixou de prover recursos para obras viárias e rodoviárias, e que – por se sujeitar aos interesses de exploração, pelo capital privado, do espaço produzido com tais investimentos – nunca foi questionada quanto à necessidade de atrelá-los a uma estrutura de gestão pública setorial e a planos com foco no sistema viário de interesse metropolitano. Nesse contexto, envolver o capital privado na produção e operação de novas linhas estruturais de transpote público implica submeter a prioridade de sua implantação a uma taxa de retorno, em grande parte alicerçada no potencial para empreendimentos imobiliários presente nas proximidades das linhas – condição não necessariamente compatível com a prioridade de implantação de linhas de transporte que possam induzir a redistribuição espacial planejada dos empregos e das atividades.

Na recente proposta de lei que deverá instituir o *Plano de Desenvolvimento Urbano Integrado* (*PDUI*) *da RMSP*[416], a constatação da inversão entre o planejamento urbano e o planejamento de transporte na delegação de decisões sobre a organização territorial em escala regional, evidenciada ao se estudarem as questões referentes à função pública de interesse comum[417] – *Mobilidade, Transporte e Logística* –, justificou a diretriz: "[...] articular as propostas de mobilidade metropolitana (sistema vário, transporte de carga e de passageiros) com o ordenamento do território da RMSP". Na mesma proposta de lei, outras diretrizes detalharam a anterior, como:

> "[...] promover ligações perimetrais que conectem centralidades, polos e eixos de atividades econômicas de caráter regional[418], e adensar o sistema de transporte no Centro Expandido da metrópole, configurando uma rede integrada [...] aumentar a acessibilidade em áreas com alta densidade populacional, ou naquelas onde o adensamento deverá ser promovido de forma planejada [...] melhorar a acessibilidade do território metropolitano promovendo a transposição de rodovias, ferrovias, interflúvios e rios, desde que garantida a proteção e a conservação das áreas de interesse ambiental".

A implementação do PDUI prevê a instituição de governança interfederativa, a ser realizada através de um Sistema Metropolitano de Planejamento e Gestão[419]. Uma câmara temática específica deverá promover a articulação, a discussão e dar suporte técnico para a implementação das ações inerentes aos sistemas viário, de transporte e logística, integrando-as às demais funções públicas de interesse comum.

O poder indutor dos custos de transporte sobre a localização dos empregos justifica, portanto, a necessidade de associar a ordenação da ocupação do território da RMSP à ampliação da rede de transporte público de alta capacidade. A implantação de linhas de caráter perimetral presentes na Rede Futura, atualização da Rede Metropolitana de Alta e Média Capacidade planejada pela STM[420], como a Linha Guarulhos-ABC, o Arco Sul, a Linha 23-Magenta, a Linha 17-Ouro e a extensão da Linha 2-Verde até a Estação Dutra, bem como o trecho da Linha 20-Rosa entre São Judas e Santo André, é fundamental tanto para a promoção de soluções de mobilidade mais eficientes para a grande maioria da população como para o fortalecimento de polos de emprego no anel periférico. Tais linhas viabilizam a consolidação de duas centralidades metropolitanas previstas no PDUI: a primeira, a leste, entre Guarulhos (no nordeste) e Santo André (no sudeste); a outra, a oeste, localizada em Taboão da Serra, avançando para Embu das Artes (Figura 153).

419. O Sistema Metropolitano de Planejamento e Gestão foi concebido como um conjunto de órgãos, normas, recursos humanos e técnicos voltados para a integração de políticas públicas entre o Estado e municípios que compõem a região, bem como a promoção, nesse espaço territorial, da organização, do planejamento compartilhado e da execução das funções públicas de interesse comum.
420. SÃO PAULO (Estado), STM, fevereiro de 2013.

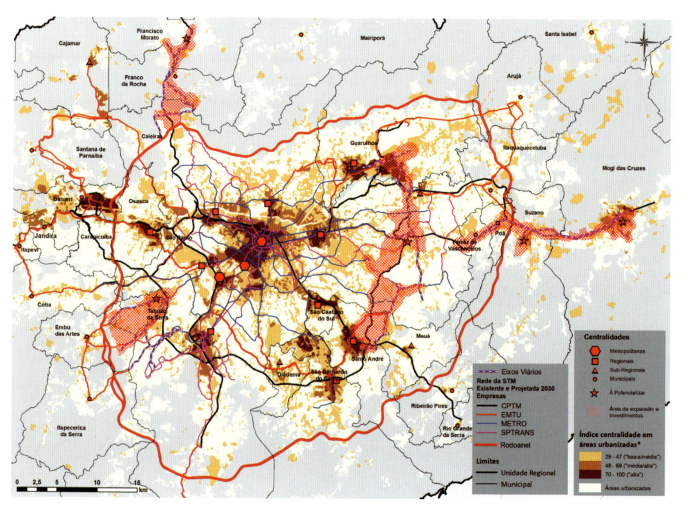

153. Plano de Desenvolvimento Urbano Integrado da Região Metropolitana de São Paulo (PDUI-RMSP): Rede de Centralidades – 2018.

FONTE: SÃO PAULO (Estado). Empresa Paulista de Planejamento Metropolitano (2018).
Reprodução de figura cedida em cortesia pela Emplasa, do Plano de Desenvolvimento Urbano Integrado da Região Metropolitana de São Paulo. Todos os direitos reservados sobre os materiais desta.

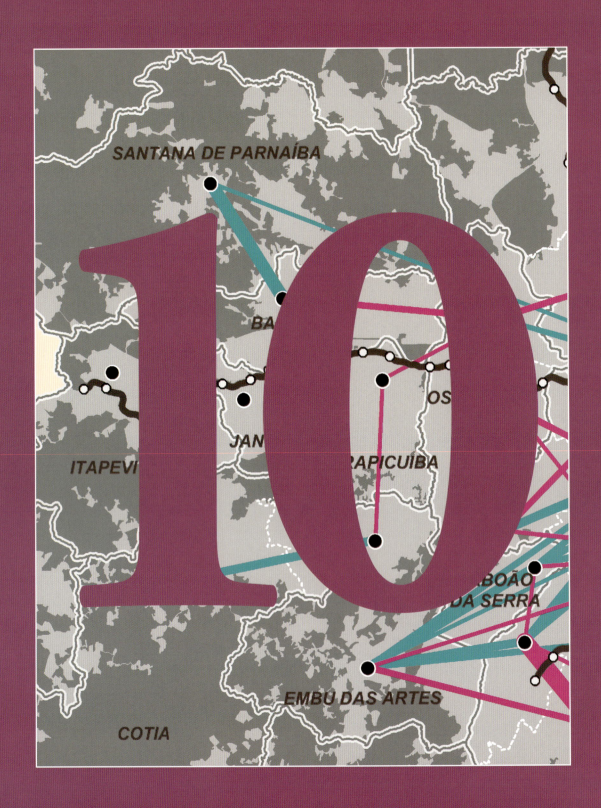

Caminhos propícios ao desenvolvimento desimpedido

São Paulo é um extenso aglomerado urbano em que se sobrepõem muitos desenhos. O primeiro deles resultou da topografia, que determinou o ponto de maior acessibilidade do Planalto Paulistano, estabelecendo tanto a localização da taba de Tibiriçá como a da área central da futura metrópole e dos núcleos que foram se formando ao longo dos caminhos fluviais e terrestres usados por nativos e colonizadores. O Rio Tamanduateí, o mais navegado, também foi usado como limite entre grupos sociais, marco que perdura até hoje.

Reforçando o desenho anterior, a implantação da ferrovia, em meados do século XIX, utilizou o traçado retificado dos principais rios e induziu a ocupação de suas várzeas com atividades de produção e estocagem, e a formação de novos núcleos em suas estações.

Os caminhos coloniais terrestres, a maior parte deles convergentes para a área central, foram aos poucos sendo pavimentados, alargados e duplicados, transformando-se na rede viária principal da cidade, por onde passaram, a partir do século XX, bondes, depois ônibus, automóveis e a primeira linha de metrô.

No entanto, desde meados do século XIX, com a instituição da propriedade privada da terra – que criou a oportunidade para o capital se reproduzir através do loteamento e comercialização de glebas – o desenho da circulação, nos espaços delimitados pela rede viária principal, resultou de decisões isoladas, sem gestão pública para garantir o respeito à topografia e à conectividade, ou seja, sem planejamento da rede viária. Inicia-se assim a prática de incorporação de mais espaço à cidade, por caminhos não planejados, como forma de viabilizar a reprodução do capital, livre de restrições do poder público destinadas a organizar a ocupação territorial.

O descuido com o processo de loteamento continuou com a expansão da mancha urbana no século XX, sempre para facilitar a reprodução do capital e prover, a baixo custo, a incorporação de população de menor renda ao espaço da metrópole. O processo inicial de extensão urbana por aglutinação reproduziu-se com a abertura de uma infinidade de novos caminhos, ao longo dos principais eixos de acesso ao Centro Expandido, para alcançar glebas loteadas sem nenhuma preocupação com o desenho urbano, o que resultou numa imensa periferia de *puxadinhos* desconectados entre si e pouco acessíveis. A periferia que hoje constitui a metrópole de São Paulo é uma imensa colcha de retalhos, costurada por linhas de ônibus e micro-ônibus, em sinuosos percursos que também a prendem ao Centro Expandido.

A principal reação dos técnicos à inexistente preocupação com o desenho do sistema viário da cidade deu-se em 1924, quando Ulhôa Cintra apresentou seu *Esquema teórico para São Paulo*, dando origem ao que Prestes Maia transformou em *Plano de Avenidas*, em 1930. O âmbito espacial desse plano, implementado pelo próprio autor, quando prefeito, teve sua importância reafirmada com a delimitação do Centro Expandido, local de moradia, consumo e trabalho da população mais abastada, além de foco de grande parte de planos e investimentos públicos, incluindo os referentes à rede de transporte estrutural. Assim, com o tempo, tornou-se inquestionável, no meio técnico, a prioridade ao atendimento das demandas localizadas no Centro Expandido, sendo os fluxos de viagens associados a esse perímetro os principais norteadores do desenho da rede de metrô. Além disso, a facilidade de circulação por automóvel, especialmente no Centro Expandido, passou a ser relacionada também à existência de novas linhas de metrô, cuja prioridade de implantação tem considerado, entre outros critérios, seu efeito no aumento da velocidade de circulação no sistema viário – retiradas as linhas de ônibus cujos passageiros seriam atraídos pelas linhas de metrô em estudo.

Diversas propostas para a metrópole de São Paulo foram apresentadas a partir do PUB (1968), merecendo também destaque, pela abrangência espacial das redes viária e de transporte (sem entrar no mérito do desenho), o primeiro PMDI (1970), o PITU 2020 (1999) e a Rede Futura (2013).

Mas, após tantas redes traçadas, o que de fato foi implementado com abrangência suficiente para integrar espacialmente o território da metrópole? Considerando a rede viária, apenas o Rodoanel, cada vez mais usado para escapar das congestionadas vias radiais. No caso da rede de transporte estrutural, investimentos menos significativos

358 O Desenho de São Paulo por seus Caminhos

foram aplicados no Corredor ABD, em sua Extensão Diadema-São Paulo (Morumbi) e no Corredor Metropolitano Guarulhos-São Paulo (Tucuruvi).

Até a presente data, a rede ferroviária, com linhas que tangenciam o Centro Histórico ou o Centro Expandido, antes e depois de cruzarem áreas periféricas, modernizou o serviço de transporte prestado aos passageiros, mas continua dividindo os trilhos com o transporte de carga, desde sua origem. Os corredores de ônibus concentram-se no Município de São Paulo, predominando linhas radiais. Apesar de muitos projetos, poucos corredores metropolitanos de ônibus perimetrais foram implantados para integrar os diversos municípios. As raras linhas da rede de metrô, todas contidas no Município de São Paulo e convergentes ao Centro Expandido, atendem o espaço metropolitano indiretamente, através da integração às linhas das redes ferroviária e de ônibus que percorrem a periferia.

Desde meados do século passado vêm sendo planejados caminhos para a cidade de São Paulo. Porém, o atraso na implantação dessas propostas prejudica a oportunidade de se redesenhar, com novos caminhos, a periferia do embrião da metrópole. Reordenar, com a implantação de linhas perimetrais, a predatória ocupação do território metropolitano será de efeito tanto maior quanto menos consolidada a dependência dos diferentes espaços periféricos ao Centro Expandido. Por sua vez, a atração de viagens do Centro Expandido – área de maior acessibilidade na metrópole, onde as vias estão cada vez mais congestionadas – será mais facilmente contrabalançada quanto antes novas forças de atração, geradas por linhas perimetrais, promoverem o crescimento de polos regionais a serem por elas diretamente conectados e a consequente redistribuição espacial de viagens.

Então, por que não se reverte o atraso na implantação da rede de transporte estrutural? Por que a oferta de acessibilidade se perpetua concentrada no Centro Expandido de São Paulo? Por que uma profusão de planos para a expansão da rede de transporte coletivo convive com a escassez crônica de investimentos em linhas de metrô, ferrovias, VLTs e VLPs, e coexiste com numerosos investimentos em avenidas, túneis, viadutos, pontes e rodovias, não fundamentados em planos e ineficazes para a redução do tempo de viagem?

Algumas causas podem ser aventadas na busca de respostas a essas perguntas.

O espaço atual de São Paulo atende as necessidades de instalação do grupo social dominante – em que a integração espacial que poderia resultar de uma distribuição mais equitativa de acessibilidade colide com a produção prevalente de lugares destinados a abrigar a elite no Planalto Paulistano. Analisar a atuação de gestores e técnicos com poder de decisão na produção de serviços de transporte esclareceria a elaboração de desenhos de redes sem dar voz à população usuária, e a adoção de prioridade de implantação das linhas projetadas conveniente aos interesses da elite. Trata-se de interesses

CAMINHOS PROPÍCIOS AO DESENVOLVIMENTO DESIMPEDIDO   **359** compatíveis com o espaço atual da Região Metropolitana de São Paulo, adequado ao estágio extensivo de desenvolvimento do capitalismo, estagnado há décadas no país –, com custos de transporte desfavoráveis à mobilidade da população e à produção de mercadorias. Tal cenário reflete a posição de São Paulo no contexto econômico mundial, estabelecendo um valor, para o tempo de viagem em seu território, inferior ao correspondente em cidades como Londres, Nova York e Paris, onde a eficiência do serviço de transporte é maior, consoante patamares superiores de bem-estar social e de produtividade.

Incongruentes com o amplo e periódico levantamento de informações sobre a mobilidade da população, o avançado instrumental técnico e a reconhecida experiência profissional presentes no setor, diversos propósitos interferem no ritmo de implantação da rede de transporte estrutural da metrópole de São Paulo. Por exemplo: ampliar a oferta de imóveis com bom padrão de acessibilidade, numa velocidade superior à de sua comercialização, reduz o impacto de novas linhas de transporte no preço do solo – o que é favorável à população de menor renda, predominante na periferia da metrópole –, mas se contrapõe aos interesses do capital imobiliário, especialmente dos proprietários de terras, porque reduz o montante de captação da valorização do solo que decorre de investimentos públicos em transporte. Aspecto complementar a esse é o de que o poder de negociação dos governantes que decidem sobre a expansão da rede de transporte estrutural também se reduz se espaços com bom padrão de acessibilidade passam a ser produto farto no mercado imobiliário – suposição também compatível com a dificuldade de se exercer a gestão centralizada do planejamento de ações para ampliar a oferta de transporte coletivo em escala regional. Não se deve descartar eventual pressão dos consórcios formados pelas empresas concessionárias do serviço de ônibus, contra a expansão da rede de transporte estrutural na periferia da metrópole, por temerem, além da concorrência de mercado, maior controle por parte do poder público, para operarem integrados, como sistema alimentador, à rede principal. Um último enfoque a ser considerado diz respeito à preservação da demanda local por automóveis e motocicletas, favorável ao mercado da indústria automotiva.

Andando a pé. Assim foram abertos os caminhos da cidade de São Paulo. Continuar circulando nesse território com eficiência propícia a um desenvolvimento socioeconômico efetivo demanda a abertura dos caminhos da metrópole. Trata-se de implantar um sistema de transporte adequado ao volume de viagens futuro, com desenho que atenda e ordene também o espaço da periferia, *locus* da maior parte da população, criando condições físicas e ambientais compatíveis com a desconcentração de empregos, a redução do tempo de viagem e mais conforto e segurança para acessar locais de trabalho, educação, saúde e lazer –, requisitos essenciais à valorização do tempo e à promoção de qualidade de vida e de produtividade (Figura 154).

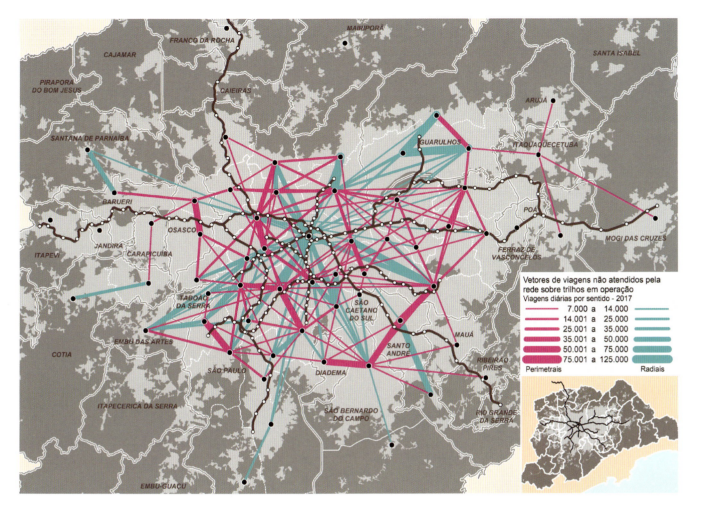

154. Vetores de viagens não atendidos pela rede sobre trilhos em operação

O mapa representa os principais vetores das viagens diárias motorizadas, por sentido, realizadas na RMSP em 2017, não cobertas pela rede sobre trilhos – metrô, trem metropolitano e monotrilho. Desenho elaborado por Leonardo Cleber Lima Lisboa.
ACERVO: Andreina Nigriello

Afinal, apesar das circunstâncias que transformaram São Paulo numa máquina de geração de tempo perdido em deslocamentos pelo seu território, é um único espaço onde tudo já está interligado, mas com um desenho que serve o interesse de poucos.

Atender a demanda de transporte da população, de forma a superar a segregação e a precarização, implica aumentar o nível geral de acessibilidade, com a abertura dos caminhos da metrópole – perenes em seu sítio, como todos os caminhos –, desenhando o espaço do desenvolvimento desimpedido.

Referências bibliográficas

ALMEIDA, Fernando Flávio Marques de. *Fundamentos geológicos do relevo paulista*. São Paulo: Instituto de Geografia, 1974. (Série Teses e Monografias, 14.)

ALONSO, W. *Location and Land Use. Toward a General Theory of Land Rent*. Cambridg (Massachusetts): Harvard University Press, 1965.

BARAT, Josef. *Questão institucional e financiamentos dos transportes urbanos no Brasil: O caso da Região Metropolitana de São Paulo*. São Paulo: *Cadernos Fundap*, v. 6, nº 12, jul. 1986; p. 10-27. (Texto original em inglês, apresentado no Colloque International sur le Financement des Transports Urbains, Lyon,1984.)

BLIKSTEIN, Moriz. *Modelos Matemáticos no Planejamento de Transportes Urbanos. Uma Abordagem Crítica*. Tese de Mestrado em: Métodos Quantitativos e Administração. São Paulo, Fundação Getúlio Vargas, 1982.

BÓGUS, Lúcia Maria Machado; PASTERNACK, Suzana (ed.). *São Paulo: Transformações na ordem urbana*. Rio de Janeiro: Letra Capital, 2015 (Série Estudos comparativos.)

BRASIL. Decretos do Governo Provisório da República dos Estados Unidos do Brasil de 1890. *Decreto nº 159* (1º fascículo). Nomeia comissão para estudar e organizar um plano geral de viação. Rio de Janeiro: Imprensa Nacional, jan. de 1890, p. 67.

BRASIL. Decretos do Governo Provisório da República dos Estados Unidos do Brasil de 1890. ***Decreto nº 524*** (6º fascículo). Estabelece regras sobre a competência do Governo Federal e a dos Estados Unidos do Brasil para a concessão de estradas de ferro e cria a obrigatoriedade de incluir todas as estradas brasileiras num plano geral de viação. Rio de Janeiro: Imprensa Nacional, jun. de 1890, p. 1.418.

BRASIL. Decretos do Governo Provisório da República dos Estados Unidos do Brasil de 1890. ***Decreto nº 862*** (10º fascículo). Aprova parcialmente os estudos da Comissão do Plano de 1890 e estabelece o sistema geral de viação, composto de ferrovias e vias fluviais, que interliga diversos Estados da União à Capital Federal. Rio de Janeiro*: Imprensa Nacional, out. de 1890, p. 2.855.

BRASIL. ***Decreto nº 5.141 de 5 janeiro de 1927***. Cria o Fundo Especial para Construção e Conservação de Estradas de Rodagem Federais, constituído por um adicional aos impostos de importação para consumo a que estão sujeitos: gasolina, automóveis, auto-ônibus, autocaminhões, chassis para automóveis, pneumáticos, câmaras de ar, rodas maciças, motocicletas, bicicletas, *side-car* e acessórios para automóveis, e dá outras providências. Brasília: Coleção de Leis do Brasil. 31 de dezembro de 1927 v. 1, 31 dez. col. 1, 1927, p. 8.

BRASIL. ***Decreto nº 5.353, de 30 de novembro de 1927***. Extingue as isenções e reducções de impostos alfandegarios e dá outras providencias. Brasília: *Diário Oficial da União*: secção 1,1º de dez. de 1927, p. 25.338.

BRASIL. Presidência da República. ***Programa de metas do Presidente Juscelino Kubitschek, II – Estado do Plano de Desenvolvimento Econômico em dezembro de 1958***. Rio de Janeiro: Serviço de Documentação da Presidência da República, 1959.

BRASIL. Ministério dos Transportes. ***Planos de viação: evolução histórica (1808-1973)***. Rio de Janeiro: Conselho Nacional de Transportes, 1974.

BRASIL. Ministério dos Transportes. Ministério da Defesa. ***Plano Nacional de Logística e Transportes (PNLT)*** (Relatório Executivo). Brasília: 2007.

BURNS, Edward McNall. ***História da civilização ocidental***. Porto Alegre: Editora Globo, 1966.

CACCIAMALI, Maria Cristina. **O mercado de trabalho da Região Metropolitana de São Paulo no fim do século XX.** *In*: *Dinâmica socioeconômica da Região Metropolitana de São Paulo: quadro atual*. São Paulo: Companhia do Metropolitano de São Paulo,1999. p. 1-27.

CAMARGO, Cândido Procópio Ferreira *et al*. **A lógica da desordem**. *In*: *São Paulo*

Referências Bibliográficas · 363

1975: crescimento e pobreza. São Paulo: Editora Loyola, 1974. p. 21-62.

CAMPOS, Eudes. ***São Paulo antigo: Plantas da cidade***. Informativo Arquivo Histórico Municipal, São Paulo, v. 4, nº 20, set./out. 2008. Disponível em: <http://www.arquiamigos.org.br/info/info20/index.html>. Acesso em: 2 mar. 2018.

CANO, Wilson. ***Ensaios sobre a crise urbana do Brasil***. Campinas: Editora da Unicamp, 2011.

CANO, Wilson. ***Raízes da concentração industrial em São Paulo***. 4. ed. Campinas: Instituto de Economia da Unicamp, 1998.

CARLETTO, Salvador Cesar. ***Um arranjo institucional informal: a experiência da consolidação do Programa de Trólebus da Região Metropolitana de São Paulo***. São Paulo: *Revista SPAM, SNM/Emplasa*, nº 13, 1984; p. 28-31.

CHRISTALLER, Walter. ***Central Places in Southern Germany***. New Jersey: Prentice-Hall, 1966.

COLAVITE, Ana Paula. ***Caminho de Peabiru. Contribuição do geoprocessamento para criação de roteiros turísticos nos caminhos de Peabiru – PR***. Dissertação de Mestrado em Geografia, Meio Ambiente e Desenvolvimento. Universidade Estadual de Londrina, Londrina, 2006.

COLAVITE, Ana Paula; BARROS, Mirian Vizintim Fernandes. ***Geoprocessamento aplicado a estudos do Caminho de Peabiru***. Fortaleza: *Revista da Anpege*, v. 5, nº 5, 2009; p. 86-105. DOI https://doi.org/10.5418/RA2009.0505.0007. Disponível em: <http://ojs.ufgd.edu.br/index.php/anpege/article/view/6590/3590>. Acesso em: 12 abr. 2018.

COSTA, Emília Viotti da. ***Da senzala à colônia***. São Paulo: Difusão Europeia do Livro, 1966.

COSTA, Jorge Gustavo da. ***Planejamento governamental – A experiência brasileira***. Rio de Janeiro: Fundação Getúlio Vargas, 1971.

DE LA BARRA, Tomas *et alii*. ***TRANUS. Modelación integrada de usos del suelo y transporte***. Caracas (Venezuela): Modelistica, 2005.

DEÁK, Csaba. ***O mercado e o Estado na organização espacial da produção capitalista***. São Paulo: *Espaço & Debates*, n**º** 28, 1989. p. 18-31.

_____. ***Elementos de uma política de transporte público em São Paulo***. São Paulo: *Espaço & Debates*, nº 30, 1990. p. 42-55.

_____. ***Acumulação entravada no Brasil e a crise dos anos 80***. São Paulo: *Espaço & Debates*, nº 32, 1991. p. 32-46.

_____. **Região Metropolitana de São Paulo. Renda e mobilidade: evolução 1987-97 e perspectivas**. *In*: *Dinâmica socioeconômica da Região Metropolitana de São Paulo: quadro atual*. São Paulo: Companhia do Metropolitano de São Paulo, 1999, p. 1-11.

_____. *Em busca das categorias da produção do espaço*. São Paulo: Annablume Editora, 2016.

DE DECCA, Cláudio Salvadori. **Notas sobre a dinâmica recente do mercado de trabalho da Região Metropolitana de São Paulo**. *In*: *Dinâmica socioeconômica da Região Metropolitana de São Paulo: quadro atual*. São Paulo: Companhia do Metropolitano de São Paulo, 1999, p. 1-12.

ELETROPAULO. *História e energia*. *O metrô da Light*. São Paulo: Eletropaulo, 1986.

FERRETTI, Danilo J. Zion; CAPELATO, Maria Helena Rolim. *João Ramalho e as origens da Nação: os paulistas na comemoração do IV centenário da descoberta do Brasil*. Rio de Janeiro: *Revista Tempo*. Revista Digital de História do Departamento e do Programa de Pós-Graduação em História da Universidade Federal Fluminense, nº 8, dezembro 1999.

FURTADO, Celso. *Formação econômica do Brasil*. São Paulo: Editora Companhia das Letras, 2007.

GIANESELLA, Rubens Ramos. *Paisagem no tempo: vilas litorâneas paulistas*. Dissertação de Mestrado em: História e Fundamentos da Arquitetura e do Urbanismo São Paulo: Faculdade de Arquitetura e Urbanismo, Universidade de São Paulo, 2008.

GARCIA, Moreno Zaidan. *Sistemas de monotrilho como transporte de massa: considerações a respeito de um novo modo de transportes para São Paulo*. São Paulo: *Revista dos Transportes Públicos*, v. 37, nº 138, jul./set. 2014. p. 27-51.

HOCHTIEF-MONTREAL-DECONSULT, Consórcio. *Sistema integrado de transporte rápido coletivo da cidade de São Paulo*. São Paulo: HMD, 1968. 2 v.

KEATING, Valandro; MARANHÃO, Ricardo. *Caminhos da conquista: A formação do espaço brasileiro*. São Paulo: Editora Terceiro Nome, 2008.

LANGENBUCH, Juergen Richard. *A estruturação da Grande São Paulo: Estudo de geografia urbana*. Rio de Janeiro: Instituto Brasileiro de Geografia e Estatística, 1971.

LEBRET, Louis-Joseph (coord.). *Estrutura urbana da aglomeração paulistana: Estruturas atuais e estruturas racionais*. São Paulo: SAGMACS, 1958. Estudo desenvolvido entre 1956 e 1958 para a Prefeitura de São Paulo.

LEFEBVRE, Henri. *La production de l'espace*. Paris: Editions Anthropos, 1974.

LISBOA, Leonardo Cleber Lima. *Transporte de Londres, Paris e São Paulo: Aspectos fundamentais do planejamento e da expansão das redes de transporte estruturais e sua relação com a organização do tecido urbano*. Tese de Doutorado em: Planejamento Urbano e Regional. São Paulo: Faculdade de Arquitetura e Urbanismo, Universidade de São Paulo, 2019.

LÖSCH, August. *The Economics of Location*. New Haven: Yale University Press, 1954.

LUZ, Nícia Vilela. *A luta pela industrialização do Brasil: 1808 a 1930*. São Paulo: Editora Alfa-Omega, 1978.

MAACK, Reinhard. *Sobre o itinerário de Ulrich Schmidel através do sul do Brasil (1552-1553)*. Curitiba, 1959.

_____. *Geografia Física do Estado do Paraná*. Ponta Grossa: Editora UEPG, 4ª ed., 1ª reimpressão, 2017.

MANGILLI Filho, Irineu. *A espacialização das viagens diárias na metrópole de São Paulo*. Dissertação de Mestrado em: Planejamento Urbano e Regional. São Paulo: Faculdade de Arquitetura e Urbanismo, Universidade de São Paulo, 2001.

MATOS, Odilon Nogueira de. *Café e ferrovias: A evolução ferroviária de São Paulo e o desenvolvimento da cultura cafeeira*. Campinas: Editora Pontes, 1990.

MELLO, João Manuel Cardoso. *O capitalismo tardio*. 2ª ed. São Paulo: Brasiliense, 1982.

_____.; NOVAIS, Fernando. *Capitalismo tardio e a sociabilidade moderna*. São Paulo: Ed. Unesp; Campinas: Faculdades de Campinas (FACAMP), 2009.

METRAN, Jeanne. *A implementação de uma política pública em área metropolitana: Transporte coletivo em São Paulo 1981-1989*. Dissertação de Mestrado em: Administração e Planejamento Urbano. São Paulo: Escola de Administração de Empresas de São Paulo, Fundação Getúlio Vargas 1992.

MITCHELL, Robert B.; RAPKIN, Chester. *Urban Traffic: A Function of Land Use*. New York: Columbia University Press, 1954.

MORSE, Richard M. *A formação histórica de São Paulo: de comunidade a metrópole*. São Paulo: Difusão Europeia do Livro, 1970.

NIGRIELLO, Andreina. *O valor do solo e sua relação com a acessibilidade*. Tese de Mestrado em: Planejamento Urbano e Regional. Rio de Janeiro, Coordenação dos Programas de Pós-Graduação de Engenharia (COPPE), Universidade Federal do Rio de Janeiro, 1977.

_____. *Conservar para desenvolver – Estudo sobre o patrimônio urbano construído*. Tese de Doutorado em: Estruturas Ambientais Urbanas, Faculdade de Arquitetura e Urbanismo da Universidade de São Paulo (FAU/USP). São Paulo, 1987.

_____. *A expansão da rede de metrô em São Paulo*. São Paulo: *Revista dos Transportes Públicos*, v. 21, nº 83, mai./jul. 1999. p. 7-23.

_____.; HIRSCH, Horácio Nelson Hasson; AZEVEDO NETTO, Domingos Theodoro de; AMBROSIS, Clementina de; ANTENOR, Nilza Maria

Toledo; FRÓES, Marilda. ***Operações Urbanas Metrô***. Companhia do Metropolitano de São Paulo. São Paulo, 2001.

_____.; OLIVEIRA, Rafael Henrique. ***A rede de transporte e a ordenação do espaço urbano***. São Paulo: *Revista dos Transportes Públicos,* v. 35, nº 133, jan./abr. 2013. p. 101-122.

_____. ***Por que se está usando mais o automóvel nas áreas periféricas? Espacialização das dinâmicas associadas à mobilidade da população da Região Metropolitana de São Paulo***. *In*: 20ª Semana de Tecnologia Metroferroviária da Aeamesp, São Paulo, *Anais* [...]. ***São Paulo:*** AEAMESP, 2014. p. 1-28. Disponível em: <www.aeamesp.org.br/biblioteca/stm/20smtf1412Tt35ap.pdf>. Acesso em: 3 mar. 2018.

_____.; BRACERO, Bráulio Amais. ***Expansão da rede de transporte da RMSP: Proposta de método para identificação de polos***. *In*: 21ª Semana de Tecnologia Metroferroviária da Aeamesp. São Paulo: *Anais* [...]. São Paulo: AEAMESP, 2015. p. 1-31. Disponível em: <http://biblioteca.aeamesp.org.br/smns/21smI16ap.pdf>. Acesso em: 3 mar. 2018.

OLIVEIRA, Juscelino Kubitschek. ***Por que construí Brasília***. Rio de Janeiro: Block Editores, 1975.

PASSOS, Maria Lúcia Perrone; EMÍDIO, Teresa. ***Desenhando São Paulo: Mapas e literatura. 1877-1954***. São Paulo: Imprensa Oficial, 2009.

PETRONE, Pasquale. ***Aldeamentos paulistas***. São Paulo: Edusp, 1995.

_____. ***Povoamentos e caminhos no século XVIII e primeira metade do século XIX***. São Paulo: Edusp, 1965.

PREZIA, Benedito Antônio Genofre. ***Os indígenas do Planalto Paulista***. *In*: BUENO, E. (org.). *Os nascimentos de São Paulo*. Rio de janeiro: Ediouro, 2004. p. 53-83.

REIS, Nestor Goulart. ***As minas de ouro e a formação das Capitanias do Sul***. São Paulo: Editora Via das Artes, 2013.

_____. ***Memórias do transporte rodoviário*** – Desenvolvimento das atividades rodoviárias em São Paulo. São Paulo: Editora CPA Consultoria de Projetos e Arte, [s.d.].

_____. ***São Paulo: Vila, cidade, metrópole***. São Paulo: Editora Via das Artes, 2004.

SANT'ANNA, Nuto. ***São Paulo histórico: Aspectos, lendas e costumes***. São Paulo: Departamento de Cultura do Estado de São Paulo, 1937. v. 1.

SANTOS, Isabel Morim. ***Sistema viário estrutural de São Paulo e suas estratégicas urbanísticas. Planos, projetos e intervenções, 1930 a 2002***. Dissertação de Mestrado em: Teoria e História de Arquitetura e Urbanismo. Instituto de Arquitetura e Urbanismo de São Carlos, Universidade de São Paulo, 2014.

SÃO PAULO (Estado). ***Lei Complementar nº 1.139, de 16 de junho de 2011***. Reorganiza a Região Metropolitana da Grande São Paulo, cria o respectivo Conselho de Desenvolvimento e dá providências correlatas. Disponível em: <https://www.bing.com/search?q=Lei+complementar+1139-2011&qs=n&form=QBRE&sp=-1&pq=lei+complementar+1139-2011&sc=0-26&sk=&cvid=4EFB863510094D6CA09D9F61A6E2964E>. Acesso em: 27 jul. 2020.

_____. Companhia do Metropolitano de São Paulo. Secretaria Municipal de Transporte. Companhia Municipal de Transporte Coletivo. Departamento de Segurança Viária. ***Plano Integrado de Transporte (PIT)***. São Paulo: Metrô, 1976.

_____. Companhia do Metropolitano de São Paulo. Departamento Nacional de Estradas de Rodagem. ***Plano Integrado de Terminais Rodoviários de Passageiros (Piterp)***. São Paulo: Metrô, 1978.

_____. Companhia do Metropolitano de São Paulo. ***Plano Metropolitano de Transporte: Síntese do estudo***. São Paulo: Metrô, 1983.

_____. Companhia do Metropolitano de São Paulo. ***15 anos da Companhia do Metropolitano de São Paulo***. São Paulo: Metrô, 1983.

_____. Companhia do Metropolitano de São Paulo. ***Revisão da Rede Básica***. São Paulo: Metrô, 1985.

_____. Companhia do Metropolitano de São Paulo. ***Rede essencial. Trechos prioritários***. São Paulo: Metrô, 2006.

_____. Companhia do Metropolitano de São Paulo. ***Banco de dados das pesquisas origem e destino anteriores: 1977 a 2007 e pesquisa mobilidade 2012***. Disponível em: <http://www.metro.sp.gov.br/pesquisa-od/resultado-das-pesquisas.aspx>. Acesso em: 4 fev. 2018.

_____. Companhia do Metropolitano de São Paulo. ***Banco de dados das pesquisas origem e destino de 2017.*** Disponível em: <https://transparencia.metrosp.com.br/dataset/pesquisa-origem-e-destino/resource/4362eaa3-c0aa-410a-a32b-37355c091075>. Acesso em: 21 ago. 2021.

_____. Companhia Paulista de Trens Metropolitanos. Fundação para Pesquisa Ambiental. ***Plano diretor de inserção urbana da CPTM***. São Paulo: Fundação para a Pesquisa Ambiental (Fupam) [s.d.].

_____. Companhia Paulista de Trens Metropolitanos. ***Projeto funcional: Modernização da malha da CPTM***. São Paulo: CPTM, 2002.

_____. Empresa Metropolitana de Transportes Urbanos de São Paulo. ***Rede Metropolitana de Ônibus. Estudo Preliminar. São Paulo: EMTU, 1979***.

_____. Empresa Metropolitana de Transportes Urbanos de São Paulo. ***Rede Metropolitana de Transporte Coletivo (RMTC)***. São Paulo: EMTU, 1979.

_____. Empresa Metropolitana de Transportes Urbanos de São Paulo. *Região Metropolitana de São Paulo. A ação da EMTU/SP*. São Paulo: EMTU, 1979.

_____. Empresa Metropolitana de Transportes Urbanos de São Paulo. *Transporte metropolitano*. São Paulo: EMTU, 1999.

_____. Empresa Metropolitana de Transportes Urbanos de São Paulo. *Plano de Corredores Metropolitanos (PCM)*. São Paulo: EMTU, 2010.

_____. Empresa Metropolitana de Transportes Urbanos de São Paulo. *Sumário 2012. Sistema Viário de Interesse Metropolitano (Sivim)*. São Paulo: EMTU, 2012.

_____. Empresa Paulista de Planejamento Metropolitano. *Sistran: Estudo do Sistema de Transportes Urbanos de Passageiros da RMSP*. Relatório Fase II – Programa de transporte recomendado. São Paulo: Emplasa, 1976.

_____. Empresa Paulista de Planejamento Metropolitano. *Plano Metropolitano de Transporte (PMT)*. Documento nº 13: proposta básica do Sistema de Transporte Metropolitano (P1). São Paulo: Emplasa, 1983.

_____. Empresa Paulista de Planejamento Metropolitano. *A participação no planejamento do transporte*. São Paulo: Emplasa, [*s.d.*].

_____. Empresa Paulista de Planejamento Metropolitano. *A necessidade de planejamento.* São Paulo: Emplasa, [*s.d.*].

_____. Empresa Paulista de Planejamento Metropolitano. *Política tarifária*. São Paulo: Emplasa, [s.d.].

_____. Empresa Paulista de Planejamento Metropolitano. *Instruções para o cálculo tarifário*. São Paulo: Emplasa, [s.d.]. Anexo.

_____. Empresa Paulista de Planejamento Metropolitano. *Plano Metropolitano da Grande São Paulo 1993-2010*. São Paulo: Emplasa, 1994.

_____. Empresa Paulista de Planejamento Metropolitano. *Plano de Desenvolvimento Urbano Integrado da Região Metropolitana de São Paulo (PDUI-RMSP)*. São Paulo: Emplasa, 2018.

_____. Grupo Executivo da Grande São Paulo. *Plano Metropolitano de Desenvolvimento Integrado (PMDI)*. São Paulo: Grupo Executivo da Grande São Paulo (Gegran), 1971.

_____. Secretaria de Estado dos Transportes Metropolitanos. *Programa de Ação Imediata (PAI) da Rede Metropolitana de Trólebus*. São Paulo: STM, 1983.

_____. Secretaria de Estado dos Transportes Metropolitanos. *Pitu 2020 – Plano Integrado de Transportes Urbanos para 2020*. São Paulo: STM, 1999.

_____. Secretaria de Estado dos Transportes Metropolitanos. *Pitu 2025 – Plano Integrado de Transportes Urbanos*. São Paulo: STM, 2005. Disponível em: <http://www.stm.sp.gov.br/PITU/Pitu2025/Pitu_2025_05_1.pdf> e <http://www.stm.sp.gov.br/PITU/Pitu2025/Pitu_2025_06.pdf>. Acesso em: 23 maio 2019.

_____. Secretaria de Estado dos Transportes Metropolitanos. ***Pesquisa Origem e Destino 2007 – Região Metropolitana de São Paulo*: Síntese das Informações Pesquisa Domiciliar**. São Paulo: STM, 2008.

_____. Secretaria de Estado dos Transportes Metropolitanos. ***Montagem e avaliação de um cenário equilibrado para o desenvolvimento urbano de São Paulo através de uma estratégia combinada de transporte e uso do solo***. São Paulo: Fupan, 2009.

_____. Secretaria de Estado dos Transportes Metropolitanos. ***Cenários de Desenvolvimento Urbano – Relatório Síntese.*** São Paulo: STM, 2012.

_____. Secretaria de Estado dos Transportes Metropolitanos. ***Resultados das simulações do EMME. Estratégia mínima e complementar***. São Paulo: Sistran Engenharia, 2012.

_____. Secretaria de Estado dos Transportes Metropolitanos. ***Pesquisa de mobilidade da Região Metropolitana de São Paulo 2012: Principais resultados da pesquisa domiciliar***. São Paulo: STM, 2013.

_____. Secretaria de Estado dos Transportes Metropolitanos. ***Atualização da Rede Metropolitana de Alta e Média Capacidade de Transporte da RMSP***. São Paulo: STM, 2013.

_____. Secretaria dos Transportes do Governo do Estado de São Paulo. ***Plano diretor de desenvolvimento dos transportes*** (***PDDT Vivo 2000 / 2020***). São Paulo: Dersa, 1999.

SÃO PAULO (Município). Prefeitura. Asplan, Daily, Montreal, Wilbur Smith. ***Plano Urbanístico Básico*** (***PUB***). São Paulo, 1969.

_____. Prefeitura. Secretaria Municipal de Transportes. ***Plano Municipal de Transporte e Tráfego*** (***PMTT***). São Paulo: SMT, 1985.

_____. Prefeitura. Secretaria Municipal de Transportes. ***Plano Municipal de Transportes Coletivos*** (***PMTC***). São Paulo: SMT, 1985.

_____. Prefeitura. São Paulo Transporte S/A. ***São Paulo Interligado – O plano de transporte público urbano implantado na gestão 2001-2004***. São Paulo: SPTrans, 2004.

_____. Prefeitura. ***Plano Municipal de Circulação Viária e de Transportes*** (***PMCVT***). São Paulo: *Diário Oficial do Município de São Paulo*, 15 jan. 2004.

_____. Prefeitura. ***Lei nº 13.430, de 13 setembro de 2002***. (Projeto de Lei nº 290/02, do Executivo). Plano Diretor Estratégico. Disponível em: <https://www.prefeitura.sp.gov.br/cidade/secretarias/upload/infraestrutura/sp_

obras/arquivos/plano_diretor_estrategico.pdf>. Acesso em: 16 abr. 2018.

_____. Prefeitura. *Lei nº 16.050, de 31 de julho de 2014*. Aprova a política de desenvolvimento urbano e o plano diretor estratégico do Município de São Paulo e revoga a Lei nº 13.430/2002. Disponível em: <http://legislacao.prefeitura.sp.gov.br/leis/lei-16050-de-31-de-julho-de-2014>. Acesso em: 30 jan. 2021.

_____. Prefeitura. *Lei nº 16.402, de 22 de março de 2016*. Disciplina o parcelamento, o uso e a ocupação do solo no Município de São Paulo, de acordo com a Lei nº 16.050, de 31 de julho de 2014 – **Plano Diretor Estratégico (PDE)**. Disponível em: <http://legislacao.prefeitura.sp.gov.br/leis/lei-16402-de-22-de-marco-de-2016/#:~:text=LEI%20N%C2%BA%2016.402%2C%20DE%2022%20DE%20MAR%C3%87O%20DE,julho%20de%202014%20%E2%80%93%20Plano%20Diretor%20Estrat%C3%A9gico%20%28PDE%29>. Acesso em: 27 jul. 2020.

_____. Prefeitura. *Mobilidade e Transportes. Plano de Mobilidade Urbana do Município de São Paulo – 2015*. Disponível em: <https://www.prefeitura.sp.gov.br/cidade/secretarias/upload/chamadas/planmobsp_v072__1455546429.pdf>. Acesso em: 20 ago. 2018.

SASSEN, Saskia. *La Ville Globale*. Paris: Descartes & Cie.,1996.

SILVA, Ayrton Camargo e. *Tudo é passageiro: Expansão urbana, transporte público e o extermínio dos bondes em São Paulo*. São Paulo: Annablume Editora, 2015.

SILVA, Janice Theodoro da. *São Paulo 1554-1880. Discurso ideológico e organização espacial*. São Paulo: Editora Moderna, 1984.

SILVA, José Eudes Marinho da; CARNEIRO, Luiz Antonio Vieira. *Pavimentos de concreto: Histórico, tipos e modelos de fadiga*. Rio de Janeiro: Instituto Militar de Engenharia, 2014.

STELLA, Roseli Santaella. *O domínio espanhol no Brasil durante a monarquia dos Felipes: 1580-1640*. Tese de Doutorado em: História Econômica. São Paulo: Faculdade de Filosofia, Letras e Ciências Humanas, Universidade de São Paulo, 1993.

TOLEDO, Benedito Lima de. *Prestes Maia e as origens do urbanismo moderno em São Paulo*. São Paulo: Editora Empresa das Artes,1996.

VASCONCELLOS, Eduardo Alcântara de. *Transporte urbano nos países em desenvolvimento: Reflexões e propostas*. São Paulo: Annablume Editora, 1996.

VON THÜNEN, Johann Heinrich. *The Isolated State*. New York: Pergamon Press, 1966.

VUCHIC, Vukan R. *Urban Transit – Systems and Technology*. New Jersey: John Wiley & Sons, 2007.

REFERÊNCIAS BIBLIOGRÁFICAS

WALDVOGEL, Bernardete. **Análise da dinâmica demográfica da Região Metropolitana de São Paulo: Tendências passadas e perspectivas futuras**. *In*: *Dinâmica socioeconômica da Região Metropolitana de São Paulo*: quadro atual. **São Paulo: Companhia do Metropolitano de São Paulo, 1999.** p. 1-32.

WEFFORT, Francisco C. ***O populismo na política brasileira***. Rio de Janeiro: Editora Paz e Terra,1978.

WINGO Jr., Lowdon. ***Transportation and Urban Land. Resources for the Future***. Washington, 1972 / London: Routledge Revivals, 2017.

WINGO Jr., Lowdon; PERLOFF, Harvey S. ***The Washington Transportation Plan: Technics or Politics?*** Papers of the Regional Science Association, v. 7, p. 249-262, 1961.

Siglas e abreviações

ABC Municípios de Santo André, São Bernardo e São Caetano
ABD Municípios de Santo André, São Bernardo e Diadema
AIU Área de Intervenção Urbana
ANAC Agência Nacional da Aviação Civil
Antaq Agência Nacional do Transporte Aquaviário
ANTT Agência Nacional de Transportes Terrestres
Arena Aliança Renovadora Nacional
BB Banco do Brasil
BNDE Banco Nacional de Desenvolvimento Econômico
BNDES Banco Nacional de Desenvolvimento Econômico e Social
BNH Banco Nacional da Habitação
BRT Bus Rapid Transit
CCO Centro de Controle Operacional
CCR Companhia de Concessões Rodoviárias
CDHU Companhia de Desenvolvimento Habitacional e Urbano
CEF Caixa Econômica Federal
CET Companhia de Engenharia de Tráfego
CLI Centro Logístico Integrado

CMT Câmara Metropolitana de Transporte
CMTC Companhia Municipal de Transporte Coletivo
CNT Código Nacional de Trânsito
CNDU Conselho Nacional de Desenvolvimento Urbano
Codegran Conselho Deliberativo da Grande São Paulo
Consulti Conselho Consultivo Metropolitano de Desenvolvimento Integrado
CPTM Companhia Paulista de Trens Metropolitanos
CVP Companhia Viação Paulista
DASP Departamento Administrativo do Serviço Público
DDT Departamento de Desvio de Tráfego
DER Departamento de Estradas de Rodagem
Dersa Desenvolvimento Rodoviário S.A.
DNEF Departamento Nacional de Estradas de Ferro
DNER Departamento Nacional de Estradas de Rodagem
DNIT Departamento Nacional de Infraestrutura de Transporte
DST Departamento do Serviço de Trânsito
DSV Departamento de Operação do Sistema Viário
DTM Diretoria de Transportes Metropolitanos
DTP Departamento de Transportes Públicos
EBTU Empresa Brasileira de Transportes Urbanos
Eletropaulo Eletricidade de São Paulo
Embraer Empresa Brasileira de Aeronáutica S.A.
Emplasa Empresa Metropolitana de Planejamento da Grande São Paulo S.A.
EMTU/SP Empresa Metropolitana de Transportes Urbanos de São Paulo
Emurb Empresa Municipal de Urbanização
FDTU Fundo de Desenvolvimento dos Transportes
Fepasa Ferrovia Paulista S.A.
FMI Fundo Monetário Internacional
FNM Fábrica Nacional de Motores
FPIC Função Pública de Interesse Comum
Fumefi Fundo Metropolitano de Financiamento e Investimentos
Fupam Fundação para Pesquisa Ambiental
GEIA Grupo Executivo da Indústria Automobilística
Geipot Grupo Executivo de Integração da Política de Transportes
GEM Grupo Executivo do Metropolitano
HIS Habitação de Interesse Social
HMD Consórcio Hochtief-Montreal-Deconsult
HMP Habitação de Mercado Popular
IPT Instituto de Pesquisas Tecnológicas

374 O Desenho de São Paulo por seus Caminhos

Jango João Goulart
JK Juscelino Kubitschek
MD Ministério da Defesa
MUT Modelo de Uso do Solo e Transporte
Metrô Companhia do Metropolitano de São Paulo
OD Origem-Destino
OU Operação Urbana
OUC Operação Urbana Consorciada
PAEG Programa de Ação Econômica do Governo
PAI Programa de Ação Imediata
PCM Programa de Corredores Metropolitanos de Transporte Coletivo
de Média Capacidade
PDDT Plano Diretor de Desenvolvimento dos Transportes
PDE Plano Diretor Estratégico
PDUI Plano de Desenvolvimento Urbano Integrado
PED Programa Estratégico de Desenvolvimento
PIB Produto Interno Bruto
PIT Plano Integrado de Transporte
Piterp Plano de Terminais Rodoviários de Passageiros
PITU 2020 Plano Integrado de Transportes Urbanos para 2020
PITU 2025 Plano Integrado de Transportes Urbanos para 2025
PIU Projeto de Intervenção Urbana
Planasa Programa Nacional de Saneamento
PMCVT Plano Municipal de Circulação Viária e de Transportes
PMDB Partido do Movimento Democrático Brasileiro
PMDI Plano Metropolitano de Desenvolvimento Integrado
PMGSP Plano Metropolitano da Grande São Paulo
PMT Plano Metropolitano de Transporte
PMTC Plano Municipal de Transportes Coletivos
PMTT Plano Municipal de Transporte e Tráfego
I PND I Plano Nacional de Desenvolvimento
II PND II Plano Nacional de Desenvolvimento
PNAD Pesquisa Nacional de Amostra de Domicílios
PND Programa Nacional de Desestatização
PNLT Plano Nacional de Logística e Transportes
PPPs Programa de Parcerias Público-Privadas
PT Partido dos Trabalhadores
PTB Partido Trabalhista Brasileiro
PUB Plano Urbanístico Básico

PUE Projeto Urbanístico Específico
RFFSA Rede Ferroviária Federal S.A.
RMC Região Metropolitana de Campinas
RMBS Região Metropolitana da Baixada Santista
RMO Rede Metropolitana de Ônibus
RMSP Região Metropolitana de São Paulo
RMT Rede Metropolitana de Trólebus
RMTC Rede Metropolitana de Transporte Coletivo
SAGMACS Sociedade para Análises Gráficas e Mecanográficas Aplicadas aos
    Complexos Sociais
Sempla Secretaria Municipal de Planejamento
SEP Secretaria de Estado de Economia e Planejamento
Sistram Sistema de Transportes Urbanos de Passageiros na Região Metropolitana
    de São Paulo
SIVIM Sistema Viário de Interesse Metropolitano
SLT Secretaria de Logística e Transportes
SMDU Secretaria Municipal de Desenvolvimento Urbano
SMT Secretaria Municipal de Transporte
SMT Secretaria Municipal de Mobilidade e Transporte de São Paulo
SMTPP Sistema Metropolitano de Transporte Públicos de Passageiros
SNM Secretaria dos Negócios Metropolitanos
SPAM Sistema de Planejamento e de Administração Metropolitana
SPTrans São Paulo Transporte S.A.
SMT Secretaria Municipal de Transportes
Start Simulador Estratégico de Transportes
STM Secretaria de Transportes Metropolitanos
TAV Trem de Alta Velocidade
TC Terminal-Chave
TCM Tribunal de Contas do Município de São Paulo
TPS Tronco Principal Sul
Unicamp Universidade Estadual de Campinas
USP Universidade de São Paulo
VLP Veículo Leve sobre Pneus
VLT Veículo Leve sobre Trilhos
ZEIS Zona Especial de Interesse Social
ZEU Zona Eixo de Estruturação da Transformação Urbana
ZEUP Zona Eixo de Estruturação da Transformação Urbana Previsto

Agradecimentos

Nabil Georges Bonduki, Eduardo Alberto Cusce Nobre, Claudio Barbieri da Cunha, Renato Luiz Sobral Anelli e Maria Encarnação Beltrão Spósito, membros da Comissão Julgadora do Concurso de Livre-Docência, por suas contribuições à estrutura do relato.

Tácito Pio da Silveira, que escreveu o Prefácio, análise acurada para apontar aos leitores o conteúdo principal do estudo.

Csaba Deák, Klara Anna Maria Kaiser Mori, Nuno de Azevedo Fonseca, Raquel Rolnik, Maria de Lourdes Zukin, Benedito Lima de Toledo, Nestor Goulart Reis Filho, Flávio Villaça, Regina Maria Prosperi Meyer, Marta Dora Grostein, José Eduardo de Assis Lefèvre, Eduardo de Jesus Rodrigues, Pedro Taddei Neto, Janice Theodoro da Silva, Mariana Abrantes Giannotti, Ivan Maglio, Maria Cristina Cacciamali, Silvana Maria Zioni, Angélica Aparecida Tanus Benatti Alvin e demais professores e pesquisadores da Universidade de São Paulo, da Universidade Federal do ABC e da Universidade Presbiteriana Mackenzie, que produziram informações e conceitos utilizados no texto e me incentivaram a participar do concurso de Livre-Docência.

Eduardo Alcântara de Vasconcellos, Josef Barat, Cláudio de Senna Frederico, Caetano Jannini Netto, Ailton Brasiliense Pires, Frederico Bussinger, Arnaldo Luís Santos Pereira, Ana Odila de Paiva Souza, Eduardo Tavares de Carvalho, Ayrton Camargo e Silva, Ivan Carlos Regina, Salvador Cesar Carletto, Rogério Belda, Alberto Epifani,

Luiz Antonio Cortez Ferreira, Jeanne Metran, João Carlos Scatena, Emília Mayumi Hiroi, Maria Cecília M. Andreoli Oliveira, Haydée Svab, Maria Cecília de Moraes Laiza, Ismael Molina, Irineu Mangilli Filho, Epaminondas Duarte Junior, Michel Kayal, Paulo Antonio Guerra, Paula Maia Ribeiro Avesani, Francisco Carlos Pelegate Dias, Sergio Luiz Chiminazzo Machado, Nelson Mauro Volpe, Dionisio Matrigani de Souza Gutierres, Fernando Teixeira Penteado, Patricia Domingues Truzzi, Michel Hoog Chaui do Vale, Ramon Carollo Sarabia Neto, Cacilda Bastos Pereira da Silva, Ana Paula Rodrigues dos Santos Segarro, Bárbara Ramos Coutinho Vicalvi, Luiz Fernando de Mattos Chaves, Horacio Nelson Hasson Hirsch, Helena Orenstein de Almeida, Luciano Ferreira da Luz, Maria Inês Garcia Lippe, Eloisa Raymundo Holanda Rolim, Maria Ligia Soares de Oliveira Wertheimer, Fernanda Costa, Sania Cristina Dias Baptista, Myrna de Abreu Machado, Wagmar Marques, Braulio Amais Bracero, Thiago Escafange Lima Neves Silva, Herlan Cássio de Alcantara Pacheco, Lucas Taffarello, Ricardo Pereira da Silva e demais estudiosos das questões de transporte e do território, colegas de trabalho da Secretaria do Estado dos Transportes Metropolitanos, da Companhia do Metropolitano de São Paulo, da Empresa Metropolitana de Transportes Urbanos de São Paulo, da São Paulo Transporte, da Empresa Paulista de Planejamento Metropolitano, da Associação Nacional de Transportes Públicos e da Associação dos Engenheiros e Arquitetos de Metrô, com quem muito aprendi compartilhando da elaboração de pesquisas e propostas relacionadas à metrópole de São Paulo.

Leonardo Cleber Lima Lisboa e Rafael Henrique de Oliveira, pelo apoio e amizade e por seus estudos sobre o comportamento da demanda de transporte e o desenho das redes de transporte em São Paulo.

Alexandre De Luca Bergamini, Tainá Andreoli Bittencourt, Miriam de Oliveira Gonçalves, Marcos Campos, Yara Cristina Labronici Baiardi, Felipe Saluti Cardoso, Maurício Feijó Cruz, Luca Di Biase e demais alunos da Pós-Graduação da Faculdade de Arquitetura e Urbanismo, com quem troquei muitas informações.

Paulo Augusto Bittencourt M. Silva, pela versão do resumo para o inglês.

Maria Luiza Xavier Souto, pela preparação e revisão do texto;

Marcello de Oliveira, pela direção de arte.

Elza Machado Maglio e equipe da Coordenadoria de Documentação e Informações Técnicas da Emplasa, pelo acesso a estudos do acervo.

Edson Luiz Fogo, da Biblioteca da Companhia do Metropolitano de São Paulo, e Mônica de Arruda Nascimento, Letícia Sampaio e Lílian Leme Bianconi, da Biblioteca da FAU/USP, pela pesquisa e cópia eletrônica de peças do acervo.

Ana Paula Colavite, Eduardo Bueno, Leonardo Cleber Lima Lisboa e curadores dos acervos de Benedito Lima de Toledo, Archivo General de Indias – Ministerio de Cultura y Deporte – España, Arquivo Histórico do Exército Brasileiro, Arquivo Histórico Municipal de São Paulo, Biblioteca do Instituto Geológico do Estado de São

Paulo, Biblioteca Mário de Andrade da Prefeitura de São Paulo, Companhia do Metropolitano de São Paulo, Coordenadoria de Gestão Documental da Secretaria Executiva de Gestão da Prefeitura de São Paulo, Companhia Paulista de Trens Metropolitanos, Departamento Nacional de Infraestrutura de Transportes, Desenvolvimento Rodoviário SA, Empresa Paulista de Planejamento Metropolitano SA, Empresa Metropolitana de Transportes Urbanos de São Paulo, Fundação Biblioteca Nacional, Fundação Patrimônio Histórico da Energia e Saneamento de São Paulo, Ministério da Infraestrutura, Museu Paulista da Universidade de São Paulo, Secretaria de Desenvolvimento Regional do Estado de São Paulo, Secretaria Municipal de Urbanismo e Licenciamento da Prefeitura da Cidade de São Paulo, São Paulo Transporte SA e Secretaria de Estado dos Transportes Metropolitanos, que autorizaram o direito de uso de imagens de suas obras, na publicação do livro.

Leo Chahad, da Assistência Acadêmica da FAU/USP, pelo apoio prestado em todas as fases do Concurso de Livre-Docência.

Maria Inez Sitta, Maria do Carmo Sitta, Elisabete de Fátima Durante, Silvia Maria Pinella Helaehíl Barra, Sônia Maria das Dores, Luiz Fernando Aguiar, Janice Rechulski, Patrícia Giardino, Dinah Vieira, Mara Francischini Guerrero e Otávio Rothstein Costa pelos cuidados com minha saúde, me ajudando a enfrentar o desafio.

Marisa da Silva, Maria Elza Santos Silva, Ana Fátima de Almeida Silva, Emanuelle de Souza Figueiredo da Silva e Claudete de Sousa Marques, pela colaboração, dedicação e profissionalismo, que permitiram minha concentração no estudo, nos fins de semana invariavelmente passados no Guarujá, a trabalho.

Francesco Nigriello (*In memoriam*), Lina Mioni Nigriello (*In memoriam*) e Katia Nigriello (*In memoriam*).

Andreina Nigriello
AUTORA

Marcello de Oliveira
Keila Prado Costa
EDITORES

2024 © Marcello de Oliveira
DIREÇÃO DE ARTE, PROJETO GRÁFICO
E EDIÇÃO DE IMAGENS

Maria Luiza Xavier Souto
REVISÃO DE TEXTO

WK Comunicação
DIGITALIZAÇÃO E TRATAMENTO DAS IMAGENS

EGB Editora Gráfica Bernardi
IMPRESSÃO E ACABAMENTO

Este livro foi impresso no verão de 2024, no formato fechado de 21,0 x 25,0 cm. No miolo foi utilizado papel couchê fosco 150 gramas. A capa é de papel-cartão 300 gramas e tem acabamento em brochura. A arte foi desenhada com as tipologias Adobe Graramond Pro e Avenir Next, em mancha de 14,6 x 19,0 cm.

Proibida a reprodução total ou parcial desta obra por qualquer meio, sem autorização escrita.
Copyright © 2024

KPMO Cultura e Arte

Tels. (11) 98138-2992 e 2422-0448
www.kpmo.com.br
@kpmoculturaearte

Cultura Acadêmica

Praça da Sé, 108
01001-900 – São Paulo – SP
Tel. (11) 3242-7171
Fax: (11) 3242-7172
www.culturaacademica.com.br
www.livrariaunesp.com.br
feu@editora.unesp.br

Dados Internacionais de Catalogação na Publicação (CIP)
de acordo com ISBD

N689d Nigriello, Andreina
O desenho de São Paulo por seus caminhos / Andreina Nigriello. – 1ª ed. – São Paulo: Cultura Acadêmica: KPMO Cultura e Arte, 2024.
384 p.; 21 cm x 25 cm.

Inclui bibliografia.
ISBN 978-65-5954-425-7 (Cultura Acadêmica)
ISBN 978-65-86913-17-0 (KPMO Cultura e Arte)

1. Políticas públicas.   2. São Paulo.   3. Mobilidade.
4. Transportes.   I. Título.

	CDD-361
2024-265	CDU-364

Índices para catálogo sistemático:
1. Políticas públicas 361
2. Políticas públicas 364

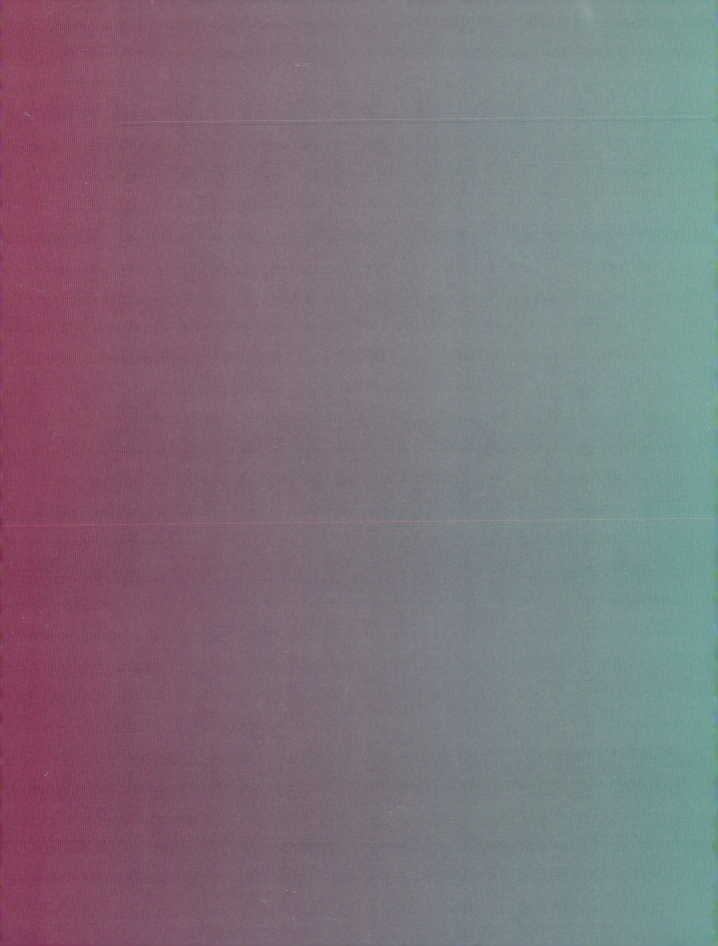